中公新書 1596

松岡 完著

ベトナム戦争

誤算と誤解の戦場

中央公論新社刊

まえがき

衝突した二つの世紀

一九一七年、孤立主義の伝統をかなぐり捨てたアメリカは第一次世界大戦に参戦、連合国を勝利に導いた。第二次世界大戦でも、ドイツ・イタリア・日本などファシズム諸国を壊滅させた。ソ連をはじめとする共産主義陣営との、半世紀近く続いた冷戦でも輝ける勝利者となった。アメリカは二〇世紀をつうじて、地球規模で行われた三つの戦いのいずれにも勝ちをおさめたことになる。ところがそのアメリカが唯一、敗北を味わった場所がある。ベトナムである。

ベトナム戦争（第二次インドシナ戦争）は「小文字の戦争」と呼ばれることがある。正式の宣戦布告がなかったため、いつ始まったかもはっきりしないからである。北ベトナムが南の武力解放に踏み切った一九五九年一月一三日をあげる者もいれば、民族解放戦線（NLF）が設立された一九六〇年一二月二〇日だとする者もいる。アメリカが一九五四年のジュネーブ協定を無視して軍事顧問などの増派を決めた一九六一年四月二九日だと考えることもできる。それでもトンキン湾事件、つまり一九六四年八月二日の北ベトナム魚雷艇による米駆逐艦への攻撃と同四日のアメリカの報復爆撃（ピアス・アロー作戦）か、一九六五年二月七日の北ベトナム爆撃（北爆）開始（フレーミング・ダート作戦）、もしくは三月二日の北爆恒常化（ローリング・サンダー作戦）が、戦争の起点とみなされることが多い。終局は一九七三年一月二七日のパリ協定調印、三月二九日の米軍撤退完了、一九七五年四月三〇日のサイゴン（現ホーチミン市）陥落のいずれかである。最短でもほぼまる八年に及んだベトナム戦争は、アメリカにとって独立戦争（戦闘終結まで六年六ヶ月、講和条約調印まで八年五ヶ月）に匹敵し、南北戦争（四年）、第二次世界大戦（三年八ヶ月）、朝鮮戦争（三年一ヶ月）をはるかに超える、しかも苦難と恥辱に満ちた戦いだった。

アメリカが敵としたのは、二〇世紀を形づくり、次の世紀でも主役を演じるに違いない巨大な力——民族主義だった。それは、異民族や大国の支配に従属してきた人々の自立への欲求をかきたてた。ソ連を崩壊させ、ユーゴスラビアを解体に導き、チェコスロバキアを二つの国家に分離させせた。冷戦終結後には各地で民族紛争を頻発させ、一国内あるいは国境をまたぐ形での少数民族の自己主張、いわゆるエスノナショナリズムを強めさせている。ベトナムはいわば「民族の世紀」と「アメリカの世紀」が激突した戦場だった。イデオロギーが大きな争点となり、マスメディアが決定的な役割を演じ、最先端の科学技術が惜しげもなく投入されるなど現代戦争の典型だったし、いわゆる低強度紛争（LIC）の雛形でもあった。

数え切れぬ犠牲者

アメリカの戦死者は五万八千人、戦傷者は三〇万人である。戦死者は南北戦争（一八六一～六五年）の六一万八千人、第二次世界大戦（一九四一～四五年）の三一万八千人、第一次世界大戦（一九一七～一八年）の一一万五千人には及ばない。それでも朝鮮戦争（一九五〇～五三年）の三万四千人をうわまわり、メキシコ（米墨）戦争（一八四六～四八年）の一万三千人やスペインとの米西戦争（一八九八年）の五四〇〇人、独立戦争（一七七五～八一年）の四千人をはるかに凌駕している。アメリカの求めに応じてベトナムに派兵した韓国、オーストラリア、ニュージーランド、タイなどの戦死者はあわせて五千人を超える。

アメリカがベトナムで費やした戦費は少なくとも一五〇〇億ドル、間接経費を含めれば二四〇〇億ドルに達する。現在の価値に直せばほぼ五千億～六千億ドルに相当し、景気後退やインフレ、財政赤字、国際収支の悪化などを含めた損害額は九千億ドル以上だという。しかも世界最強国家たる自信を打ち砕かれ、伝統的な価値観に疑問を抱き、国外への関心を失った米国民は、その後も「ベトナム症候群」と呼ばれる敗戦の後遺症に長く苦しめられることになる。

ベトナムが被った打撃はそれどころではない。戦死傷者の総計は三〇〇万人に迫り、民間人の犠牲も四〇〇万人を超える。行方不明者は少なくとも三〇万人。枯葉剤の被害者は一〇〇万人。

精神を病むにいたった者は六〇〇万人。難民は一千万人に近いとさえいう。フランスとの第一次インドシナ戦争（一九四六〜五四年）や、ベトナムのカンボジア侵攻に端を発し中越戦争にまで発展した第三次インドシナ戦争（一九七八〜九一年）などを含めれば、いったいどれほどの命が失われたのか、誰にもわからないだろう。ちなみに満州事変から太平洋戦争まで（一九三一〜四五年）に日本が出した死者は、戦闘員二三三万人、銃後の国民六五万人である。

投下された爆弾量は朝鮮戦争で三一一万トンあまり、第二次世界大戦でも六一〇万トンあまり、うち日本には原爆を除けば一六万四千トンにすぎない。ところが一九六五〜七三年に限っても、インドシナ半島には一四〇〇万トンを超す爆弾が降り注いだのである。約三三万平方キロしかないベトナムの国土には、いまでも二千数百万個の穴が口を開けており、なかには湖と見まごうばかりの大クレーターもある。二〇〇〇万発にのぼる不発弾や地雷の被害は後を絶たず、地中にも水にも動植物にも人体にも枯葉剤の影響が残る。ベトナムの被害額は三五〇〇億ドルをゆうに超える。二〇〇〇年一一月、ベトナム戦争後初めて訪越したビル・クリントン米大統領は、この戦いを「両国が共有する痛み」だと表現した。しかし少なくともベトナム人にとってそれは、ほぼ一方的に降りかかってきた災厄というべきものだった。

忘却の彼方へ？

ところが、これほどのジェノサイド（大量虐殺）とエコサイド（大規模生態系破壊）とバイオサイド（大量生物抹殺）の被害者となった当のベトナムですら、この戦争をよく知らない世代が近年増えているという。アンナン（チュオンソン）山脈を経由し、北から南へ人員や武器などを運んだホーチミン（チュオンソン）・ルートも、ゲリラが地下に潜んで米軍と戦ったサイゴン近郊のクチのトンネルも、いまやすっかり観光地化している。訪れる外国人にベトナムが受けた被害を訴え、内に向かっては国民の統合を促す面もあるが、同時に貴重な外貨を稼ぎ出す場であることも否定できない。国内では、かつての敵国アメリカの文化や豊かさへのあこがれも強まっている。

いっぽうアメリカでも一九八〇年代には、ベトナムでアメリカが勝ったと信じ込んでいる学生に遭遇して面食らう大学教師がいた。戦争や、当時の社会状況を教室で説明しながら、自分が異星人であるかのような気分を味わった者もいる。とくに最近では若い世代が社会や世界への関心を低下させ、独立戦争や南北戦争などアメリカ史の基本的事実さえろくに学んでいないという。まして日本ではベトナム戦争など、遠い昔の、よその世界の出来事でしかないだろう。だがアメリカの介入の開始も、その深化も、日本とは無縁どころではなかったのである。

かつてこの戦争は米ソないし米中の代理戦争と片づけられた。ベトナム革命の成功が手放しで賛美されたこともあった。アメリカは負けてはいないとする強弁も現れた。だが近年、ベトナム戦争の実像を明らかにしようとする動きが盛んになっている。一九九七年以降、テキサス州のリンドン・ジョンソン大統領図書館では、戦争拡大の立役者だったジョンソンのベトナム政策を詳細に再検討するシンポジウムが何度か開かれている。一九九七〜九八年には、ロバート・マクナマラ元国防長官——この戦争は一九六〇年代後半には「マクナマラの戦争」と呼ばれた——をはじめ、米越双方の政治家・外交官・軍人らが参加し、両国の誤算や誤解の解明をめざして「ハノイ対話」と呼ばれる会議が行われた。

こうした検証の積み重ねはきわめて有益だが、この戦争をもっぱら米越の二国間関係として捉え、また戦争が激化した一九六〇年代に関心を集中させる傾向があるように思われる。だがベトナム戦争の真の姿は、その前史であるフランスの植民地支配や、紀元前以来の中越関係も把握したうえでなくては理解できない。サイゴン陥落以降、四半世紀に及ぶ時の流れも無視することはできない。悲惨な戦場となったベトナムだけでなく、インドシナ半島全域に、さらには東南アジアやアジア太平洋の広大な地域にも目を配らなければならない。地球規模の冷戦を考慮に入れるのはむろんだが、米国内の世論の動向にも注意を払う必要がある。そこで本書では、六つの異なった、しかし密接にからみあった視点から、この戦争の全体像を見直していきたい。

六つの目から見た戦争

その第一は、冷戦の名のもとに繰り広げられた戦いである。アジアの冷戦の帰趨《きすう》だけでなく、大国が小国の犠牲の上に立ち、協力しあって国際秩序を維持できるかどうかが重要だった。一九五四年と一九六二年のジュネーブ協定がその典型である。紛争の局地化と現状固定、直接対決の回避をめざす米ソの努力の結果、ベトナムは南北に分割され、ラオスは中立化された。だがこうした合意は次の、より激しい紛争の舞台を用意したにすぎず、米ソ協調にも限界があった。

第二に、ベトナム共和国（南ベトナム）内の反政府勢力（民族解放戦線や臨時革命政府）と、彼らの盟友だったベトナム民主共和国（北ベトナム）との水面下の戦いである。ベトナム戦争はハノイの共産主義政権とサイゴンの反共政権との内戦だった。しかし勝利の果実を確実に手にすべく、ハノイが本当に粉砕すべき相手は、むしろ南の味方だったのである。一九七五年のサイゴン陥落は、北の共産主義者の、南の共産主義者に対する勝利にほかならなかった。

第三に、北京とハノイの隠された戦いである。ベトナム民主共和国は、フランスやアメリカと戦うために中国の支援を仰いだ。しかしそれはしばしば、中国の国益を優先した大国主義的な圧力をともなっていた。一千年に及ぶ中越両国の支配と抵抗の歴史からすれば、むしろハノイの本当の敵は北方の巨大な隣人だった。日本の敗北が中国で国共内戦への道を用意したように、アメリカが敗退し、祖国統一が達成された瞬間、のちの中越戦争にいたる門が開かれる。

第四に、ワシントンとサイゴンの静かなる戦いである。アメリカは共産主義者の侵略と戦う反共のベトナム人たちを精一杯支援しているつもりだった。ところが勝利への最大の障害は、むしろ味方であるはずのサイゴン政権そのものだった。バオ・ダイ、ゴ・ジン・ジェム、ズオン・バン・ミン、グエン・カーン、グエン・バン・チュー……。誰が政権を率いても、アメリカの民主化・改革要求に対する頑迷さと、敵に対する脆弱さはついぞ変わらなかった。

第五に、アメリカと、東南アジア諸国との外交テーブル上での戦いである。南ベトナム防衛の後背地たる東南アジアを確保すべく、アメリカは東南アジア条約機構（SEATO）をてこに集団防衛と地域統合を推進しようと躍起になった。しかしその努力は、アメリカが欧州で直面したのと同じ問題に遭遇した。アメリカ主導か地域主体かという、二つの異なった地域統合戦略の軋轢《あつれき》である。アメリカの構想は挫折し、東南アジア諸国連合（ASEAN）の発展に道を譲る。

第六に、米国内で展開された、政府と世論との、そして現在と過去との戦いである。ベトナムで米軍の介入が取り沙汰されるたびに朝鮮戦争の記憶が甦り、「ネバー・アゲイン（二度とごめんだ）」という悲鳴にも似た叫びを生じさせた。歴代の政権はほぼ一〇年を費やしてこの苦い記憶を葬り去るが、最後は世論に手痛いしっぺ返しを食らう。敗戦とともに、今度はベトナムという名の、過去との戦いが始まった。しかもそれは戦後四半世紀をへてなお続いている。

ベトナムは一九八〇年代半ばから社会主義路線を修正するドイモイ（刷新）政策に乗り出し、一九九五年にはASEANに加盟した。この年、アメリカも懸案のベトナムとの国交正常化を果たしている。最後まで戦火の絶えなかったカンボジアでも曲がりなりにも和平が実現した。東南アジア全体が新時代を迎えようとしているいま、ベトナムを舞台に繰り広げられた壮絶なドラマをもう一度振り返ることはきわめて重要だろう。未来を築くには過去を克服しなければならず、それには真摯《しんし》な姿勢で過去を知らなければならないからである。

目次

ベトナム戦争

中国
柳州
ラオカイ
パクボ
南寧
カオバン
友誼関(鎮南関)
紅河
ランソン
ディエンビエンフー
ハノイ
ハイフォン
広州湾
トンキン
トンキン(バクボ)湾
ラオス
ルアンプラバン
北ベトナム
海南島
ゲアン省
ジャール平原
ビン
ビエンチャン
トンキン(紅河)デルタ
ウドン
ケサン
ナコーンパノム
北緯17度線
フエ(ユエ)
ダナン(ツーラン)
北緯16度線
アンナン(チュオンソン)山脈
ソンミ
タイ
コーラート
西沙(ホアンサ)諸島
南シナ海
アンナン
南ベトナム
バンコク
メコン川
カンボジア
タイニン省
オウムのくちばし
ドンソアイ
カムラン
アプバック
カムラン湾
プノンペン
ビエンホア
サイゴン(ホーチミン市)
シハヌークビル(コンポンソム)
クチ
チョロン(ショロン)
ベンチェ
フーコック(コートラル島)
メコンデルタ
コーチシナ
シャム湾
プロコンドール(コンソン)島
南沙(チュオンサ)諸島
0
200
400km

ベトナム戦争◎関連地図

第1章 米ソ冷戦の狭間で

1 第一次インドシナ戦争

2 本格化する民族解放戦争

3 平和共存の試金石

4 パリ協定への道

Chapter

I

第二次世界大戦終結後ほどない一九四六年、第一次インドシナ戦争が始まった。だがこの時点ではインドシナ半島は、まだ冷戦とほとんど無縁の存在だった。ところが一九四九年末から翌年早々、事態が一変する。中華人民共和国の誕生と、中ソによるベトナム民主共和国の承認が、ベトナムを冷戦の重要な戦場としてアメリカに認識させたのである。一九六〇年代になるとベトナムは、ソ連が支援する民族解放戦争と、アメリカの反乱鎮圧（特殊戦争）戦略が優劣を競う舞台となっていく。

だがそれは事実の半面でしかない。冷戦が米ソの対立と協調、二つの要素に彩られたのと同じく、ベトナムも、米ソが第三世界の秩序維持のため協力しあえるかどうかの試金石だった。一九五四年、ジュネーブ会議はベトナム南北分割という犠牲のうえに休戦を実現する。平和共存を進めるソ連はこれを歓迎したし、アメリカも表面はともかく本音では満足していた。これ以降、米ソはむしろベトナム分断の固定化に共通の利益を見いだしたのである。

一九六二年には隣国ラオスの内戦も中立化にこぎ着けた。ベトナム戦争激化とは無関係に米ソ関係は好転し、一九六三年には部分的核実験停止条約とホット・ライン（米ソ首脳直通回線）が、一九六八年には核拡散防止条約が生まれた。しかしアメリカは南ベトナム防衛のコストに耐えきれず、デタント（緊張緩和）さなかの一九七三年に撤退する。その二年後のベトナム武力統一は、米ソによる分断継続への挑戦にほかならなかった。その意味では、アメリカだけでなく、米ソのデタントもまたベトナム戦争の敗者だったといえるだろう。

I　第一次インドシナ戦争

インドシナとの遭遇

一九世紀後半にフランスの植民地となったインドシナをはじめ、東南アジアはアメリカには遠い存在でしかなかった。この地域との貿易額はたいして大きくなかったし、軍事上の関心も、一八九八年の米西戦争でスペインから得たフィリピンの防衛に限られていたからである。そのアメリカがインドシナ半島の重要性を痛感したのは、一九四〇年のこと。そのきっかけをつくったのは、のちにアメリカと敵対するソ連でも中国でもなかった。この頃中国大陸での戦争に身動きがとれなくなっていた日本だった。

すでに一九三七年以来、蔣介石《しょうかいせき》率いる重慶の国民政府（中華民国）に、毎月一万五千トンもの物資が連合国から与えられていた。そのほぼ半分が、ベトナム北部の貿易港ハイフォンから、中越国境沿いのランソン、もしくはさらに内陸に入ったラオカイを経由する二つの陸路で北に運ばれていた。中国大陸での戦局打開には、この援蔣ルート遮断が不可欠だと日本は判断した。インドシナのゴム、鉄鉱石、スズ、石炭（無煙炭）、木材、コメなども垂涎《すいぜん》の的だったし、将来の南進をめざす海や空の基地、補給の拠点、海運の中継地としてもこの半島はきわめて役に立ちそうだった。

一九四〇年九月二三日、日本は北部インドシナの占領に踏み切った。六月にはフランス本国がドイツに降伏していたから、インドシナの仏当局は軍事的に日本に圧迫され、経済的にも一次産品の輸出先を失い、日本のいいなりだった。だがこの、いわゆる仏印進駐の四日後に日独伊三国同盟が締結されたことがアメリカを強く刺激した。アメリカは中国への借款《しゃっかん》を増額し、鉄類の対日輸出を禁止した。しかし翌年七月二八日、日本はアメリカの圧迫を嘲笑するかのように、インドシナ南部も手中におさめた。

アメリカはそれまで武器援助を含むインドシナへの直接支援を控えていた。まだ国民の危機感も薄く、戦争への備えも十分整っていなかった。政府の関心も欧州戦線のなりゆき、とくにイギリス防衛に集中していた。だがアメリカこそ「民主主義の兵器廠《へいきしょう》」だと自認し、ファシズムとの対決姿勢を強めるフランクリン・ローズベルト大統領は、この日本の南進の第一歩を放置すればアメリカと太平洋の安全に重大な影響が生じると判断した。そこで在米日本資産を凍結したうえで、日本への石油輸出も止めた。アメリカ・イギリス・中国・オランダの「ABCD包囲網」に直面した日本は、ついに対米開戦を決意する。

フランスに妥協

第一次世界大戦を勝利に導いたウッドロウ・ウィルソン大統領と同様、ローズベルトは第二次世界大戦の戦後処理原則の一つに民族自決を掲げた。ドイツと戦う盟友ウィンストン・チャーチル英首相の反対を押し切って、一九四一年八月の大西洋憲章にもこれを明記している。だから日本降伏後にインドシナが再びフランスの植民地になることなど承服できなかった。ローズベルトのフランスへの冷淡な態度は、アメリカ伝統の反植民地主義、フランスの苛酷な植民地統治への嫌悪、日本の仏印進駐に協力したフランス（ビシー政権）への憤り、フランス降伏後ロンドンに亡命したシャルル・ド＝ゴール将軍の自由フランス政府に振りまわされた苛立ちなどの複合作用でもあった。

しかしフランスはインドシナを含む海外植民地を、あくまで帝国の領土として守り抜く構えだった。今後も大国としてフランスが重きをなすためにも、また国内復興のためにも、植民地は絶対に手放せなかったのである。ドイツとの戦いがまだ続く以上、アメリカは彼らの事情にも配慮しなければならなかった。時期尚早な独立付与がかえって混乱を招くことへの懸念も隠せなかったし、インドシナのような辺境にあまり関わりたくない気持ちもあった。そこでローズベルトは、当面インドシナを国連信託統治下に置くよう提案したものの、実質的には決定を先送りにしてしまう。

一九四五年四月、そのローズベルトの死で、ハリー・トルーマンが大統領に昇格した。それまで政権内で重要な役割を与えられず、外交分野にも疎かった新大統領に向かって、国務省極東局はインドシナの完全独立によってアジアの民族主義を味方につけるべきだと訴えた。しかし同じ国務省でも欧州局は、米仏関係にひびを入れてはならない、フィリピン以外の東南アジアは欧州諸国の責任領域なのだと主張した。すでに三月、ド＝ゴールはトンキン（ベトナム北部）・アンナン（中部）・コーチシナ（南部）・ラオス・カンボジアによるインドシナ連邦を堅持する方針を示していた。独立付与どころか、再植民地化断行の決意は明瞭だった。

九月、訪米したド＝ゴールに向かってトルーマン大統領は、アメリカはフランスのインドシナ復帰を妨げないと約束した。仏軍をインドシナに送り届けたのはほかならぬ米軍の輸送船だった。インドやマラヤ（現マレーシア）などへの独立運動の飛び火を恐れるイギリスも、フランスの側に立った。日本に降伏を勧告したポツダム会談の合意にもとづいて、北緯一六度以南を占領した英軍は、仏軍将兵に武器を与え、独立運動の弾圧を助けた。

植民地戦争始まる

だが九月二日には、ベトナム民主共和国が独立していた。ハノイから世界に向かって独立を宣言したのは、かねて民族独立をめざして活動を続け、インドシナ共産党（のちベトナム労働党）

やベトミン（ベトナム独立同盟）を率いるホー・チ・ミン（胡志明、本名グエン・タト・タイン）だった。ホーは新国家の承認を繰り返しトルーマンに求めた。日露戦争でロシアのバルチック艦隊が寄港した、ベトナム南部の天然の良港カムラン湾を、海軍基地としてアメリカに提供してもよいとまで述べた。創設まもない国連に対しても、植民地支配の実態や自分たちの統治ぶりを訴え、公正な解決のための斡旋を依頼した。しかしいっさいは徒労だった。アメリカも世界もベトナムの実情などほとんど知らぬまま、のちにベトナム戦争に育つ芽を摘む最初の機会をむざむざ失ってしまう。

一九四六年初めまでにベトナムの主要都市をほぼ確保した仏軍は、たいして実体のない民主共和国の存在など歯牙にもかけず、支配地域の拡大に余念がなかった。まんいちベトミン軍と対決する羽目に陥ったとしても、一週間もあれば楽々勝利を得られると自信満々だった。一一月二〇日、仏軍はハイフォンでベトミン軍を攻撃、艦砲射撃で六千人もの命を奪った。しかもこれを「軍事行動」ではなく「警察行動」にすぎないと強弁した。一二月一九日、ベトミンは一斉に反撃を開始した。ここに第一次インドシナ戦争、ベトナム人のいう抗仏救国戦争が始まる。

ホー・チ・ミン
読売新聞社

同じ東南アジアで、インドネシア独立のためオランダに圧力をかけたアメリカだったが、インドシナでは表向き中立を保った。ワシントンの対応に決定的な影響を与えたのは、激化する欧州の冷戦である。冷戦の同盟国フランスを犠牲にしてまでベトナム人に尽くす義理などアメリカにはなかったからであり、ベトミンは、その首魁《しゅかい》ホーをはじめ共産主義者の集まりにしか見えなかったからである。表だって植民地支配にてこ入れすることはむずかしかったが、アメリカはマーシャル・プランにもとづく巨額の援助をフランス本国に与えることで、事実上一九四〇年代後半にはフランスの植民地戦争を支援していた。

アジアの冷戦とソ連

冷戦の中でアメリカにまず対峙したのはソ連である。ホーは第二次世界大戦前、ソ連に滞在しており、世界革命をめざして一九一九年に設立されたコミンテルンからアジア方面の革命推進の責任を委ねられていた。ほかにも数十人のベトナム人が革命家となるべくモスクワで訓練を受けていた。植民地の自立は帝国主義諸国の経済に打撃を与え、ソ連の防衛にも貢献するはずだったからである。フランスも、ベトミンとの戦いは共産主義拡大を防ぐためだと主張していた。植民地保持のためにアメリカの援助を引き出すには、これほど好都合な理屈はなかった。

ところが実際は違っていた。第二次世界大戦までのソ連は、国内の社会主義建設、共産党内部の権力闘争、ドイツとの死闘に追われるばかりで、ベトナムの独立達成にはものの役に立たなかったのである。ナチス・ドイツの誕生を見るやフランスに急接近し、また英仏の弱体化を懸念して反植民地主義の主張も抑える始末だった。また逆に、コミンテルンがアジア各地の実情にお構いなくソ連の指導性を強調し、革命運動を阻害したこともあった。

第二次世界大戦後も、ソ連は国内の復興や東欧の足場固めなどに忙殺されていた。クレムリンの目はハノイやサイゴンにではなく、もっぱらパリに注がれていた。一九四五年一〇月の仏総選挙の結果、共産党が第一党、社会党が第二党となったからである。このままいけば選挙による社会主義政権樹立の可能性もあった。だが左右を問わず仏国民の大多数は、対独敗戦の屈辱を晴らし栄光の時代を取り戻すべく、インドシナ保持を強く望んでいた。だから彼らの怒りを買わぬよう、ソ連はベトミンに医療品などを送っただけで、仏植民地主義への非難も口先ばかりだった。

ソ連のベトミン支援が積極化するのは、フランスで政権獲得の見込みが消えた一九四七年以降のことである。折しも中国大陸では国民党と共産党の内戦が激化しつつあった。一九四八年にはマラヤ、ビルマ（現ミャンマー）で反英闘争が、フィリピンで反米闘争が本格化した。独立戦争さなかのインドネシアでも共産党などが反乱を起こした。アジア情勢、ことにインドシナに対するアメリカの危機意識は着実に高まった。こうした動乱はすべてソ連の策謀の結果だと思えたからである。

中ソ、ホー政権を承認

一九四九年六月一四日、フランスはベトナム国を樹立した。続いて七月二日には、ホーの対抗馬として、グエン（阮）朝最後の皇帝であるバオ・ダイ（保大）を担ぎ出し、新政府を組織させた。だがこの政府がフランスの傀儡《かいらい》であることは一目瞭然だったから、アメリカはまだ公然とフランスの側に立てなかった。「真珠湾を忘れるな」の合い言葉が米国民を一丸としたような、誰もが納得できるきっかけがなければ、反植民地主義の伝統を棚上げにできなかったのである。それは一九五〇年一月一八日、ベトナムの北方からもたらされた。建国まもない中華人民共和国が、国境の南方の安全を求めてベトナム民主共和国を承認したのである。中国に先を越された焦りから、ソ連の独裁者ヨシフ・スターリンも三一日に民主共和国承認に踏み切った。東欧各国、北朝鮮（朝鮮民主主義人民共和国）もこれに続いた。

バオ・ダイ
読売新聞社

名うての冷戦の闘士でもあるディーン・アチソン米国務長官は、クレムリンの行動は「ホー・チ・ミンの目的が『民族主義的』性格のものだという幻想を拭い去るもの」であり、同時に「インドシナ民衆の不倶戴天の敵という、ホーの真の姿をあらわにするもの」だと断定した。ソ連とホーの結びつきには不明瞭な点も見受けられたが、ホーがクレムリンからかなりの自由裁量権を与えられている証拠だと片づけられた。

　それまでアメリカは韓国から米軍を撤退させ、中国内戦にも不介入を貫くなどアジア大陸への関与に消極的だった。しかし中ソ、とりわけソ連のホー政権への肩入れが、アメリカのインドシナ介入政策を始動させてしまった。スターリンはほどなく、早まったと後悔の臍《ほぞ》を嚙んだという。

　二月七日、アメリカはイギリスと手を携えてベトナム国・ラオス・カンボジアを承認した。西側諸国を中心に三〇カ国あまりがこれに続いた。三月一九日、米空母一隻、駆逐艦二隻が初めてサイゴンに入港、ベトミン軍による砲撃の歓迎を受けた。この日は現在のベトナムでは「抗米戦記念日」という祝日である。

　五月九日、アチソン国務長官は対インドシナ軍事援助開始を声明した。第一陣の援助到着は六月二九日、朝鮮戦争勃発の四日後である。八月二日にはわずか三五人の規模ながら米軍事援助顧問団（MAAG）がサイゴンに発足した。フランスの戦争に助言と支援を与え、援助物資を供給するためである。

　休戦が実現する一九五四年までにアメリカは、フランスの戦費の三分の一にあたる二七億ドルを負担した。フランスの国際収支は悪化し、外貨が不足し、国際競争力も低下し、インフレが生じていた。フランスの経済的行き詰まりは西欧全体の安定を脅かしていた。これほどの犠牲にもかかわらず、戦局は好転しなかった。一九五一年の段階では、まだ仏国民の八割が植民地保持を肯定していた。だが、この戦いを「汚い戦争」と忌み嫌う空気がしだいに強まっていく。

映画にもなったようにインドシナでは元ドイツ親衛隊員やアフリカ各地出身者など外人部隊が活躍したが、それも宣戦布告のない、不人気な戦争に国内から徴集兵を送れなかったからである。一九五三年末までに仏軍が被った損害九万人のうち、フランス人は二万人程度にすぎなかった。しかしその大部分は軍の屋台骨ともいえる将校や下士官で、数字以上に打撃は大きかった。このため軍内部にも厭戦気分が蔓延していたのである。実業界でもアルジェリア、チュニジアなどに努力を集中すべきだとする声、それどころか植民地などすべて切り捨てよとする声が高まった。アメリカが援助を与えフランスに戦わせるという、インドシナ防衛の「最も安価な方法」（ドワイト・アイゼンハワー米大統領）は破綻寸前だった。

決戦の舞台

フランスは二律背反の欲求に苦しんでいた。世界的大国であり続けるためには絶対に力の源泉、インドシナを手放してはならない。といって本国の防衛を手薄にし、欧州の王者たる地位をドイツ人やイギリス人などに奪われてはならない。この微妙な均衡がいつなんどき崩れ、世論がなだれをうって和平に殺到しないとも限らなかった。

形成挽回のためフランスは、乾坤一擲《けんこんいってき》の大勝負を挑もうとした。その舞台がベトナム北西部、ラオスとの国境にほど近い盆地ディエンビエンフーである。ここはラオス～ベトナム間のベトミン軍の輸送路を遮断し、ベトナムの北部山岳地帯に展開する敵を背後から圧迫できる位置にあった。一九五三年秋、仏軍一万六千人が盆地内の要塞にたてこもる。ジャングルに潜むベトミン軍をおびき出す餌としてはこれほど効果的なものはなかった。だが、ゲリラが支配する海に浮かぶ孤島も同然のこの地を決戦場に選んだのは、軍事的には間違いだったともいわれる。

1954年５月ディエンビエンフー。ベトミンの捕虜となったフランス軍兵士　共同通信社

しかしディエンビエンフーのクリスチャン・ド＝カストリ大佐も、一八ヶ月以内の勝利達成をアメリカに約束したインドシナ派遣軍総司令官アンリ・ナバールも、本国のルネ・プレバン国防相も、ポール・エリー参謀総長も、みな自信にあふれていた。ベトミンの連中は貧弱な武器しか持っていない。大砲があってもろくに使いこなせない。盆地を取り巻く山々にそれらを運びあげる能力もない、というわけである。

しかし彼らはまもなく、ベトナム人蔑視にもとづく幻想の代償を支払う羽目になった。ベトミン軍はジャングルを切り開き、自転車、馬、水牛、手押し車などを使い、人海戦術で武器や食糧、大小五〇〇門近い大砲を山上に引っ張りあげた。その結果、火力の点ではほぼ五対一の優位に立つことができた。無数の塹壕を掘り、五万人近い兵力を周囲に展開したベトミン軍は、一九五四年三月一三日に総攻撃を開始した。砲撃を想定していなかった仏軍の掩蔽壕《えんぺい》は不十分で、雨季が訪れると水に浸かり、泥に埋まり、死体の悪臭で満ちた。飛行場を敵に抑えられると、食糧や弾薬などの補給も負傷者の撤収も不可能になった。

アメリカはフランスの求めに応じ、ディエンビエンフーの仏軍を救うため、原爆使用を含む軍事介入を検討した。三月二九日、ジョン・フォスター・ダレス国務長官は同盟諸国との統一行動、つまり共同での派兵を提唱する。しかし議会の支持も、最も重視された同盟国イギリスの同調も得られないまま、ついに断念せざるをえなかった。ほぼ三ヶ月に及ぶジュネーブ会議をへて、七月二一日に休戦が成立した（ジュネーブ協定）。平和は回復したものの、ベトナムは事実上南北に分割され、朝鮮、中国、ドイツにつぐ分断国家が生まれた。

アメリカは反共反仏の民族主義者ゴ・ジン・ジェムを擁立、北緯一七度線の南を共産勢力封じ込めの強力な砦に仕立て上げようとした。一九五五年には東南アジア条約機構（SEATO）を設立した。フランスの影響力を排除しつつ、ベトナム国をベトナム共和国（南ベトナム）に造り替えた。その結果、一九五七年に訪米したジェム大統領が述べたように、北緯一七度線は文字どおり「アメリカのフロンティア」となったのである。南北ベトナムが、そして米ソ両国がこの冷戦の最前線を挟んで対峙したまま、アメリカはいよいよ一九六〇年代を迎える。

2　本格化する民族解放戦争

フルシチョフの挑戦状

北と南、二つのベトナムの共存は長続きしなかった。一九五九年、北ベトナムは武力による祖国統一を決断した。一九六〇年の一年間をつうじて、南ベトナム国内で誘拐もしくは殺害された政府や軍の関係者は三三〇〇人。閉鎖された小学校は二〇〇。破壊された橋は二四〇。国土の六割近くはすでに共産主義者の支配下にあった。一二月二〇日には、ジェム独裁の打倒を唱える民族解放戦線（NLF、アメリカ側の蔑称ベトコン）が南ベトナム領内に設立された。翌一九六一年秋、アメリカの『タイム』誌は、南ベトナムを真に象徴するのは共和国の国旗でも国章でもなく「議事堂の上を飛びまわるハゲタカ」だという、あるベトナム人の言葉を報じている。

この年初めホワイトハウス入りしたジョン・ケネディは、このままではベトナムは一年もたたないうちに共産化するのではと悲観していた。逆にいえばベトナムこそ、コンゴ、ラオス、キューバと並んで冷戦の不利な潮流を逆転すべき重要な場所だと考えられた。ケネディはベトナム情勢の悪化を軽視したと批判されてきた。一九六一年初め、大統領の弟で司法長官のロバートは

「ベトナムぐらいの問題なら日に三〇件も起きている」と語ったことがある。しかし実際には最初からかなりベトナムに本腰を入れ、にもかかわらず手に負えない問題にしてしまったのである。ケネディがベトナムに関心を向けるきっかけは、ハノイでもサイゴンでもなく、モスクワにあった。大統領就任直前の一九六一年一月六日、ソ連のニキタ・フルシチョフ首相が、第三世界の民族解放戦争への支援を力強く声明したからである。ソ連は一九五七年、人類史上初の人工衛星スプートニクを打ち上げていた。一九五九年にはキューバに社会主義政権が誕生した。一九六〇年、ソ連領空での米スパイ機U2撃墜と四大国パリ首脳会談の流会は、アメリカの威信をさらに低下させた。一九六一年四月、ソ連はアメリカに先駆けてユーリ・ガガーリンによる有人宇宙飛行を成功させた。フルシチョフは、ソ連経済は一〇年でアメリカに追いつき追い越すと豪語していた。こうしたソ連の攻勢にアメリカが応えるべき場、それがベトナムだった。

ミュンヘンの記憶

四三歳、史上最年少で大統領に選ばれたケネディは、老練（六六歳）のフルシチョフを前に弱みを見せまいと必死だった。ところが就任早々に直面したラオス内戦では、右派のあまりの弱体ぶりに困惑し、対決ではなく中立化をめざす交渉を選択せざるをえなかった。四月には亡命キューバ人部隊によるキューバ侵攻を試み、ものの見事に失敗した（ピッグズ湾事件）。六月、ウィーンでの米ソ首脳会談でもフルシチョフに押しまくられたケネディは、アメリカの力がいい加減なものでないことを示す舞台をどうしても必要とした。こうしてケネディの上院議員時代以来からの側近セオドア・ソレンセンによれば、ベトナムは米ソ対決の「闘鶏場」となっていく。

当時のワシントンの常識では、ホー・チ・ミンはフルシチョフ、あるいは中国の毛沢東の手先だった。第二次世界大戦をもたらしたアドルフ・ヒトラーの再来でもあった。ハーバード大学在学中にイギリスを訪れ、ナチスの脅威増大を目の当たりにしたケネディもまた「ミュンヘンの教訓」の虜囚だった。大統領選挙では、平和と安逸をむさぼる一九六〇年のアメリカが一九三七年のイギリスにそっくりだとし、アイゼンハワー大統領を、対ファシズム宥和政策で知られるネビル・チェンバレン元英首相になぞらえていた。

一九五〇年、朝鮮戦争勃発に際して派兵を決断したトルーマンの脳裏にもミュンヘンの記憶があった。アイゼンハワーも一九五四年のインドシナ危機で、ミュンヘン会談の過ちを繰り返してはならないとチャーチル英首相に力説した。リンドン・ジョンソン大統領がベトナムにのめり込んだ時も、ジョージ・ブッシュ大統領が湾岸戦争に臨んだ時も、ミュンヘンの失敗を繰り返してはならず、侵略にはその第一歩から断固たる態度で臨むことが最良の手段だという確信は揺るがなかった。第二次世界大戦以降のアメリカ外交は、一貫してファシストの亡霊につきまとわれ続けてきたことになる。冷戦さなかの一九六〇年代もその例外ではなかった。

反乱鎮圧の実験場

ケネディはアジアやアフリカなど、いわゆる第三世界こそが冷戦の主戦場だと確信していた。アメリカの責務は、共産主義革命よりも優れた、平和的かつ民主的な変革を提供し、民族主義の息吹きを味方につけることだった。それには貧困、飢餓、疾病など共産主義を発展させる土壌を取り除き、近代化を実現する必要がある。その具体的方策がたとえば膨大な経済援助であり、平和部隊や平和のための食糧計画であり、中南米を対象とした進歩のための同盟だった。

軍事的には、全面核戦争からゲリラ戦争まであらゆる紛争に対処できる能力の整備が求められた。これが柔軟反応戦略である。なかでもフルシチョフのいう民族解放戦争への対策は、反乱鎮圧ないし特殊戦争戦略と呼ばれ、きわめて重視された。沖縄、パナマ、西独にゲリラ戦訓練センターが設けられ、軍事訓練だけでなく政治や経済などの教育も施された。途上国に赴任する外交官や軍人は反乱鎮圧の研修を義務づけられた。将官に昇進前の佐官たちはベトナムで実地訓練を受けた。

ベトナム向けには一九六一年一月二八日までに、反乱鎮圧計画(CIP)が作成された。その内容は経済援助の増大、南ベトナム軍(ベトナム共和国軍 ARVN)の拡充、米軍事援助顧問団の強化、政府の民主化などである。それは大規模な米軍の投入を回避し、紛争の無用な拡大を阻止しながら、南ベトナムに民主主義体制を建設し、十分な自衛力を構築し、自立経済を発展させる、一石数鳥の妙策に思えた。ただ問題は、計画が効果を生むまでベトコンが指をくわえて待っていてくれるとは思えないことだった。

ケネディ政権で統合参謀本部議長、ジョンソン政権で駐サイゴン大使をつとめたマックスウェル・テイラー将軍は、ベトナムを「破壊活動による反乱、すなわちホー・チ・ミン戦略がありとあらゆる形をとって試されている、活動中の実験室」と呼んだ。抗仏・抗米救国戦争を指揮した北ベトナムのボー・グエン・ザップ国防相も、この戦いが「現代の民族解放戦争の雛形」であり、世界中で米帝国主義を打ち破れるかどうかがかかっていると断言した。敵にとっても味方にとっても、南ベトナムの戦場はまさに天下分け目の関ヶ原だったのである。

ゲリラ戦争勝利のカギ

ケネディは、神出鬼没のゲリラに勝利をおさめた過去の経験に着目した。トルーマン・ドクトリンによる冷戦の本格化を生んだギリシャ内戦。抗日人民軍の流れを汲む反米勢力フクバラハップを鎮圧したフィリピン。反英ゲリラ戦争を沈黙させたマラヤである。ギリシャでの勝因は、ユーゴスラビアがソ連と仲違いした結果、国外からゲリラへの援助が断たれたこと、また国境外に存在していたゲリラの聖域、つまり訓練や補給、休養のための基地が消失したことにあると考えられた。フィリピンは島国で、人員、武器、弾薬などの搬入がそもそも困難だった。マラヤも陸上の国境線はごく短く、中国人の不法占拠農民を主体とするゲリラと一般人との区別も容易だった。

ではベトナムはどうか。一九五四年のジュネーブ協定や国際監視委員会（ICC）の存在、国際世論への配慮などから、ゲリラはおおっぴらに北緯一七度線を越えにくかった。米第七艦隊が沿岸警備に一役買っており、海路による浸透も困難だった。唯一残されたのが、南ベトナムとラオス・カンボジアとの二千キロに及ぶ国境——険しい山々、広いジャングル、無数の湖沼、人跡未踏の湿地帯など——を経由する陸路だった。これがホーチミン（チュオンソン）・ルートである。

険しい山並みが続くアンナン（チュオンソン）山脈は「インドシナの尾根」と呼ばれる。だがそこには、昔から山岳少数民族が利用してきた小道があり、抗仏救国戦争でもゲリラの移動や物資補給などに使われていた。南でのゲリラ戦争遂行のため、一九五九年頃からこの輸送路が本格的に強化されたのである。小道の網の目の総延長はのちに二万キロ近くに達した。ベトナム戦争期をつうじてのべ二〇〇万人が往来、合計四五〇万トンの物資を南に運び込んだという。ゲリラの九割近くは南で徴募されていたが、少数ながら北出身の幹部、南出身ではあっても北で訓練を施された者が敵の中核をなすとアメリカは確信していた。

彼らの浸透を阻止するのは、まるでザルの無数の網の目を通り抜ける水をつかまえるようなものだった。ベトナムはギリシャ、フィリピン、マラヤとは比べものにならない、世界最悪の戦場だった。逆にいえば、ここで勝てれば世界中どこでもゲリラ戦争の勝利は約束されたも同然だった。しかもこの難事業をなしとげうるのは、世界広しといえどもアメリカしかないはずだった。当時アメリカ人は、フランスが敗れた戦場でなぜアメリカなら勝てるのかと尋ねられると、パナマ運河もフランス人は途中で投げ出したではないかと片づけるのが常だった。フルシチョフが民族解放戦争の勝利に自信満々だったように、ケネディも反乱鎮圧戦略の成功を疑いもしなかった。

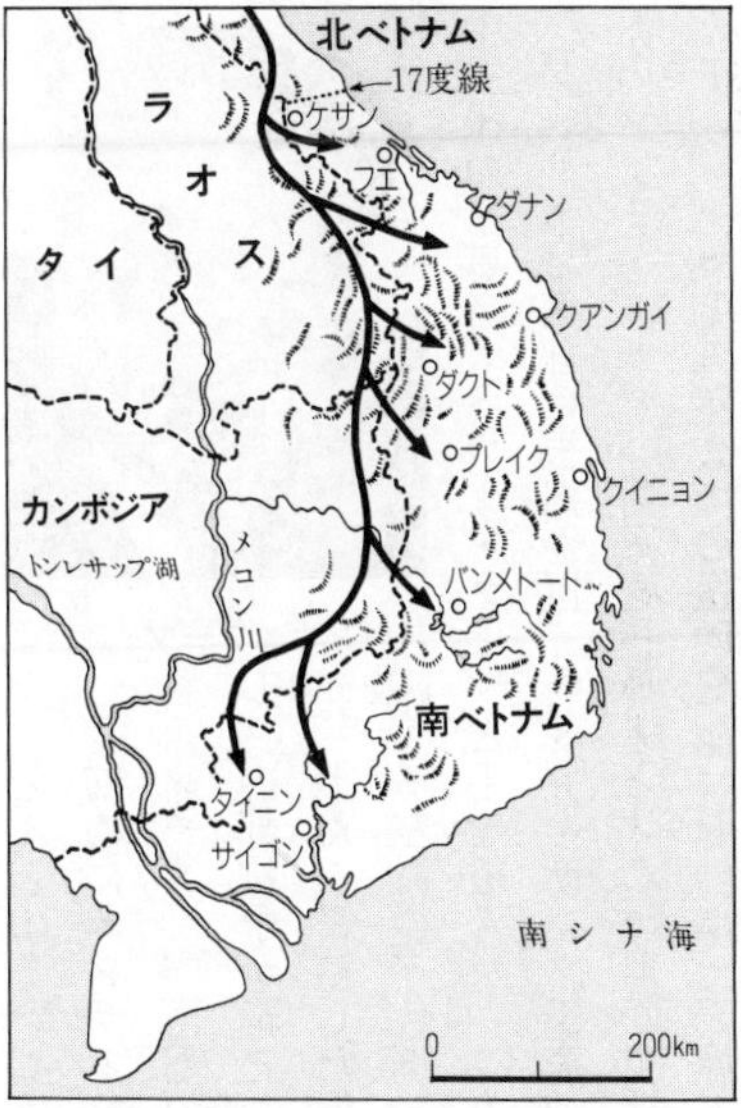

ホーチミン・ルート

もう一つの内戦

南ベトナム防衛の成否は、ホーチミン・ルートの遮断にかかっているとアメリカは判断した。ラオスへの軍事介入が持ち上がったのもそのためである。この内陸国は、最も主要な民族のラオ人（ラオスはその複数形を示すフランス語）が人口の半分にも満たず、数多くの少数民族がほとんど山あいごとに自給自足の生活を送っていた。一八世紀初めにランサーン王国が北部のルアンプラバン、中部のビエンチャン、南部のチャンパサックの三王国に分裂して以来、内部抗争が絶えなかった。一九五四年のジュネーブ協定でいったん終結した内戦もほどなく再発した。スファヌボン率いる左派のパテト・ラオ（ラオス愛国戦線）は北部を根城とし、中立派の指導者スバンナ・プーマと手を組んだ。二人はルアンプラバン王家の異母兄弟にあたる。

スバンナ・プーマ
読売新聞社

アメリカは南部に根拠を置くチャンパサック王家のブン・ウム首相を看板とし、事実上は親米派のプーミ・ノサバン将軍を指導者とする政府を支援した。援助額は一九六三年までに四億八千万ドル。一九七五年までの援助総額はじつに一五億ドルに達した。政府軍の経費など、ほとんどアメリカの丸抱えだった。それでも一九六〇年代初めのラオス右派政府は、経済学者でもあるジョン・ガルブレイス駐インド大使にいわせれば、「政府の証明書がせいぜい空港までしか及ばない」程度の、まともに支配地域さえ持たない存在だった。

しかしワシントンで地図を眺める限り、ラオスは、切っ先がカンボジアに、両の刃がタイと南ベトナムに当てられた短剣だった。かりに全土が失われればゲリラの奔流が南ベトナムに向かうに違いなかった。のちデタント時代の主役の一人となるヘンリー・キッシンジャーは、ラオスこそインドシナ防衛に適した唯一の場所だったという。しかしその大部分は険しい山岳で、鉄道も飛行場もろくになかった。未舗装の道路は雨季には役に立たず、メコン川の急流はさかのぼるのも困難だった。兵力の増強は空輸頼みだったが、それでも一日に千人程度が限度とはじき出された。しかも右派の弱体ぶりからすれば、勝利の見込みも確実とはいえなかった。

一九六一年五月一六日、ラオス和平をめざすジュネーブ会議が開幕する。米首席代表をつとめたアベレル・ハリマン元ニューヨーク州知事は、アメリカの目標は「ベトコンが使うラオス回廊を閉じる」ことだと述べている。つまり軍事行動にせよ休戦交渉にせよ、南ベトナムに及ぶゲリラの脅威を断つ手段にほかならなかった。だからこそ、ケネディがラオス介入を断念すると同時に、南ベトナムとタイへの米軍派遣を求める声が強まったのである。タイもラオス人が多く居住する北東部の反政府ゲリラに手を焼いており、南ベトナム

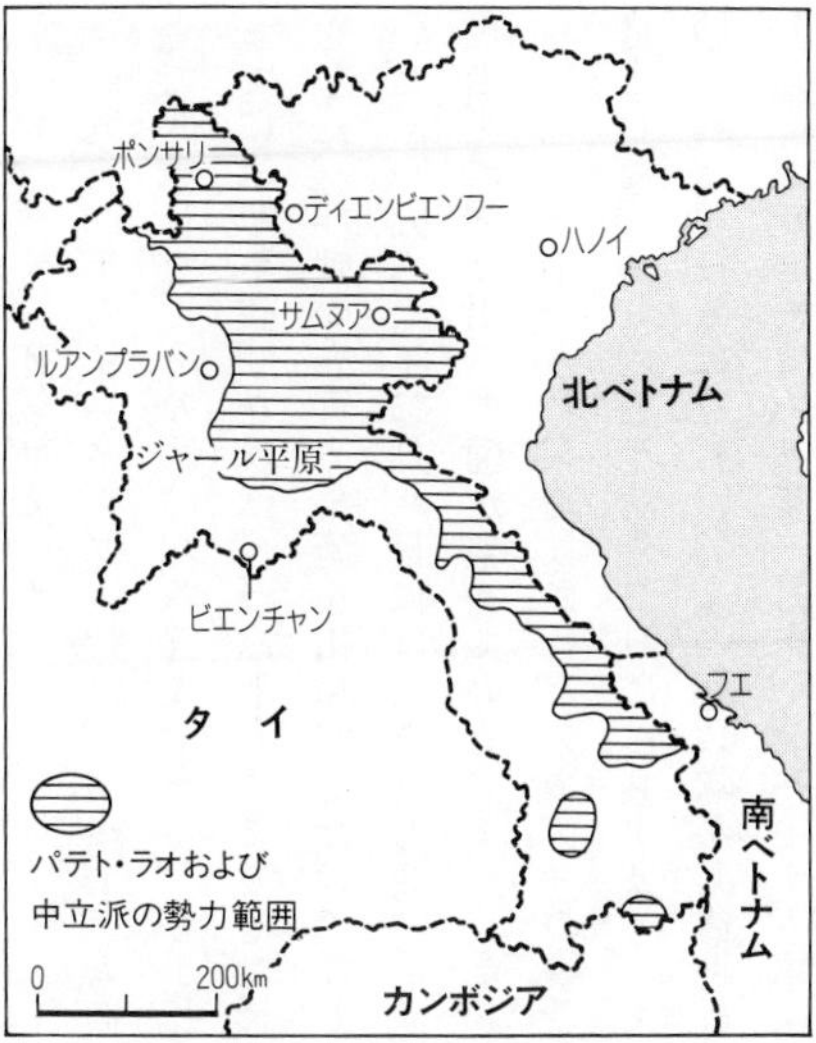

ラオス内戦

に負けず劣らず不安定だった。

一九五四年のジュネーブ協定は、南ベトナム領内に駐留できる外国人軍事顧問の人数を休戦時点で凍結した。その数は六八五人である。しかしケネディは協定にはお構いなく、一九六三年末までに米軍事顧問をほぼ一万六千人にまで増やした。彼らは南ベトナム軍に軍事援助物資や訓練を与え、作戦の立案や実施を指揮するだけでなく、大なり小なり戦闘に参加し、戦死者も出していた。一九六二年二月八日には米軍事援助司令部（MACV）が創設され、アメリカが戦争の主役の座に躍り出る準備が整っている。

一九六三年一一月、暗殺されたケネディの後を継いだジョンソンのもとで、戦争はいよいよ本格化した。一九六五年三月二日にはローリング・サンダー作戦の名で知られる恒常的な北爆が開始され、七日には三五〇〇人の海兵隊が派遣された。米戦闘部隊の規模は最大時で五四万人に達した。しかし一九六八年一月末、北ベトナム軍（ベトナム人民軍　PAVN）と民族解放戦線によるテト攻勢で戦意をくじかれた米国民は、「名誉ある撤退」への道の模索を野党・共和党のリチャード・ニクソン元副大統領に委ねた。紆余曲折をへて、一九七三年一月二七日にパリ協定が成立し、三月二九日には米軍がベトナムの地を去った。一九七五年四月三〇日にはサイゴンが陥落、ようやくベトナム戦争は終わったのである。

3　平和共存の試金石

ソ連の平和攻勢

これまで見たように、一九五〇年以来四半世紀というもの、インドシナ半島、なかんずくベトナムは米ソにとって冷戦の重要な戦場であり続けた。しかしじつは、アメリカが最初に危機に直面した時ですら、冷戦論理にもとづく軍事介入を押しとどめる条件が存在していた。それは一九五三年三月に始まったソ連の平和攻勢である。四苦八苦の国内経済、中国との摩擦、ユーゴスラビアの反抗、東独の反ソ暴動、独裁者スターリンの死が生んだ権力闘争などで、アメリカとことを構える余裕などソ連にはなかったからである。だがその効果はてきめんだった。一九五三年当時住宅・地方行政相で、のちに英首相となったハロルド・マクミランは『イソップ物語』を引いてこう述べている。スターリンの「冷たい突風」にさらされて団結していた西欧諸国は、いまや新首相ゲオルギ・マレンコフの「陽光」のもとでばらばらになりつつある、と。

七月二七日、朝鮮休戦協定が成立した。一一月二九日、ベトナム民主共和国のホー・チ・ミンは、フランスが求めるのならインドシナ和平に応じると声明した。ソ連の『プラウダ』も中国の

『人民日報』もこれを支持した。ソ連にとってはベトナムの独立支援などより、平和共存路線の確立、対仏関係の改善、西独再軍備阻止などが重要だった。

アメリカの意向を受けてインドシナ戦争継続に邁進するジョゼフ・ラニエル仏首相は、ホー声明など「九八%は宣伝」にすぎないと片づけた。しかしそれまで話し合いを拒否しているのは相手方だと主張していた仏政府が苦しい立場に追い込まれたことは事実だった。すでに国民の半数は休戦交渉の開始か仏軍の一方的撤退を求めており、一九五三年五月には、即時休戦を唱えるピエール・マンデス＝フランスが政権獲得の寸前までいったからである。

アイゼンハワー政権は共産主義の脅威を喧伝し、トルーマン政権の封じ込めにかわる巻き返し政策、共産主義の虜囚となった東欧の解放を唱えていた。しかしそのアメリカにも平和共存を歓迎すべき理由があった。共産主義の膨張が一時的にでも止まれば、米ソの対立が凍結される。その間にアメリカは西欧など同盟諸国との絆を強め、来るべき東西対決の時代に備えることができる。ジョン・フォスター・ダレス国務長官は水泳にたとえて、平和共存を短い「息つぎ」の時間だと述べた。ちなみに同じことをアンソニー・イーデン英外相は「中休み」と、コンラート・アデナウアー西独首相は「息抜き」と、それぞれ回顧録で表現している。

マッカーシズムの反動

一九五四年一月二五日、五年ぶりの米英仏ソ外相会議がベルリンで開かれた。第二次世界大戦ではヒトラーと、冷戦では西側陣営との対決の主役を演じ続けてきたソ連外相ビャチェスラフ・モロトフが、中国を含めた五大国会議の開催を提案した。ダレスは激しく抵抗した。中国の国際的地位の向上を警戒し、また現状では有利な休戦は不可能と判断したからである。しかし紛争拡大を懸念するイーデン英外相も、和平を求める世論に押されたジョルジュ・ビドー仏外相も、モロトフに同調した。その結果、朝鮮休戦後の政治問題解決とインドシナ戦争の休戦実現のため、ジュネーブ会議を開くことが決まった。

ダレスはジュネーブには赴いたものの、中国代表団を率いる周恩来首相との握手を拒否した。同じテーブルに座ることも拒んだ。双方の車が衝突でもしない限り二人が顔を合わせることはない、と報道陣に語った。この異様な行動は、ひとえに米国内での批判を恐れたためだった。一九五〇年にジョゼフ・マッカーシー上院議員が国務省内に巣食う共産主義者の存在を告発して以来、米国内にはマッカーシズムと呼ばれる反共の嵐が吹き荒れていたからである。

ことに蔣介石のいう「大陸反攻」実現を夢見るチャイナ・ロビー勢力は、共産中国が同席しての交渉など言語道断だとした。彼らはジュネーブ会議を「極東のミュンヘン」と罵倒し、いっさいの妥協を認めなかった。一九五二年の大統領選挙で「フー・ロスト・チャイナ（誰が中国を失ったか）?」と民主党政権を攻撃して二〇年ぶりにホワイトハウスを奪還した共和党政権は、こうした声を無視できなかった。

ジュネーブ会議は四月二六日に開幕したが、アメリカは「かたつむりのように忍び足で」これに参加したと、米代表団の一員は述懐する。各国の代表団首席はいずれも首相・外相級だったが、ダレスは一週間で代表団をベデル・スミス国務次官に委ねて帰国した。ゼネラル・モーターズ社長から国防長官となったチャールズ・ウィルソンの補佐官の一人によれば、アメリカはこの試合で「投球」するのではなく、フランスやベトナムなど「選手たちに声援を送る」にとどめた。

ただ実際には、舞台裏こそがアメリカの本当の活躍の場だった。彼自身強硬な軍事介入論者でもあったアーサー・ラドフォード米統合参謀本部議長によれば、休戦交渉に臨むフランスは「たった一枚の切り札」しか持っていなかった。それが米軍介入の脅しである。実際にジュネーブでスミス国務次官はソ連のモロトフ外相に、ベトミンがあまり貪欲に領土を求めればアメリカの介入を招くと伝えた。イーデン英外相は中国の周恩来首相に、アメリカは「スロー・スターター」だが走り出せば止まらないと警告した。

しかしすでに五月七日、ディエンビエンフーの仏軍一万三千人は降伏していた。米仏両国は、敵の損害は味方の三倍以上だと強がった。しかしそれはかつてナポレオンが敗れたワーテルローの戦いや、ヒトラー没落のきっかけとなったスターリングラードの戦いにも匹敵する象徴となっていた。フランスの戦意が一気に崩壊した以上、米軍介入の脅しもたいして通用しそうにはなかった。人海戦術で無用の犠牲を出したとの批判もあるが、ベトミン軍のボー・グエン・ザップ将軍は「赤いナポレオン」の名を冠された。ディエンビエンフーの名はのちにハノイの大通りや煙草の銘柄にもなっている。

二つのベトナムが誕生

ディエンビエンフーの戦いが終わった翌日、共同議長国の英ソに米、仏、中、ベトナム国（バオ・ダイ政権）、ベトナム民主共和国（ホー・チ・ミン政権）、ラオス、カンボジアが参加してインドシナ休戦討議がジュネーブで始まった。ほとんど実質的合意もないまま時間が空費された結果、パリでは議会の不信任を受けてラニエル政府が瓦解した。六月一八日、新首相に選ばれたマンデス＝フランスは、七月二〇日までの休戦実現を公約してジュネーブに乗り込んだ。フランスは北アフリカと欧州にその力を集中し、国内経済の建て直しや社会の近代化を急ぐべきだというのが、経済通として鳴らした彼の信念だった。

実際に休戦協定および会議参加国の共同最終宣言、いわゆるジュネーブ協定が成立したのは七月二一日。第一に、ほぼ北緯一七度にあたるベンハイ川の両側五キロずつに非武装地帯を設け、南北にそれぞれ両軍が集結する。第二に、二年後の一九五六年七月に再統一選挙を実施する。第三に、カナダ・ポーランド・インド（議長国）による国際監視委員会が休戦の監視にあたる。さらに新たな部隊や武器の導入、基地の新設や外国基地の建設、軍事同盟への加盟などが禁止され、ベトミン軍はラオスおよびカンボジアから撤退した。

しかしジュネーブ協定はむしろ次の戦いの序曲でしかなかった。国土分断に反対するバオ・ダイは、代表団がジュネーブ会議の最終宣言に加わるのを認めなかった。協定成立直前にアメリカに擁立され、ベトナム国首相となったゴ・ジン・ジェムは、政府施設に半旗を掲げるよう命じた。すでに国土の四分の三を事実上支配していたホー政権は、それ以上に不満だった。

ゴ・ジン・ジェム
UPI・サン・毎日

アメリカも同じだった。東南アジア防衛には中国と接するトンキン地方の維持が絶対に必要だ。たとえ一部でもインドシナを共産主義に売り渡す「第二のヤルタ」に参加し、かつてローズベルトが東欧をソ連に奪われた二の舞を踏むことはできない。ミュンヘン会談でズデーテンをヒトラーの生贄《いけにえ》に捧げたことがチェコスロバキア全土の蹂躙を招き、第二次世界大戦を生んだように、北ベトナムは共産主義南進の基地となるに違いない。これがアメリカの公式見解だった。

分断固定を望む米ソ

しかし本音では米政府首脳も、交渉の結果にまんざらでもなかった。ベトナム全土どころか、ラオスの半分までも失いかねない情勢だったからである。再統一選挙まで残された期間は二年。その間に南ベトナムから共産勢力を一掃する。大規模な援助を与え、豊かなメコンデルタを利用して経済を再建、民主国家「自由ベトナム」を樹立する。世界に向けて北の共産支配の苛酷さを宣伝する。仏植民地主義と無縁のアメリカは、南ベトナム国民の支持も容易に得られるに違いない。これが一九五四年七月時点でのアメリカの皮算用だった。

いっぽう北ベトナムは南北間の自由な通商や郵便、通信、墓参などを求め、西側諸国の投資や貿易も望んだ。鉱物資源に恵まれてはいたが、人口に比して農業生産力に乏しく、従来からコメなどの供給を南部に依存していたからである。しかし南ベトナムは北の要求をことごとく拒絶し、西側企業はアメリカの圧力のために北では活動できなかった。アメリカは一九四九年の中国革命や一九五九年のキューバ革命の時と同様、北ベトナムとの和解の可能性を排除し、彼らを力ずくで中ソ陣営に追いやり、南北分断を固定化させた。選挙によって反共の統一ベトナムを実現する当初の青写真に狂いが生じ、南ベトナムの保持に汲々としていたからである。

アメリカと南ベトナムは再統一選挙の実施を拒んだ。ハノイ政権は中ソから軍事援助を受け、南に残った旧ベトミン兵士をしきりに活動させるなど、ジュネーブ協定にあからさまに違反している。北の国内では自由な政治活動が許されておらず、公正な選挙は望めない。しかもこちらは協定に署名しておらず、拘束もされない。こう主張したのである。だが実際には南ベトナムは、フランスが調印した休戦協定を継承しているはずだった。

北ベトナムは再統一選挙の実施を繰り返し要求した。もっとも、土地改革の失敗による農民暴動などのため、まともに選挙などできる態勢ではなかったともいわれる。国際監視委員会のメンバーが北の視察に訪れても、ホテルから視認できる範囲しか見せてもらえなかった。休戦監視を体《てい》よく形骸化し、ジュネーブ協定を無視して外国の軍事援助を受けた点では、北も南も変わらなかった。

ソ連は中国とともにハノイを支持し、南ベトナムとアメリカの休戦協定違反を攻撃した。一九五六年初め、周恩来が再度の国際会議開催を求めると、モロトフもこれを支持した。しかしそれはお座なりなものでしかなかった。ベトナム再統一をあまり強硬に求めれば、朝鮮やドイツに飛び火しかねなかったからである。

ソ連は一九五七年、ホー政権の反対を押し切って南北ベトナムの国連加盟さえ提唱した。のちに民族解放戦線のメンバーの一人は、「ハノイを経由したフルシチョフの平和主義路線」が自分たちを犠牲にしたのだと非難している。ベトナム分割はいわば一九五〇年代の米ソ平和共存が生み出した作品だった。国土の再統一はホーとジェムが、力と力で解決すべき課題となった。

冷戦の休戦ライン

一九五〇年代末以降、ベルリン、キューバ、コンゴ、台湾海峡、ラオス、ベトナムなどを舞台に冷戦が再燃した。しかしアメリカにとって最も重要な課題の一つは、マサチューセッツ工科大学からケネディ政権入りした経済学者ウォルト・ロストウのいう「低開発地域における冷戦のコモン・ロー」、つまりイデオロギーを超えた米ソ共通の規範の確立だった。具体的には米ソ双方が、欧州を東西に二分するラインを堅持しつつ、第三世界でも「冷戦の休戦ライン」を明確化することである。たとえばケネディは訪米したインドのクリシュナ・メノン外相に、「現状のもとではベトナムにとって一番いいのは、分割されたままであることだ」とあけすけに語っていた。

ケネディ政権はこの重要なラインの侵犯、たとえばキューバの社会主義化を前に無力だったアイゼンハワー政権の轍を踏むまいと決意していた。だから亡命キューバ人などを組織してピッグズ湾に上陸させたし、それが失敗するとフィデル・カストロ首相暗殺を含むキューバ国内の攪乱(マングース作戦)も始めた。それでも一九六二年のキューバ危機で、ソ連のミサイル撤去と引き換えにキューバに手を出さないと誓約している。カリブ海での米ソ両陣営の境界線をキューバの西側に画定することで、西半球全体の安定を購《あがな》ったわけである。

いっぽう力ずくの現状変更をともなわなければ、ソ連が何をしようと構わなかった。一九六一年八月、難民流出による東独の崩壊を阻止すべく、ベルリンの壁が建設された時がそうである。アメリカは戦車部隊などを送り込み西ベルリン防衛の決意こそ示したが、壁の存在は黙認した。ベルリンとドイツの現状固定は、むしろ歓迎すべき事態だったからである。しかし、のち西独首相として東方政策（オストポリティーク）を展開するウィリー・ブラント西ベルリン市長はアメリカの無為無策に憤激、ケネディにこうもり傘を送りつけた。ミュンヘン会談でヒトラーに妥協したチェンバレンのトレードマークであり、宥和政策の象徴である。

ベトナムの隣国ラオスの内戦でも、ディーン・ラスク国務長官のいう「平和の島」、つまり中国や北ベトナムと、東南アジアの非共産諸国との緩衝地域をつくり出すことがアメリカの目標となった。しかし、左派のパテト・ラオの参加をよしとしないラオス、タイ、南ベトナム三国の政府がジュネーブ会議をボイコットするという一幕もあった。パテト・ラオは、プーマが率いる中立派の政権、右派のブン・ウムとノサバンの政権と同等の存在か、たんなる叛徒勢力か。紛争の原因は国外からの侵略かそれともたんなる内乱か。国際監視を重視すべきか、内政干渉として退けるべきか。戦いの原因は北ベトナムの浸透か、アメリカの干渉か。急ぐべきは実効的な休戦か、連合政府の構成を含む政治問題の解決か。双方は多くの点で対立し、交渉は難航した。

会議の停滞をよそ目にパテト・ラオ軍の攻勢が続いた。一九六二年五月には危機感を強めたアメリカがタイに海兵隊を、シャム湾に第七艦隊を送っている。ラオス交渉を有利に進めるにはアメリカの東南アジア防衛の決意を示すのが一番とばかり、米政府内外でベトナム派兵要求も強まっていく。七月二三日、ようやくラオス全土の中立化と連合政権の樹立が合意された。現状凍結をめざすケネディとフルシチョフの努力は、それなりに実を結んだのである。

ケネディが生きていたら

いまでも「ケネディが生きていたら」と夢想する者は多い。映画『ダラスの熱い日』(一九七三年)や『JFK』(一九九一年)がその典型である。核戦争一歩手前のキューバ危機を見事に解決し、ソ連との平和共存の道を開いたケネディなら、ベトナムを泥沼にしなかったはずだ。彼は対中関係改善も視野に置いていたし、一九六五年までに撤退を断行しただろう。ジョンソンはケネディ路線を継承したようだが、じつは後戻りのきかない介入を開始したのだ。ケネディ暗殺は、冷戦緩和に反対しベトナム撤退阻止を図る、軍産複合体や右派などの陰謀に違いない。

だがそれは、アメリカの輝かしき時代への郷愁以上のものではない。また、自由や民主主義の護持者たるアメリカが、わずか数発の銃弾と大統領の交替で一八〇度狂ってしまったとする点で、形を変えたアメリカ至上主義にすぎない。実際にはケネディはその死の直前まで、介入拡大政策の屋台骨をなすドミノ(将棋倒し)理論に疑念を挟んだことはなかった。南ベトナムの共産化が東南アジア全土の喪失につながるとすれば、その最初の駒、南ベトナムの倒壊を受け入れるわけにはいかなかったのである。ジョンソンの戦争は、ケネディが始めた戦争の論理的帰結だったし、ケネディならはるかに大規模、劇的な形で本格的な戦争に踏み切ったろうとさえいわれる。

たしかにケネディは一九六三年秋、千人の米軍事顧問を撤収させた。ほどなく戦争に勝てるか、南ベトナムが自力で国土を防衛できるとの楽観に立っていたからである。しかし軍事情勢の悪化と無関係に、残る一万数千人も引き揚げられたかどうかは疑問である。しきりに介入拡大の愚を説き、撤退を勧めるカナダのレスター・ピアソン首相に、ケネディはこう答えたことがある。「それは拙劣なお答えですね。誰だってそのことは知っていますよ。問題は、どうやって手を引くのか、ということです」。ケネディ自身、その答えを見つけないまま黄泉《よみ》に旅立ったのである。

肝心のベトナムについて、ケネディとフルシチョフの考えは天と地ほども違っていた。一方は紛争の原因が北ベトナムの侵略にあるとし、他方は南の独裁への不満が生んだ内戦だとした。一方はベトコンやハノイの裏でソ連が糸を引いていると非難し、他方は崩壊寸前の政権をしゃにむに支えるアメリカを批判した。一方は第三世界の現状変更を認めようとせず、他方は革命の輸出を止めることなど誰にもできないと主張した。

もちろんフルシチョフも、米ソの力の均衡の維持、両国の核対決の回避、局地紛争拡大の阻止には異存はなかった。だが同時に彼は社会主義陣営の盟主の座を中国と争わなければならなかった。米ソの共存と、中国や南北ベトナムがそれをどう受け取るかはまったく別の問題だった。実際のところベトナム戦争の終幕は、分割の固定化、紛争拡大の阻止という米ソの暗黙の合意をあざ笑うかのような道筋をたどるのである。

4　パリ協定への道

オリーブの枝と矢

米大統領の紋章の鷲は、二本の足にそれぞれオリーブの枝と矢を握っている。平和を愛するが、必要なら戦いも辞さないという決意の表明である。一九六四年八月のトンキン湾事件をきっかけにベトナム戦争を本格化させたジョンソンも、和平の道を熱心に模索していた。ただ問題はその手段が高飛車な脅迫か、経済援助という餌に終始したこと、しかもハノイにまったく相手にされなかったことである。

インド・ポーランドとともに国際監視委員会を構成するカナダのブレア・シーボーン代表は、一九六四年六月から翌年三月にかけて何度かハノイを訪れ、北ベトナムがこれ以上侵略を続け、ゲリラを南に送り込めば「最大級の惨害」がもたらされるとのアメリカのメッセージを伝えた。しかし、ホー・チ・ミンの右腕であり、ジュネーブ会議にもベトナム民主共和国首席代表として

ファム・バン・ドン
読売新聞社

参加したファム・バン・ドン首相はこれを一笑に付した。

一九六五年四月七日、ジョンソンはジョンズ・ホプキンズ大学で、一〇億ドルをアメリカが出資するメコン川流域開発計画への参加を北ベトナムに呼びかけた。それは、一九五一年に国連傘下のアジア極東経済委員会（ECAFE）が提唱して以来、夢の計画だった。一九五七年には南ベトナム、カンボジア、ラオス、タイが共同で洪水の制御や灌漑、水力発電などに取り組み、アメリカ、日本、西欧諸国などの支援を受けている。しかしハノイはこの提案も一蹴した。

アメリカと北ベトナムとの外交官どうしの非公式な接触がパリなどで試みられたが、うまくいかなかった。ハロルド・ウィルソン英首相、ウ＝タント国連事務総長、ガーナのクワメ・エンクルマ大統領、ローマ法王パウロ六世、非同盟諸国一七カ国などの和平働きかけも徒労に終わった。一九六六年末にはポーランドの仲介でワルシャワを舞台に和平をめざす秘密会談が実現する可能性が出てきた。しかしこのマリゴールド作戦もほどなく御破算になった。アメリカは、北ベトナムが休戦交渉を隠れ蓑に侵略を強化するのではと疑い、弱みを見せまいと北爆を続けた。秘密会談予定日の直前にハノイ近くの鉄道施設が爆撃されたため、北ベトナムも交渉に背を向けた。

それでもアメリカは一九六五年に二度、一九六六年に一度、北爆を停止し、北ベトナムの出方をうかがった。だが北爆停止には米軍首脳を中心に強い反対があった。敵に産業施設や補給路の復旧を許し、米軍機の損害を増大させることが目に見えていたからである。有利な条件で戦争を終結させるには、まずアメリカの力を敵に思い知らさなければならないと彼らは信じていた。

一九六六年九月二九日、ジョンソンはテキサス州サンアントニオでの演説で、北ベトナムが爆撃停止期間を軍事的に利用しないと約束し、実りある会談に同意すれば、アメリカは北爆を停止すると言明した。しかしこのサンアントニオ方式も、ハノイにはほとんど一顧だにされなかった。ラスク国務長官は和平交渉について、アメリカがいくら電話をかけてもハノイは受話器を外したままなのだと語ったことがある。

ロバート・マクナマラ国防長官は一九九七〜九八年のいわゆるハノイ対話で、国民が日ごと爆撃の犠牲になっているのになぜ和平に応じなかったのかとベトナム側関係者を詰問している。だが一方的に国土を蹂躙されながら、やすやすと妥協に応じるなど無理な相談だった。北ベトナムも民族解放戦線も、交渉より北爆停止が先だとし、無条件の米軍撤退を主張した。

その間にも民族解放戦争への支援ぶりを誇示するかのように、ソ連から北ベトナムへの軍事・経済援助は増額された。戦争の主役が民族解放戦線から北ベトナム軍に移るにつれ、戦車や重砲などがますます必要になり、ソ連への依存が強まった。北ベトナム領内には八千人のソ連軍事顧問がおり、対空砲火や電波兵器の操作指導などを行っていた。一九六四年、ソ連のレオニード・

ブレジネフ書記長は、米ソ関係改善とアメリカのベトナム侵略は両立しないと声明した。一九六五年、民族解放戦線の代表部がモスクワに設置された。

しかしソ連の支援は、南での戦争を勝利に導くためというより、むしろ北ベトナムの防衛を主眼としていた。中国への対抗上、北ベトナムに肩入れしないわけにはいかないが、対米関係を損ないたくもない、というのがソ連の本音だった。ソ連は一九六八年まで、日本に一時帰休中に脱走した米兵を受け入れていたが、これ以降は士官や原潜乗組員を除いて入国を認めなくなった。

名誉ある撤退を求めて

一九六八年一月三〇日に始まったテト攻勢の結果、米国民はベトナム戦争にそっぽを向くようになった。ジョンソン大統領は三月三一日、北爆の大幅な縮小を発表した。五月一三日、ようやくアメリカと北ベトナムの和平会談が始まった。会談の舞台は、当初候補地にあげられたニューデリーがインドと対立する中国への配慮からはずされ、プノンペンやワルシャワはアメリカに拒否された。ジュネーブ、ビエンチャン、ラングーン（現ヤンゴン）、ジャカルタといった候補地を抑え、インドシナの旧宗主国首都であるパリに落ち着いた。

一一月、和平実現の秘策があると主張した共和党のニクソンが民主党の現職副大統領ヒューバート・ハンフリーを破って大統領に当選した。ニクソンはアメリカの力には限界があること、米ソの核兵力におよそ均衡が成立していること、世界が多極化に向かっていることなどをふまえ、イデオロギーにはこだわらない現実路線を追求した。とくに戦略兵器制限交渉（SALT）、ベルリンおよびドイツ、貿易など米ソ間の問題と、米中関係、中東問題、ベトナム戦争などを結びつけて解決を図った。たとえばベトナムから手を引くためには、北ベトナムを背後から支えている中国との和解が必要である。米中接近が現実のものとなれば、焦るソ連が核軍縮などについて譲歩してくるに違いない。これがリンケージ（連関）戦略である。

一九六九年一月二五日、パリ会談に南ベトナムと民族解放戦線が加わる。この拡大パリ会談は、テーブルの形でもめるところから始まった。ハノイはアメリカの傀儡であるサイゴン政権など相手にできないと主張した。ワシントンは解放戦線が正式の政府ではないと力説した。二ヶ月半を費やし、一七もの案を検討したあげく、二者会談か四者会談か不明瞭な円形のテーブルが採用され、当事者の旗も名札もいっさい使用しないことになった。八月には北ベトナムのレ・ドク・ト特別顧問とキッシンジャー米大統領補佐官（のち国務長官）の秘密会談も始まった。

北ベトナムは無条件の北爆停止を、アメリカは北ベトナムの侵略縮小を要求したが、最終的にはそれぞれが一方的に戦線縮小と爆撃停止を実施する形をとった。たがいに敵国と安易に妥協したという批判を避け、また面子《メンツ》を立てあったわけである。北ベトナムは、米軍捕虜釈放より米軍撤退が先だと主張した。民族解放戦線の流れを汲む臨時革命政府は一九七〇年九月、翌年六月までの米軍撤退を要求したが、撤退期限を明示してくれれば捕虜釈放に応じるとまで軟化した。撤退と捕虜釈放の同時実施を主張していたアメリカも、一九七〇年一〇月には一方的な米軍引き揚げを容認した。

ベトナム化政策

一九六九年七月二五日、ニクソンは冷戦論理にもとづく過剰介入に歯止めをかけるべく、グアム（ニクソン）・ドクトリンを打ち出す。アメリカは太平洋国家として今後もアジアで重要な役割を演じるし、必要な援助も続ける。アジア諸国との条約上の公約も守る。自国防衛のため自助努力を行う国も支援する。しかし米軍の投入については厳格に一線を引く。軍事援助も削減し、できるだけ多国間の経済援助を活用するといった内容である。

アメリカは一九七〇年でも三〇〇万人を超える米軍を維持し、うち一〇〇万人を三〇カ国に駐留させ、五つの地域防衛組織に参加し、四二カ国と相互防衛条約を結び、一〇〇近くの国に援助を与えていた。だがアメリカの金保有は減少し、企業の国際競争力も低下していた。一九七一年には二〇世紀で初めて貿易赤字を記録した。この年八月には金とドルの兌換《だかん》を停止し、賃金と物価を凍結し、輸入課徴金を課すことで、国際通貨体制にも自由貿易体制にも大打撃を与えた。いわゆる第二次ニクソン・ショックである。深刻な台所事情を前に、もはやなりふりなど構っておれなかった。

ニクソンは、中ソを相手の二つの世界戦争と一つの局地戦争に備える「2½戦争」体制から「1½戦争」体制への転換を唱え、国外の米軍を縮小した。海外に米兵一人を一年間駐留させるには約五万ドルかかるが、アジア兵一人の養成ならその一五分の一ですむからである。南ベトナムでも、地上での戦いはもっぱら現地の軍や警察に任せ、米軍は空から彼らを支援するにとどめる。西側諸国の援助を活用しながら経済建設を進め、南ベトナムの基盤をさらに強化する。メルビン・レアード米国防長官は、米軍駐留に使う一ドルより軍事援助の一ドルのほうが価値が大きいと語った。米軍兵力は一九七一年末までに一六万人に減った。対外援助や海外での過剰な軍事的負担を避けたい米議会もこれを歓迎した。これがベトナム化政策である。

南ベトナムで戦うウィリアム・ウェストモーランド米司令官は、米軍戦死者を国内の交通事故死者程度に減らさなければならなかった。逆にいえば、ベトナム人やラオス人、カンボジア人がいくら死んでも構わなかった。エルズワース・バンカー米大使がいったように、ベトナム化とは要するに「死体の皮膚の色」が変わることだった。それは一九五一年のベトナム国軍創設以来、フランスやアメリカが一度も成功したことのない困難な目標だった。ただ今回は、米軍撤退のほとぼりを冷まし、アメリカの面子が保てる程度にサイゴン政権が持ちこたえてくれればよかった。

カンボジア・ラオスに侵攻

南ベトナムの安全を脅かしていたのがノロドム・シハヌーク（フランス語読みでシアヌーク）のカンボジアである。シハヌークはフランス支配下の一九四一年に一八歳で王位につき、一九五四年には独立を勝ち取った「国父」だった。幾度となく浮沈をへたのち、内戦終結後に成立したカンボジア王国の国王にもなった。一九六〇年代には、中立を唱えながら親中国路線を維持し、中ソから軍事援助を受けていた。一九六五年と一九六九年には対米断交に踏み切った。一九六三年には北ベトナムの、一九六七年には民族解放戦線の代表部設置をプノンペンに認めた。東部国境地帯を民族解放戦線や北ベトナム軍の聖域として提供し、彼らに援助を与えた。もっとも「気まぐれ殿下」の異名にふさわしく、一九六八年には米軍の越境を認めている。

ノロドム・シハヌーク
読売新聞社

シャム湾に面するシハヌークビル（コンポンソム）港から東に向かう補給路は、ホーチミン・ルートにならってシハヌーク・ルートと呼ばれた。一九六六～六九年に南ベトナム最南部に向かった軍需物資のほとんど、中部高原への物資の六割強はこの経路をたどった。一九六八年のテト攻勢の失敗で多くの支配地域（解放区）を失った解放戦線はカンボジアへの依存を強めた。一九七〇年には彼らの手に渡った補給の八割がシハヌークビル経由だったという。

ところが一九七〇年三月一八日、親米派のロン・ノル将軍のクーデターが成功する。さらに五月一日、B52の猛爆撃に続いて米軍と南ベトナム軍がカンボジアに侵攻した。米軍はほどなく撤退するが南ベトナム軍は駐留を続けた。しかもアメリカはカンボジア経由の敵輸送路を壊滅させるため、なおも激しい爆撃を加えた。それがかえって北ベトナム軍のカンボジア介入を招き、六〇万人の命を奪い、農民の生活を破壊し、急進派のクメール・ルージュが勢力を伸ばす要因をつくった。

ベトナム化の時間稼ぎには、ラオス領内のホーチミン・ルート制圧も重要だった。アメリカが撤退の道を模索する間に、北ベトナムは南に達する輸送路の整備を進めており、南領内では北ベトナム軍の活動がめだつようになっていた。一九七一年二月八日、二万人の南ベトナム軍と数百人の米軍事顧問がラオス侵攻作戦を開始した。アメリカは補給や上空援護しか行わない建前だったが、地形が変わり戦死者の遺体捜索も困難になるほどの猛爆撃を実施した。

しかし南ベトナム軍の西進は四〇キロほどで止まった。北ベトナム軍が、地下司令部を中心に通信網を整備し、戦車や装甲車を展開して待ち構えていたのである。南ベトナム軍の損害は五千人に達し、作戦開始から一ヶ月後には尻に帆をかけた退却が始まった。ベトナム化政策による急ごしらえの増強が、かえって彼らの戦力を低下させていた。またアメリカの軍事援助が、一九六九年の二八八億ドルが二年後には一四七億ドルと半減したことも南ベトナム軍には痛手だった。

ラインバッカー作戦

一九七二年三月三〇日、北ベトナム軍と民族解放戦線は、ソ連製戦車などを駆使して春季大攻勢を敢行、南ベトナム軍に大打撃を与えた。ベトナム化が形ほどうまくいっていないこと、米ソないし米中のデタントがベトナム戦争の帰趨にはたいして意味を持たないことを満天下に示したのである。そこでアメリカは、米軍撤退後も北緯一七度線をあくまで守るのだという決意をハノイに知らしめるべく、五月一〇日に本格的な北爆を再開した。ラインバッカー作戦である。

ジョンソン政権期の一年分にあたる爆弾がわずか四ヶ月で消費された。しかもハイフォンをはじめ北ベトナムの港湾や河川に初めて機雷が投下された。もっともその分、陸路を経由した中国からの援助が増えたため、効果はなかったともいう。そのあおりでパリ会談は中断された。アメリカはソ連を経由して、北ベトナムが春季大攻勢以前の線にまで撤退し、南のグエン・バン・チュー政権打倒の主張を引っ込めれば休戦を受け入れると伝えたが無駄だった。

この時ハイフォン港に停泊中のソ連船が米軍機に爆撃された。しかしソ連はベトナム戦争など起きていないかのように、五月には米大統領として初めて訪ソするニクソンを迎えた。デタントと民族解放戦争支援は矛盾しないとも強調した。米軍のカンボジア侵攻の際も、アメリカがシハヌークを追い出し、ロン・ノルを擁立した新政権と外交関係を維持した。祖国統一をめざす長い道程の終わり近く、北ベトナムはソ連がいかにあてにならないかをあらためて痛感させられた。あとは手遅れにならないうちに南ベトナムを屈服させ、米ソに既成事実を突きつけるしかなかった。

和平協定調印直前、アメリカは北ベトナム軍が確実に南から撤退すること、民族解放戦線の地位を弱めること、北緯一七度線を実質的に南北の国境とすることなどを求めた。それはサイゴン政権への配慮であり、また事実上の敗北となるに違いない協定への調印を、一一月の大統領選挙後まで引き延ばしたい気持ちのゆえでもあった。しかも、和平合意に先立って、いわば駆け込み的に兵器や軍需物資が南ベトナムに搬入された。一九七二年秋、南ベトナムの保有航空機は二千機を超え世界第四位、総兵力は八〇万人で世界第一〇位となった。

いったん北爆を北緯二〇度以南に限定していたニクソンだが、ハノイが合意を拒否すると、一二月一八日には北爆を全面再開した。ラインバッカーII作戦、俗に「クリスマス爆撃」と呼ばれる。ハノイ、ハイフォンにはあわせて一二万トンの爆弾が降り注いだ。それはナチスの大量虐殺にも匹敵する蛮行だと批判された。図体が大きく、速度の遅いB52爆撃機はしばしば対空砲火の餌食になった。しかし、昼夜を分かたぬ敵中枢部の徹底破壊がハノイを追いつめ、戦争を早期に終結させたのだとする見方も米空軍首脳を中心に根強い。

辻褄合わせの和平

アメリカは北ベトナムとの和平交渉で、もっぱら米軍撤退問題を話し合うにとどめた。南ベトナムの将来については国際監視機関のもとで自由選挙を行い、サイゴン政権と、民族解放戦線ないし臨時革命政府が協議すればよいというわけである。政軍分離方式、といえば聞こえはいいが、アメリカが支え続けてきた政権の命脈を事態の推移に委ねたにすぎない。

それまで米軍とともに戦ってきた南ベトナムのグエン・バン・チュー大統領は、頭越しにハノイと取り引きし、臨時革命政府を自分たちと同等の存在として扱うアメリカに強く反発した。だがアメリカがベトナム化したのは戦争だけであり、和平交渉はそうではなかったのである。チュー政権の反発じたい、北ベトナムの譲歩を促す材料の一つでしかなかった。事実、北ベトナムはチュー大統領の即時辞任、サイゴン政権の解体などの要求を取り下げ、米軍の撤退と臨時革命政府の合法化を優先するようになった。

パリ協定の調印は一九七三年一月二七日。その内容は六〇日以内の米軍の撤退、軍事要員や軍需物資の搬入禁止、捕虜の相互送還、民族和解全国評議会の設置と総選挙の実施、カナダ・ハンガリー・インドネシア・ポーランド（議長国は輪番）による国際管理監視委員会（ICSC）の設置などである。翌日、ベトナム全土で停戦が実現した。ニクソンはこの合意を「名誉ある平和をもたらす協定」と称賛した。しかしある米記者にいわせればそれは、アメリカがベトナムから離脱する「出国ビザ」にすぎなかった。

三月二九日、七九〇〇人の軍事顧問を除いて米軍はベトナムから撤退、軍事援助司令部は一一年あまりの歴史を閉じた。軍事援助顧問団設立から数えて二三年目。ベトナムの大地から外国軍隊が姿を消したのは一一四年ぶりだった。もっとも、南領内の北ベトナム軍は存続を許された。戦争末期には彼らこそ戦いの主役だったにもかかわらず、である。しかも一九五四年の時のように、一定地域への再集結を命じられることもなかった。パリ協定は米軍を土俵から下ろし、ベトナム人どうしに取り直しの一番を用意したわけである。

グエン・バン・チュー
読売新聞社

パリ協定は、紛争を一時的に凍結させることでアメリカ敗北の衝撃をやわらげ、南ベトナム喪失の日を先延ばしにする時間稼ぎでしかなかった。臨時革命政府が、ハノイの民主共和国政府、サイゴンの共和国政府と肩を並べて協定に署名したことは、むしろこれから南の国内で本当の争いが始まることを意味していた。南ベトナムのチュー大統領も「第三次インドシナ戦争」に向けて闘志を燃やしていた。アメリカも、平服着用、したがって名目は文官の軍事顧問を二万人以上駐在させるようになり、協定成立後の一年間に経済援助七億ドル、軍事援助二〇億ドルを与えた。もっともこの援助はその後激減してしまう。

ソ連はパリ協定成立後も北ベトナムに向かって、武力によるサイゴン制圧をしきりに戒めている。つまりアメリカとともに、南北ベトナムの統一より、東南アジアの安定と米ソのデタントを優先させたわけである。だが一九七三年一〇月、北ベトナムは南への本格的な攻撃を再開、一九七五年四月三〇日にはサイゴンを陥落させた。この北ベトナムの勝利は、冷戦構造と一体不可分だった米ソ協調に対する挑戦にほかならなかった。ベトナム戦争はしばしば「象に対するバッタの戦い」として描かれるが、アメリカだけでなくソ連もまた、象の一頭だったのである。

第2章 解放者から征服者へ

1 民族主義と共産主義

2 民族解放戦線とハノイ

3 もう一つの政府

4 勝利の果実は誰の手に

Chapter 2

ベトナム戦争を含むインドシナでの戦いは、冷戦の文脈における大国の代理戦争として描かれることが多かった。だがそれは、ベトナム国やその後継者たるベトナム共和国（南ベトナム）が、ベトナム民主共和国（北ベトナム）と統治の正当性を争った内戦でもあった。この政治・軍事両面の戦いは一九六〇年代に入り、南の国内で急速に激化していった。民族解放戦線（NLF、ベトコン）が、ゴ・ジン・ジェムの独裁に挑戦状をたたきつけたからである。

しかしこの戦争は同時に、民族解放戦線と、彼らの支援者だったはずのハノイ政権との軋轢の場でもあった。一九六九年、勝利の暁に南を統治し、祖国統一について北と協議すべき存在として、臨時革命政府が樹立されている。しかしその前年のテト攻勢を境に、民族解放戦線の存在感は急速に失われつつあった。統一ベトナムが社会主義共和国として生まれ変わる頃までには、臨時革命政府も民族解放戦線も消滅を余儀なくされた。彼らもまたこの戦いの敗者だったのである。

北ベトナム軍は解放者として南ベトナムにやってきた。しかしフランスに続いてアメリカまでも撃破した彼らは自信に満ちあふれ、事実上の征服者として南に君臨した。彼らは南北の文化の違いや、二〇年以上に及ぶ分断で強まった地域的な差違を無視して、南の強引な社会主義化に乗り出した。結果的にベトナム戦争の終結は、形を変えた南北対決の幕を開けさせた。それはアメリカとの戦いと、カンボジアや中国との戦いの間に位置する「第二・五次インドシナ戦争」とさえ呼ばれる。

I　民族主義と共産主義

ホー・チ・ミンとは

アメリカがベトナムで直面した問題は、ベトナム民主共和国の指導者ホー・チ・ミン（一八九〇～一九六九）が、ベトナム独立を心から願う民族主義者なのか、それともソ連や中国、つまり共産主義陣営の手先にすぎないのか、というものだった。それはベトナムにとどまらない大問題だった。二〇世紀のアジアで、共産主義を縦糸、民族主義を横糸として独立という織物を完成しようとしたのは、けっしてホー一人ではなかったからである。

ロシア革命の成功に衝撃を受け、マルクス＝レーニン主義こそ民族自立への近道だと確信、共産党のもとに結集した人々はアジア全土に存在した。毛沢東は中国で、金日成《キムイルソン》は北朝鮮で、共産党ないし労働党を率いて実際に権力を掌握した。インドのジャワハルラル・ネルーやインドネシアのスカルノ、カンボジアのノロドム・シハヌークは共産党員ではなかったが、独立獲得の手だてや国家建設の道しるべとして社会主義に共感を抱いていた。

一方には、ホーを「アジアのレーニン」と見る立場がある。民族民主主義革命をへて社会主義の実現をめざすことが彼の一貫した方針だった。なるほどホーは統一戦線方式を採用することで共産主義の色彩をできるだけ薄めたが、それもフランスやアメリカとの力関係を考慮した術策にすぎない。一九五〇年代には性急な土地改革で北ベトナムを混乱させ、一九六〇年代には社会主義化に踏み切ったことを見れば、それは明らかである。戦後ベトナムが強引な社会主義化政策を展開したのも、つまるところホーの遺産だ、という主張である。

他方、ホーをあくまで民族主義者だとする考えも根強い。つまり彼が抗仏・抗米救国戦争をつうじてベトナム民族主義の象徴となり、敵国の首都サイゴン市民にすら「バック・ホー（ホーおじさん）」と親しまれたのは、彼の目標が民族の自立にあったからである。モスクワや北京の走狗どころか、中ソの狭間でベトナムの独自な立場を守ろうと尽力した。一九五〇年代の土地改革の失敗は、むしろホーが労働党内で指導力を失った結果にすぎなかった。戦後、南の社会主義化が招いた混乱も、後継者たちの傲慢と愚かさが本当の原因だ、というわけである。

若くして渡仏したホーは筋金入りの共産主義者となり、一九二〇年には仏共産党の創設にも加わった。だがその動機は次のようなものだった。植民地主義は「二つの吸盤を持つ吸血鬼」である。インドシナの民衆もフランス本国の労働者も、ともに仏帝国主義の犠牲者である。共産主義は、抑圧され、搾取されてきた両者が手を結ぶ原動力となるはずだ。インドシナの民族闘争とフランスの階級闘争が合体すれば、ベトナム人を縛る鎖を本当に断ち切ることができる。つまり少なくとも出発点のホーにとって共産主義は、あくまでも民族独立の手段だったのである。

第一次世界大戦の教訓

一九一四年に第一次世界大戦が勃発すると、インドシナはフランスに食糧や天然資源などを供給し、国債や重税を引き受けた。しかも一〇万人以上の青壮年を兵士や労働者として欧州に派遣した。だから戦後の独立は当然すぎる報酬だった。二万五千人を米軍に送り込んだフィリピンも、オランダから戦後の自治を約束されたジャワ(現インドネシア)も、戦勝国の一員だったタイも、ウッドロウ・ウィルソン米大統領の唱える一四カ条、とくに民族自決原則に期待した。

戦争中にイギリス、フランス、オランダなどと植民地の連絡が途絶えたことも、アジア各地の独立運動を刺激していた。インドシナもむろん例外ではなかった。大戦勃発時、獄中にあったベトナム民族主義者の一人ファン・ボイ・チャウ(潘佩珠)は狂喜乱舞、そのあまり同室の囚人たちが狂ったのではと勘違いしたといわれる。彼は敵の敵は味方とばかり、ドイツの駐バンコク大使からひそかに資金援助を受け、結果的には実現しなかったもののドイツが中国に所蔵する武器弾薬などの提供を求めた。

ホーのやり方は違っていた。講和条約が調印されたベルサイユに赴き、八項目の要求書をウィルソンに直接手渡そうとしたのである。その内容はベトナム人政治犯の釈放、フランス人と同等の法律的保護、出版・言論・結社・集会・移動・海外渡航・教育などの自由、アルコールやアヘンの強制消費や強制労働の廃止などである。だがウィルソンには会えずじまいだった。それ以上に、こうした穏健な改革すらフランスが認める気配はなかった。

ベトナム人に同情的だった仏共産党員ですら、開戦となるや帝国主義戦争を熱狂的に支えたことにホーはいたく失望した。しかも戦後、戦勝国は敗戦国の植民地の再分配に余念がなかった。ことにフランスは戦後復興のためこれまで以上に植民地から利益を吸い上げ、独立運動を弾圧しようとした。第一次世界大戦の経験は、共産党員であろうとなかろうと、しょせん彼らはフランス人なのだという事実をホーに教えた。彼は第二次世界大戦直後の一九四六年にも同じ経験を味わっている。ベトナム民主共和国との独立をめぐる交渉の行き詰まりに苛立ち、いまこそ「大砲にものをいわせる」べきだと主張し、実際に軍事行動を是認したのは、仏共産党書記長（当時副首相）モーリス・トレーズだった。

ベルサイユ講和条約への失望は中国で五・四運動を生み出し、インドの独立運動を激化させた。一九二二年には英保護領だったエジプトが独立、翌年にはトルコ共和国が誕生した。ホーも民族主義にもとづく独立要求を強め、コミンテルンから批判されたほどである。しかもベルサイユでの行動が、ベトナム民族主義の旗頭の一人として、当時の彼の変名グエン・アイ・クォック（阮愛国）、つまり愛国者グエンの名を人々の脳裏に刻み込んだ。

共産党の誕生

一九二九年、インドシナは世界恐慌の直撃を受けた。一年でゴムの価格は一キロ二二〇ピアストルから五〇ピアストルに、米価は一〇〇キロ一〇・八ピアストルから六・七二ピアストルに下落した。インドシナに限らず仏植民地のいたるところで、また東南アジア一円で、農村は貧窮した。その結果、民族運動がいっそう激化し、各地でストやデモ、暴動が続いた。インドネシア、中国、ビルマ、フィリピン、マラヤなどでは、あいついで共産党が誕生した。

ベトナムでは一九二九年までに、トンキンにインドシナ共産党、アンナンにアンナン共産党、コーチシナにインドシナ共産主義連盟が生まれていた。中国に渡り、広東でベトナム青年革命同志会を結成していたホーがコミンテルン代表として大同団結を呼びかけ、一九三〇年二月三日に香港でベトナム共産党が設立された。一〇月にインドシナ共産党と改名されたが、それは民族闘争より階級闘争を重視するコミンテルンが、ホーの民族主義的傾向を警戒したためだといわれる。

五月、トンキン最南部のゲアン省で行われたメーデーのデモに仏軍が空襲を加え、死者二一七人、負傷者一二六人を出した。ゲアン省は、痩せた農地や苛酷な気候などのためにベトナムでも最も貧しく、またそのため人々の強い反骨精神を背景に、古くから革命や反乱の温床となってきた土地である。共産党はこの事件を好機と捉え、大規模な蜂起に踏み切った。地主から土地を奪って農民に分配し、労働者とともにゲティン（ゲアン、ハティン両省の意）・ソビエトと呼ばれる自衛組織をつくったのである。しかし翌年半ばまでには鎮圧されてしまった。この挫折で党組織がほぼ壊滅しただけでなく、武力蜂起のとばっちりを受けたベトナムの民衆に共産主義への嫌悪感を植えつけたともいわれる。

一九三三年、インドシナ共産党は突如方針を転換した。仏帝国主義打倒や反封建主義、地主の土地分配など、従来のスローガンを取り下げたのである。コミンテルンの指示のもと、欧州での反ファシズム体制確立を最優先した結果だった。一九三六年にフランスで人民戦線内閣が誕生すると、インドシナ共産党も合法化された。

一九三九年に欧州で第二次世界大戦が勃発する。コミンテルンの干渉が減り、ホーが主導権を発揮してインドシナ共産党内部には民族闘争重視路線が復活した。だがフランスはインドシナにも総動員令を発し、戦時公債や募金を強制し、出版も集会も厳しく取り締まった。独立運動はまさに風前の灯かと思われた。そこに、そうと意図することなく救いの神がやってくる。日本軍のインドシナ占領（仏印進駐）である。

ベトミン登場

白人優位の神話を打ち破り、同時に「大東亜共栄圏」を掲げて各地を強圧的に支配、人々の生活を破壊した日本は、東南アジアのいたるところで民族主義を刺激した。インドシナでも、日本軍の到来はフランスによる民族主義者弾圧の手を緩ませる効果があった。しかも日本軍が救世主どころではなく、むしろ二重支配の片割れにすぎないことが判明すると、抗仏に加えて抗日の旗印が独立運動を強化する触媒となった。その主役が、一九四一年五月一九日に中国国境沿いのパクボで結成されたベトミン（ベトナム独立同盟）である。

ベトミンの中心は、三〇年ぶりに帰国したホーとインドシナ共産党だった。しかし反共主義者を含む多くの人々が「救国」「民族民主革命」の合い言葉のもとに参集した。結成時のベトミンはライフル銃三丁しか持っていなかったという。それは大げさにしても、彼らは徒手空拳も同然だった。のちにＣＩＡ（中央情報局）となる米戦略活動局（ＯＳＳ）は、ベトミンに武器を供給し、訓練を与えた。ビルマやタイなどと同様、日本軍を相手に情報収集や攪乱作戦にあたらせるためである。彼らは、赤痢とマラリアに苦しむホーを救ったこともあった。

チュオン・チン
読売新聞社

一斉蜂起を主張する声もあったが、ホーはこれを抑えた。ゲティン・ソビエトの失敗が、まず農民を組織化し、愛国的地主、知識人などを糾合すべきだという教訓を彼に与えていたからである。北部山岳地帯に次々と革命基地がつくられ、農作業のかたわら軍事訓練や幹部養成が進められた。ホーの指導のもと、ベトミンはじょじょに力を蓄えていった。軍務を担当した元教師のボー・グエン・ザップ将軍は、のちにディエンビエンフーの戦いで勇名を馳せ、抗米救国戦争でも北ベトナムを勝利に導いた。革命理論家のチュオン・チンはのちに書記長となり、一九八〇年代にはドイモイ（刷新）路線への道を開いた。政治・外交分野を担当するファム・バン・ドンは一九五四年のジュネーブ会議で脚光を浴び、その後三〇年以上も首相をつとめた。

日本製の独立

雌伏するベトミンに、本来の意図と関わりなく飛躍の機会を与えたのはまたもや日本だった。日本軍は仏総督府にベトミンの抗日運動の取り締まりを求めたが、まったく期待はずれだった。それどころかインドシナのフランス人たちは、連合国側に立つシャルル・ド゠ゴールの亡命政権とひそかに連絡をとり、ベトミンを弾圧しつつ、日本軍牽制のためときには彼らを支援していた。苛立つ日本軍は一九四五年三月九日にクーデター（明号《めいごう》作戦、仏印武力処理とも呼ばれる）を決行する。それは仏総督府がベトミンの一斉弾圧を予定したわずか三日前の出来事だった。

ベトナムではグエン朝最後の皇帝バオ・ダイが、カンボジアではノロドム家のシハヌーク国王が、ラオスでは三つの王家の一つルアンプラバン家のシー・サバン・ボン国王が、日本の後押しでそれぞれ独立を宣言した。しかしいずれも傀儡政権として、たいして実権はなかったし、国民の支持も得られなかった。しかもカンボジアでは別の王家シソワット家に強い反発が生じた。ラオスでもチャンパサック家のブン・ウムが激怒、抗日と対仏協力の道を選んだ。

ベトナムではバオ・ダイのもと、歴史学者のチャン・チョン・キム（陳重金）を首班とする内閣が成立した。キムは日本に協力するかわりに、紙幣発行や自衛軍設置などの権限を求めたが無駄だった。元首バオ・ダイには四六時中、日本軍憲兵の監視がついていた。閣僚の公用車への給油ですら日本軍の許可が必要だった。一九四三年のフィリピンや、米英に宣戦布告までしたビルマと同様、日本が与えたインドシナ三国の独立は形だけだった。しかも日本の支配は農村にはほとんど及ばなかったから、そこがベトミンの活動の舞台となった。

日本降伏直後の一九四五年八月一六日、ベトミンは全土に総蜂起を呼びかけた。日本軍の一部には、ベトミンに武器弾薬などを与えた者もいる。一九日、八月革命が始まった。ハノイでは二〇万人が独立要求デモを行い、官庁を次々に占拠、赤字に金色の星を描いたベトミンの金星紅旗を掲げた。現在のベトナム社会主義共和国の国旗である。インドネシアのスカルノも八月一七日に独立を宣言したが、オランダとの戦争に突入し、完全独立は一九四九年までお預けとなった。ベトナムにも、同じような、というよりさらに苛酷な運命が待ち受けていた。

八月革命から抗仏戦争へ

ホー・チ・ミンは、退位したバオ・ダイを顧問に迎え、八月二七日に臨時政府を樹立した。九月二日、ハノイの仏総督官邸前広場で、ホーは歓呼する五〇万人を前にベトナム民主共和国の独立宣言を発表した。奴隷解放で知られるアブラハム・リンカーンに強い感銘を受けていたホーは、米独立宣言と仏人権宣言を範に独立宣言を起草していた。だが皮肉なことに、彼らの喜びをかき消したのは、再植民地化をもくろむフランスと、それを容認するアメリカだった。

独立したとはいえ、民主共和国はトンキンのごく一部しか統治しておらず、行政機構も十分整っていなかった。一般のベトナム人の間には共産主義への疑念も強かったし、フランスの弾圧の鉾先をかわす必要もあった。そこでインドシナ共産党はいったん解散して地下に潜り、イデオロギーよりも民族としての権利回復を優先する姿勢を打ち出した。一九四六年にはリエン・ベト(ベトナム国民連合)が結成された。

一九四六年末、フランスとの第一次インドシナ戦争が始まる。ホーは「奴隷として生きるよりも死を」と全国民に徹底抗戦を呼びかけた。開戦当初は仏軍が快進撃を続けたが、一九四七～四八年頃には互角となった。一九五〇年以降ベトミン軍は、ゲリラに加え正規軍を活用した機動戦に転じ、攻勢をとった。もっとも無惨な敗北を喫したことも一度や二度ではなかった。

実質的に独立運動の屋台骨はベトミンが、そしてその中核である共産党員が担っていた。ベトミンは村落や集落単位で戦闘自衛隊を組織し、兵力の強化に努めた。農民の支持を得るため、兵士には厳しい規律が課せられた。訓練教官の中には仏軍や旧日本軍の将兵もいた。ホーは支持基盤をいっそう拡大すべく、愛国増産運動、税制改革、土地改革などを進めた。政治運動に力こぶを入れるあまり選挙や集会が増えすぎ、まるで強制労働だと人々の恨みを買ったこともある。

一九五一年二月、インドシナ共産党はベトナム労働党と改称した。この改名には二つの意味があった。その第一は、インドシナ全土でなく、まずベトナムの独立達成を優先する姿勢を明確にしたことである。もっとも実際にはベトミンの戦いはラオスやカンボジアの後背地を必要としていたし、仏植民地主義との戦いという点では、インドシナ三国はたしかに同じ戦線の一部だった。

第二に、共産党の名称を避けたのは、公然と活動できる条件をつくりだすためだった。三月にはベトミンとリエン・ベトが合体し、リエン・ベト戦線（ベトナム国民連合戦線）となった。しかし国内の反共勢力や西側諸国からは、共産主義者の巧妙な偽装だと批判された。実際に抗仏勢力はその後も、形のうえでは解散したはずのベトミンの名で呼ばれ続けた（本書もその慣行に従っている）。しかもそのベトミンはもっぱら共産党の代名詞扱いだったのである。ただ、ホーが本当に自力で民族独立を達成しようとすれば、主義主張を問わず民族を大同団結させる統一戦線方式がほとんど唯一の道だった。またフランスとの長い戦いを勝ち抜いた原動力の一つもそこにあった。

2 民族解放戦線とハノイ

武力闘争への道

一九五四年のジュネーブ協定でベトナム民主共和国は初めて、北緯一七度線以北に国際的に認知された領土を得た。しかし戦争をさらに継続する余力はなく、民族統一は二年後の選挙に期待した。南の解放を急いでアメリカの本格介入を招くより、発足後まもない、しかも不安定な南のゴ・ジン・ジェム政権の自壊を待つほうが得策と思われたからである。国内の再建に専念する必要もあったし、中ソもハノイ政権に向かって時期尚早な武力闘争を戒めた。

もっともそれは、南で何もしないということではなかった。労働党南部委員会がつくられ、休戦後も南に残ったほぼ二万人の旧ベトミン参加者が政治宣伝活動を進めた。一九五五年、リエン・ベト戦線はベトナム祖国戦線に衣替えし、南北を含めた統一戦線として機能することになった。北ではベトナム人民軍の組織、装備、訓練、規律などが強化され、南出身の幹部への特別訓練も始まった。

一九五六年に行われるはずの再統一選挙は、南ベトナムとアメリカの拒否にあって実施されなかった。南ベトナムのジェム大統領は一九五七年、政府は農村での共産主義者の浸透を食い止め、平和と治安を回復したと豪語している。だがそれはすさまじい弾圧によって得たものだった。自由な言論も集会も認められず、人々の口は食うためにのみ開くといわれた。一九六〇年までに逮捕された政治犯は八〇万人、うち九万人が命を失ったという。一九五八年にはサイゴン郊外のフーロイ再教育キャンプで、収容者六千人のうち千人が毒殺された。類似の事件はいたるところで起きていた。

ベトナム最南端、カマウ半島の沖合にあるプロコンドール（コンソン）島の監獄は「虎の檻《おり》」と呼ばれ、恐れられた。囚人は雨が降れば溺死寸前となり、日が照れば蒸し焼き同然という、悲惨な境遇に置かれた。しかし理不尽な投獄は人々の心の奥底に反ジェム感情を植えつけた。監獄はむしろ共産主義者を次々と生み出したことから、「ホー・チ・ミン大学」とあだ名された。

国家の、つまりジェム政権の安寧を脅かす者は即座に財産を没収され、無期懲役か死刑となった。一九五九年には一〇‐五九法令、通称治安維持法が制定された。政府が国家の安全を侵すと判断した者は特別軍事法廷で裁かれ、上告もなしに即刻刑を執行されたのである。旧ベトミンのすべてが弾圧されたわけではなく、なかには政府軍将校となった者もいた。だが抗仏救国戦争の経験者、労働党員やその支持者などはジェム政権への潜在的な脅威だった。家族は離婚や義絶を強要された。共産主義者は次々と告発され、彼らには食事も水も与えてはならなかった。

存亡の危機に立たされた反政府勢力は、ハノイの指示を待たず、自力で武器を調達して散発的なゲリラ活動を開始していた。一九五四年の休戦後北に集結していた南の出身者たちも、一刻も早い解放闘争の開始を求めた。再統一選挙の可能性に幻惑され、分割を受け入れたとして、ハノイの指導部を批判する声もめだつようになった。

レ・ズアン
読売新聞社

一九五九年一月一三日、ベトナム労働党中央委員会は政治闘争に見切りをつけ、南の武力解放方針を決めた。この一五号決議は翌年九月、労働党大会で正式に承認される。第二次世界大戦終結直後から南部で解放闘争を指揮してきたレ・ズアンが、ほぼ二年がかりでハノイを説得した結果だという。対米全面対決、ジェム政権打倒、民族民主連合政府樹立などをめざし、ゲリラ戦争がいよいよ本格化した。それは洪水や干ばつなどによる北の食糧危機が、豊かな南に目を向けさせた結果だともいわれる。翌年には北ベトナム全土が戦時体制下に置かれた。だが重要なのは、それまで南での戦いに消極的だったハノイに重い腰を上げさせたのが、南部の反ジェム勢力だったということである。

民族解放戦線の創設

ベトナム最南部、メコンデルタには南の人口の五五%が住む。もともとクメール人や華僑など少数民族が多かった。土着宗教教団であるカオ・ダイ（キリスト、孔子、老子、釈迦などを崇拝する）やホア・ハオ（もっぱら加持祈禱を行う）が数万人もの私兵を擁して一定地域を支配するなど、政府の統治も十分及んでいなかった。植民地時代の名残りで、人口のわずか三%が水田の五〇%を所有しており、農民の暴動も絶えなかった。網の目のような運河はそのままゲリラの移動路となった。抗仏運動の火の手が最初に燃え上がった場所でもある。

サイゴン政権からすれば、メコンデルタは魑魅魍魎《ちみもうりょう》の地だった。一説にはここだけで五万人の労働党員が潜んでいた。一九六〇年一月一七日早朝、メコン川の河口にほど近いベンチェで、ゲリラが政府軍守備隊の宿舎を襲撃した。近郊の農民も蜂起、一ヶ月間に二〇もの村が解放された。周章狼狽の政府軍もやがて立ち直り、このベンチェ蜂起は鎮圧された。しかしこのニュースはたちまち全土に拡がり、反政府運動の火に油を注いだ。ベンチェはいまでも「革命の故郷」と呼ばれている。

一二月二〇日、カンボジア国境沿いのタイニン省で民族解放戦線（NLF）が結成された。ベトミン以来の伝統にのっとり、共産主義者もそうでない者も含まれる統一戦線の形をとった。労働組合、農民同盟、青年同盟など二〇を超える組織がつくられ、中部の山岳地帯や高原地帯に食糧基地が設けられた。共産主義の色彩は可能な限り薄められ、愛国主義が強調された。

初期の民族解放戦線は、政治的にも軍事的にもまだ微力だった。そこでもっぱら政治闘争が優先された結果、参加者は一年あまりで八倍に成長する勢いを示した。一九六一年末までに彼らは南の農村のほぼ八割を支配し、いくつかの省では公然と徴税を行っていた。アメリカや南ベトナム政府側は「ベトコン（越共）」、つまりベトナム人の共産主義者という蔑称を用いた。戦いが進むにつれ、やがてその名は民衆には尊敬の、敵には畏怖の念を生むようになる（本書はアメリカ・南ベトナム側に立った記述の際にのみ「ベトコン」を用いている）。

民族解放戦線の活動はすべてハノイの演出にもとづいており、南部の活動家、とくに非共産主義者たちは体よく利用されたにすぎないともいわれる。議長グエン・フー・トは弁護士かつ労働党員で、解放戦線結成後に獄中から救出された。彼らの活動はベトナム労働党南部中央局（COSVN）の直接指揮下に置かれ、とくに重要な案件はすべてハノイが決めていた。一九六一年二月に人民解放軍（PLAF）が創設されたが、ハノイは彼らに指示を与え、幹部要員や部隊指揮官などを送り込んだという。一九六二年一月、労働党南部中央局、民族解放戦線と並ぶ政治組織（一説には民族解放戦線の中核）として、人民革命党が樹立された。

すべて同じ手の指

ワシントンやサイゴンから見れば、インドシナ制覇をめざす共産主義者の策謀の証拠はいくらでもあった。一九三〇年にベトナム共産党がインドシナ共産党と名を変えたこと。第一次インドシナ戦争でベトナムのベトミン、カンボジアのクメール・イサラ（自由クメール）、ラオスのパテト・ラオ（ラオス愛国戦線）がインドシナ民族統一戦線を結成したこと。北ベトナムが民族解放戦線に最新の武器を送り込んだこと。ラオスでも北ベトナム軍が蠢動《しゅんどう》していたことなどである。

とりわけ一九六四〜六五年頃から、東南アジア最強といわれた北ベトナム軍がベトコンに加わったことがアメリカの認識に大きな影響を与えた。それまでハノイはアメリカを刺激するのを恐れ、南のゲリラ戦争への支援も抑えていた。だが北爆が始まった以上、もはや自制は無意味だった。ハノイも民族解放戦線も、北と南は兄弟であり、米帝国主義と戦う同胞支援の派兵は当然の権利だと主張した。一九六八年までに三〇万人が南に向かったといわれる。どれほど兵力を南に送り込もうと、アメリカには北ベトナム侵攻に踏み切るまでの度胸はあるまいと、ハノイは楽観していた。

もっとも隠密に活動するゲリラと異なって、北ベトナム軍は米軍の格好の攻撃目標となり、そのとばっちりを受けた農民の離反も招いた。小規模なゲリラ戦を好む民族解放戦線と、歩兵中心の戦術を採用し師団規模の正面対決を望む北ベトナムの間にも、作戦上の齟齬《そご》が生じた。北の兵士は南の風土や実情もよく知らず、南の民衆にとって異質な、ときに憎むべき存在だった。この点で北ベトナム軍は、彼らの敵である米軍と変わらなかったようである。

南ベトナムのジェム大統領の義妹の父、チャン・バン・チュオン駐米大使は、「赤色中国も、ソ連も、パテト・ラオも、ベトミンも、すべて同じ手の指」だと断言した。ベトナム戦争当時サイゴン支局長だったウィリアム・コルビー元CIA長官は、回顧録の一章を「ハノイ、戦争を始める」と題している。ケネディ～ジョンソン政権で国務長官をつとめたディーン・ラスクは一九六六年、上院外交委員会でベトナム戦争を「ホー・チ・ミン戦争」「毛沢東戦争」にほかならないと描写した。

一九六四年八月、トンキン湾事件のきっかけとなった北ベトナム魚雷艇の攻撃。大規模北爆の口実を与えた、一九六五年二月の民族解放戦線によるプレイク米軍基地への攻撃。いずれも長期的計画にもとづいた作戦ではなく、現場の判断にもとづいた単発的な行動だったという。しかしワシントンはこうした行動のいずれも、計算ずくの挑発だと判断した。とすれば南ベトナム防衛に尻込みするなど、とうてい考えられなかった。冷戦初期のトルーマン・ドクトリンの発想――アメリカは「武装した少数勢力や国外からの圧力による隷従に抵抗する自由な人々を支援」しなければならない――が受け継がれていたからである。

浸透を止めるために

南ベトナムを守る第一の方法は、補給をうわまわる損害を敵に与え、侵略そのものをあきらめさせることだった。ウィリアム・ウェストモーランド司令官によれば、一九六七年春にはその分岐点（クロスオーバー・ポイント）に到達したはずだった。ところが同じ年の一〇月には、マクナマラ国防長官はリンドン・ジョンソン大統領に、まだこの分岐点は超えていないようだと報告している。アメリカはそれほどあやふやな根拠に立って戦いを続けていたのである。

米軍はボディ・カウント、つまり敵の死体数をもとに、一ドルあたり何人を殺したかというキル・レイショー（殺戮比ないし殺傷率）を算出した。ただ、その死体がベトコンか一般の農民かはわからなかったし、妊婦の腹から取り出した胎児すら一人分とされることもあった。水増しの背景には、数字を上げさえすれば特別休暇がもらえるという兵士たちの事情もあった。しかしそれでもなお、敵一人を殺すのに三〇万ドルもかかる計算だった。空中戦でのキル・レイショー（撃墜率）は一九六六年までアメリカがほぼ三対一で優位にあったが、一九六八年頃には〇・八五対一と逆転された。ちなみに第二次世界大戦ではほぼ八対一、朝鮮戦争では一三対一である。

南ベトナム政府軍につかまったベトコン
共同通信社

一九六七〜六八年になると、アメリカは経済援助を含め年に三〇〇億ドルをベトナムに注ぎ込むようになった。北爆の経費は一日一五〇万ドル。B52爆撃機が一回出撃すると八万ドルが消えた。パイロット一人を養成するには七七万ドルかかった。北ベトナム軍兵士一人を殺すのに三〇〇発の爆弾が必要で、その経費は一四万ドルに達した。一ヶ月のベトナム戦費で、米国内の貧困撲滅や社会保障充実などをめざすジョンソン大統領の偉大な社会政策の一年分がゆうにまかなえた。アメリカの出費一〇ドルに対して敵の損害はわずか一ドル、それも中ソの援助が補塡していたのである。

第二の方法は、北からの人員や物資などの動きを止めることだった。アメリカは、「防火帯」「検疫帯」「ガラス板」「ファスナー」「フォームラバー（マットレス用のゴム膜）」などさまざまに呼ばれた方法を用いて、敵の浸透経路、すなわちホーチミン（チュオンソン）・ルート遮断に余念がなかった。こうした発想は一九六六年、電子兵器を駆使して北緯一七度線に浸透阻止の壁を築くという、マクナマラ・ライン構想をもたらす。

浸透監視の中心的役割を担ったのが、緑のベレー帽をかぶった民間非正規防衛隊（CIDG）である。彼らは国境地帯に住む山岳少数民族モン（人間の意）で、数十の部族からなり、ケシ栽培や焼き畑農業などにいそしみ、自給自足の生活を送っていた。ベトナム人との間でも、部族どうしでも彼らの言葉は十分には通じず、米軍事顧問は何人もの通訳を必要とした。

険しい山々を縦横無尽に動ける彼らは、アンナン（チュオンソン）山脈だけでなく、南の国土の四分の三を占める戦略的な要地・中部高原地帯の確保には打ってつけだった。ＣＩＡ運営の偽装航空会社エア・アメリカが物資や兵器を彼らのもとに運び込んだ。防衛隊は一九七〇年までに成人男子の半数近く、婦女子の四分の一が戦死するほど勇猛果敢に戦った。指導者バン・パオ将軍をはじめ、戦後、中国やアメリカなどに渡った難民も少なくない。

ベトコンは少数民族という籾にたかる鼠。政府軍はその鼠を追い払ってくれる猫。サイゴン政権はそう主張した。ところがこの猫はしばしば籾を食い散らかし、しかも鼠の仕業だとうそぶいていた。これではモンがサイゴン政権やその軍に敵意を抱き続けてもしかたがない。ベトナム人（キン族）が彼らをメオ、ミャオ、モイ（いずれも野蛮人の意）、カー（奴隷の意）と呼び、蔑《さげす》んでいたからでもあった。

もともと彼らは漢民族に圧迫されて南下、その後ベトナム人によって高地に追われた人々である。フランスの分断統治も両者の敵意を煽った。強制的な平野部への移住とベトナム文化への同化を求める南ベトナムの政策も、彼らを怒らせた。防衛隊員の一〇人に一人はベトコンかその同調者だったという。彼らはのちに被抑圧諸民族闘争統一戦線（ＦＵＬＲＯ）となり、南ベトナム軍の指揮下に入るが、集団脱走、兵器の持ち逃げ、上官殺害などが頻繁に起きた。

北ベトナムや民族解放戦線の側も、山岳少数民族の鎮撫につとめた。工作員を潜入させて政治教育を施し、自治区設定を約束し、土地を与え、彼らの風俗習慣を尊重した。もっともモンはかつてフランスの手でいくつかの自治国に組織され、ベトミン軍と戦った経験を持っていた。一九六〇年代半ばにソ連などからの援助が減少した結果、食糧や外貨の不足に苦しんだ北ベトナム政府が、山岳地帯の開墾に乗り出して彼らと衝突したこともある。中越戦争では中国のスパイ視され、強制移住の憂き目にあった者も多い。彼らにとっては、ベトナム人に北も南もなかったのである。

北爆の効果と限界

ハノイの侵略に対抗する第三の手段は、カーチス・ルメイ空軍参謀総長がいうように、北爆によって「ベトナムを石器時代に引き戻す」ことだった。彼はかつて対日爆撃を指揮し、戦後は航空自衛隊の創設に貢献したとして日本政府から叙勲された人物である。徹底的な焦土作戦が日本を降伏に追い込んだのと同様、大規模な砲爆撃でホーチミン・ルートの起点を叩くことで、いわば補給路の元栓を締めさせることが肝要だった。ルメイによればベトコンは「ハノイの創造物」でしかなかったからである。しかも北ベトナムに十分な苦痛と恐怖を与え、その経済を窒息させれば、和平交渉もアメリカに有利に運ぶはずだった。

実際に北ベトナムでは爆撃のために工場の操業率が低下し、食糧や日用品などの供給も滞った。電力供給にも兵員輸送にも困難が生じた。軍事支出の増大は他の分野を財政面で圧迫した。北ベトナムの石油貯蔵能力を七割がた破壊した米軍は、石油の輸入をいっさい阻もうとハイフォンなど諸港湾への爆撃や機雷敷設を求めたが、ジョンソン大統領は認めなかった。停泊中のソ連船を沈める恐れがあり、また陸路を経由して中国から石油が搬入される可能性もあったからである。北ベトナムもつねに外国船をハイフォンに入港させ、アメリカを牽制した。

北ベトナムは小規模な施設や地下設備、ドラム缶などを総動員し、石油を分散備蓄した。中ソからの輸入も増えた。小舟、自転車、もっこ、トラック、象などを用い、橋が破壊されれば数時間程度で竹製や木材の浮き橋を架けた。石油のかわりに石炭や薪を使い、無数の経路を利用して、南への物資輸送も絶やさなかった。もともと工業への依存度が低かったし、鉄道も道路も水路も近代化されていない分、立ち直りも早かった。

北爆は、数限りない天災や外敵、つまり中国歴代王朝の侵攻に直面し、一致団結してきたトンキン人の一体感と抗戦意欲を刺激した。北ベトナム国民はたこつぼや防空壕を掘り、高空の敵機はミサイルや高射砲で、低空の敵機は機関銃やライフル銃で迎撃した。配給や自給自足で飢えをしのぎ、工場や学校を移転し、町ぐるみで疎開し、女性を勤労動員した。毎年二〇万人が徴兵年齢に達し、兵士は続々と南に送り込まれた。政府は兵士の死傷についての情報を国民に与えず、家族の手紙を兵士に届けることもしなかった。国民の戦意高揚がすべてに優先した結果である。

一九六〇年代の北ベトナムは、合作社による農村の組織化など、戦時体制下での社会主義建設に邁進した。北ベトナムに降り注いだ二五〇万トンもの爆弾は、その手助けをしていたようなものだった。サイゴン政権を米帝国主義の傀儡とするハノイの主張に信憑性を与え、交渉解決をめざす動きを阻害し、一党独裁体制への不満を抑え、社会主義下での貧困や不公平さなどを覆い隠し、人々の全身全霊を革命と抗米救国戦争に向けさせたからである。とすれば、この戦いの勝利は、とりもなおさずハノイ政権が国民の欲求に正面から向き合わなければならない日の到来を意味していた。

3 もう一つの政府

民族解放戦線の戦術

北爆は世界の注目と批判を浴びたが、本当の戦場はむしろ北緯一七度線の南だった。南ベトナム政府の統治に対する民族解放戦線の挑戦が、そもそも戦争のきっかけだったからである。彼らは圧倒的な米軍や南ベトナム軍に正面からぶつかる愚を避け、弓、槍、竹槍、火縄銃、落とし穴、日本製のラジオやオートバイなどを駆使して戦った。政府軍部隊から捕獲したアメリカ製の武器を用い、不発弾の火薬を抜き取って利用した。アメリカは、まわりまわってサイゴン政権を打倒するために、味方経由で敵に兵器を供給していたようなものだった。

民族解放戦線の組織や作戦はしだいに改良されたし、士気も旺盛だった。指導者たちはすぐれた現実への適応能力を示し、現場の声を生かしながら限られた人的・物的資源をおおいに活用した。彼らは政府軍の無線を傍受し、米軍基地で働くベトナム人から情報を入手した。西側の報道を追うだけでも米軍や南ベトナム軍の動きは手にとるようにわかった。敵が来襲すれば姿を消し、いなくなれば戻ってきた。ゲリラの脱走や投降を促す政府側の「チュウホイ（手を広げて待つという意味）計画」もなかなか軌道に乗らなかった。

彼らは政府側に立つ村長などを、ときには家族ぐるみ誘拐あるいは殺害し、これを「除奸」と称した。夜間には政治工作を行い、税を徴収し、兵を徴募した。無数のトンネルを利用して神出鬼没の動きを見せた。現在は観光施設となっているクチのトンネルは総延長二五〇キロ、病院、薬局、厨房、印刷所、武器工場などが備わっていたが、衛生面など劣悪な環境でほぼ一〇人に一人が病死したという。パテト・ラオも同じようにトンネルや洞穴を活用して戦っていた。

負傷したベトナム人母子
共同通信社

ありとあらゆる場所で絶え間なく攻撃をかけ、いわば土と鉄、人間と機械との戦いで米軍を消耗させる。同時に中ソなどの援助で武装し、機動力を備えた大規模な部隊行動を増やし、敵を追いつめる。米軍がいなくなれば、あとはじっくり南ベトナム政府軍を料理すればよい。これが民族解放戦線の長期戦略だった。

自壊する米軍

ヘンリー・キャボット・ロッジ元上院議員は、二度目の駐サイゴン大使時代の一九六七年、ベトコンが「ジャングルの中で消滅する運命にある」と豪語している。しかし長期の消耗戦に参りかけていたのはむしろ米軍のほうだった。下士官の補充が追いつかなくなり、いわば促成栽培の未熟な指揮官に率いられる部隊は、兵力の質と士気を日ましに低下させていった。ベトナム勤務は一年間（海兵隊は一三ヶ月）だったから、ようやく本物の兵隊になったかと思うと帰国していった。

米軍将兵は四六時中「ベトコン症候群」と彼らが呼ぶものの恐怖にさいなまれていた。敵と味方、前線と銃後の区別はなく、基地内で働く労働者の中にもベトコンが潜んでいた。がんぜない子供さえ、爆弾や手榴弾を抱えているかもしれなかった。「よいベトナム人は死んだベトナム人だけ」「笑顔を向けてくれるのは乞食だけ」と兵士たちは嘆いた。彼らはストレス発散のため、また恐怖心から無差別攻撃、略奪、暴行、拷問、虐殺にのめり込んだ。それがベトナムの農民の反感をますます強めさせ、また米兵の心とからだをさらに蝕んでいった。

地面にはワイヤー仕掛けの手榴弾（ブービー・トラップ）や地雷が、落とし穴の底には人糞を塗った竹串が彼らを待ち構える。米軍戦死者の一割以上はこうした罠の犠牲者だった。昼なお暗いジャングルは、夜は完全にゲリラのもの。毒蛇、毒蜘蛛、毒虫、吸血ヒル、アリ、蚊、皮膚病なども米兵の敵だった。それは朝鮮の山岳地帯とガダルカナルのジャングルを合わせたような戦場だったという。兵士たちは「マッドネス・イン・マッディネス（泥濘の中の狂気）」に浸り続けたのである。

とうてい勝てるとは思えない、しかも国内で支持されない戦争で命を危険にさらす彼らは、帰国の日をひたすら待ち望んだ。南ベトナム軍将兵とはなかなか打ち解けず、しばしば英語も通じなかった。宣戦布告なしの戦争で、彼らには戦時加俸もなく、もらえる勲章にも限界があった。軍法会議は物資の闇取引や麻薬常習者の告発で大忙しだった。陸軍のお抱え弁護士は、一九六五年の四人が一九六九年には一三五人に増えた。兵士の二人に一人はマリファナの、四人に一人はヘロインの常習者であり、一〇人に一～二人は重症の中毒患者だったといわれる。

後方勤務者は「サイゴンの英雄」と揶揄された。経歴に箔をつけただけで、半年かそこらで帰国（チケット・パンチング）する上官は忌み嫌われた。張り切りすぎてむやみに部下を危険にさらす上官はひそかに殺害された（フラッギング）。一九六九〜七一年だけで八三人の士官が味方の手で命を落としたという。

隊内の秩序は乱れ、警戒を怠って奇襲の餌食になる例も増えた。規律違反や出動拒否は日常茶飯事となった。一九六七〜七一年、一ヶ月以上無断で離隊した脱走者はのべ三五万人以上。一九六六年には千人中一四・九人だったのが、一九七一年には七三・五人に上昇している。一九六九年には一〇分に一人の割合で脱走が発生した。一ヶ月以内の無断欠勤も一年あたりのべ二〇万人以上、一説には二分に一人の割合だった。不名誉除隊者は五六万人を数えた。

力の源泉は解放区に

一九六四〜六五年、急速な介入拡大の時期に駐サイゴン大使をつとめたマックスウェル・テイラー前統合参謀本部議長は、ベトコンが次から次に損害を補塡し、兵力を供給できるのはまったく「ミステリー」だと述べている。その謎を解くカギは、南ベトナム領内の解放区、つまり民族解放戦線の支配地域にあった。アメリカはホーチミン・ルートや、ラオス・カンボジア領内の聖域——国境の外ばかりを気にしていたが、本当の聖域は南ベトナムの農民社会に存在していた。家族や親戚が双方の側に分かれて戦う場合も多かったからなおさらだった。

解放区はまさに国家の中の国家だった。戦闘を支える後方基地であり、彼らの社会革命の実験場でもあった。医療施設、学校、放送局などがあり、映画や印刷物もつくられた。土地の開墾、農民への分配、負債の棒引き、小作料引き下げも行われた。かつてベトミンが農民に分け与え、その後地主が取り戻し、解放区となって再び農民の手に戻った耕地は二〇〇万ヘクタール、全耕地面積の六割近くにのぼった。農村を組織化し、独自の行政機構を整え、兵士の訓練や補強を行うのは、日本軍や国民党との戦いで中国共産党が駆使したやり方でもあった。

民族解放戦線によれば、解放区は一九六三年末で南ベトナム全土の四分の三、人口の半分を、一九六六年春までには面積で五分の四、人口で三分の二を占めた。政府軍は解放区に入り込めなかったが、ベトコンはそこに主力を温存し、休息をとり、そこから自由に出てこられた。正規軍と地方軍、ゲリラを組み合わせ、遊撃戦と持久戦を縦横無尽に駆使しながら政府軍を攻撃した。

サイゴンから周囲に向かうバスは夕方以降出発を見合わせた。早朝のバスは、政府軍による地雷探知パトロールが済まない限り発車できなかった。長距離バスはベトコンに非公式な税金を払って旅を続けた。政府支配地域ですら村長はより安全な都市から通勤していた。米軍は、村内の自宅で寝られる村長が何人いるかを戦況判断の目安にしたが、そうした村長は往々にしてベトコンと通じていた。家族の安全と引き換えに政府軍の行動を敵に漏らす省長（知事）も一人や二人ではなかった。

南爆の功罪

一九六五年一月、いわゆる南爆が始まった。南ベトナム領内で解放区が存在すると見られる地域、つまり国土の大半が自由砲爆撃地域（フリー・ファイア・ゾーン）となった。わずかでも敵の気配があれば、雨あられと砲弾や爆弾が降り注いだのである。アメリカは莫大な援助を注ぎ込んで建物を建設しては、効率的にそれらを破壊していった。一九六六年には、南爆は北爆の三倍もの規模で行われている。

南爆の効果はたしかにあった。食糧・武器などの貯蔵所を破壊されたベトコンは、戦力をかなり消耗させた。爆撃の恐怖から投降するベトコンも増えた。しかし政府側支配地域や競合区は南爆の対象外だったから、逆にそこがベトコンの安全地帯となってしまう。彼らは米軍のほぼ二倍の割合で兵力を増強し、地中に潜って砲爆撃をやり過ごし、米軍がやってくると狙い撃ちにした。

南爆は敵兵一人を殺すために民間人四人を犠牲にしていた。一人平均三四ドルの弔慰金は支払われたが、ゴムの木一本の補償金は八七ドルだった。それはナパーム弾を落とした後で絆創膏《ばんそうこう》を与えるようなものだとも、一発ごとにベトコンを一人増やすようなものだともいわれた。南ベトナムには共産主義を嫌う人々は多かったが、といって田畑や家屋を破壊し自分たちを苦しめるアメリカ人や、その手先も同然の南ベトナム政府を好きになる道理はなかった。

年に一〇〇万人近くが難民となり都市に流入したため、徴税や食糧徴発、兵員徴募などの面でベトコンの困難も増した。しかしそれ以上に、難民の誕生は都市に食糧不足をもたらし、南ベトナムの混乱に拍車をかけた。しかも鉄道や道路が寸断され、市場に出まわるコメは減少していた。「アジアの米倉」「ベトナムのパン籠」と呼ばれるメコンデルタを擁しながら、南ベトナムは一九六七年には八七万トンのコメを輸入した。一九六五～六七年のインフレ率は二五〇%を超えた。

一九六七年九月、民族解放戦線は民主連合政権の樹立、独立自主の経済、土地改革などを提唱した。一九六八年四月、民族民主平和勢力連合が設立され、グエン・バン・チュー政権打倒、外国軍の撤退、独立・民主・中立などを目標に掲げた。アメリカのベトナム化政策の進展をにらみながら、来るべき時代に南ベトナムを統治する準備を着々と進めていたのである。

しかしアメリカがひたすら南爆を続け、索敵撃滅戦略にもとづいて地上戦闘を強化したことは、民族解放戦線をハノイにますます依存させた。もともと南ベトナム領内の反乱として始まった戦いだったが、その主導権は、年を追うごとにハノイの労働党と北ベトナム軍の手に移っていく。アメリカのおかげで北ベトナムは、戦勝後に南で政治権力を争うかもしれない手強いライバルを抑えられたのである。

テト攻勢の裏側

一九六八年一月三一日未明、テト（旧正月）を祝う爆竹の音の中で、首都サイゴンや古都フエ

（フランス語読みでユエ）、三四もの省都、ダナンやビエンホアといった米軍基地などがいっせいに攻撃された。北ベトナム軍は民間人を装い、何ヶ月もかけて南に潜入していた。日本のお盆前や正月前と同じく、テト直前には旅行者が急増するのが常だったから、南ベトナム国内の検問所はほとんど機能していなかった。

このテト攻勢は、見事にテト休暇中の南ベトナム軍の不意を打った。米軍内には敵の総攻撃が間近いとの情報もあったが、軍事常識からすれば無謀きわまりない作戦だったから頭から無視された。北緯一七度線のすぐ南に位置するケサン周辺での陽動作戦も効果的だった。ケサンを第二のディエンビエンフーにするなと、ウェストモーランド司令官は海兵師団などを北に向けてしまったのである。

サイゴンの米大使館までも一時的ながら敵の手に落ちた。しかし軍事作戦としてはテト攻勢は大失敗だった。自信過剰から彼我の力関係を無視し、都市部での民族解放戦線への支持を過大評価した結果である。米軍や南ベトナム軍などの死傷者は二万人を超えたが、解放勢力側も四万五千人の損害を出し、結局は撤退した。北ベトナムや民族解放戦線がしきりに唱えた「総反攻・一斉蜂起」は、まったく机上の空論にすぎなかった。

誰もが楽しみにするテトを台無しにしたこと。フエで二八〇〇人もの官吏、警察官、教師、学生らを惨殺するなど、いたるところで虐殺行為を働いたこと。前後四波にわたる攻勢のあおりで四万人近くの民間人を死傷させたこと。一〇〇万人以上の難民を生み出したこと。テト攻勢は都市住民の間に共産主義への嫌悪感を深く、広く植えつけた。政府軍への志願兵も急増した。

民族解放戦線は一九六八年だけで一八万人もの戦死者を出した。武装勢力や幹部が姿を現した結果、地下組織が狙い打ちされた。乾坤一擲の大攻勢にすべてを注ぎ込んだ反動で後方の基地が弱体化し、兵員の徴募や補給などに問題が生じた。支配地域も、一九七三年までには人口の一割強、土地の五分の一程度にまで縮小した。

南ベトナム政府による情勢把握*

	1968	1969	1970	1971
政府支配地域	47	71	75	84
比較的政府が支配する地域	30	21	20	13
競合地域	11	5	5	3
敵の支配地域	12	2	0	0

＊それぞれの地域に居住する国民の割合（%）
Guenter Lewy, *America in Vietnam,* New York: Oxford Univ. Press, 1978 より

民族解放戦線の兵士は、ハノイがろくに武器も供給してくれず、危険な任務を自分たちに押しつけていると不満たらたらだった。中・大隊レベルの指揮官や古参の下士官を多く失ったため、南の戦力の三分の二は北ベトナム軍が占めるようになった。兵士は南出身でも、部隊指揮官や解放戦線幹部は北出身者という場合も増えた。

南部の活動家たちは当初、テト攻勢の作戦開始は二月一日と聞かされていた。彼らは突然攻撃開始日が変更されたことに狼狽、必要以上の犠牲を出した。しかも南ベトナム中部では一月

三〇日未明、つまり南部の二四時間前に作戦が開始され、混乱に拍車をかけた。南と北の暦の違いが原因だとされたが、民族解放戦線の弱体化を狙ったハノイの深謀遠慮だったともいわれる。

存在感増すハノイ

一九六九年一月、民族解放戦線はパリ会談に参加し、事実上南ベトナム政府と肩を並べる存在となった。六月八日には南ベトナム共和国臨時革命政府が樹立された。国旗は赤と青の地に金色の星の解放戦線旗、国歌も解放戦線の革命歌だった。北ベトナムの影も共産主義の色彩もあまり見受けられなかった。外国支配や独裁政治から脱却し、よりよい生活を送りたいという素朴な、しかし強い欲求の受け皿となり、共産主義者でない人々を惹きつけるためである。

しかし臨時革命政府の主だった地位はみな古参の労働党員が占めた。建築家でもあるフイン・タン・ファト首相、民族解放戦線軍の指揮官を兼ねるチャン・バン・チャ国防相、パリ会談に臨時革命政府代表として出席したグエン・チ・ビン外相、のちに国外に亡命するチュオン・ニュー・タン法相、やはり南の独自性を主張して追放されるチャン・ブー・キエム官房長官、民族解放戦線議長でもあったグエン・フー・ト顧問評議会議長らである。彼らへの指令は労働党南部中央局から下された。北から派遣された労働党員がはっきりと中枢に位置するようになり、同時にハノイによる監視網も強化された。臨時革命政府とハノイの軋轢が表面化する日はそう遠いことではなかった。

アメリカの後押しを受けたロン・ノル将軍のクーデターに続く、一九七〇年五月の米軍と南ベトナム軍によるカンボジア侵攻は、民族解放戦線と臨時革命政府をさらに苦しめた。カンボジア領内の補給基地や病院などが破壊され、大量の武器や弾薬、コメなどが押収されたためである。米軍当局は、これで敵の攻勢を一年半か二年は遅らせたとご満悦だった。もっともカンボジア国内の反ロン・ノル勢力は東部国境付近やメコン川東岸一帯に解放区をつくり、北ベトナム軍も彼らに協力したから、反共のロン・ノル政権の基盤はむしろ弱体化したという。

一九七一年三月、ラオス侵攻作戦に失敗した南ベトナム軍がほうほうの態で引き揚げると、ホーチミン・ルート経由の輸送作戦が再開された。一九七二年の春季大攻勢では、北ベトナム軍の戦車や装甲車などが公然と一七度線を越えた。もっともサイゴンのCIA分析官フランク・スネップによれば、大攻勢が終わっても民族解放戦線は西部国境沿いやメコンデルタなどで「ゴムの木と若干のレンガ」を支配する程度でしかなかった。

一九七三年一〇月、北ベトナムは、パリ協定遵守と民衆の生命財産の保護を理由に、本格的な攻撃を開始した。戦車、装甲車、ミサイル、長距離砲、高射砲部隊などが次々に南下した。この年初めからホーチミン・ルートが大々的に改良され、石油のパイプラインや通信網も整備されていた。一九七三〜七五年だけで二六万人以上が南に向かう。サイゴン政権に最後の鉄槌を加える仕事は、たとえ同盟者であっても南の人々ではなく、北ベトナムこそが担わなければならなかったからである。ベトナム戦争の帰趨ではなく、戦後ベトナムの命運を決める最後の闘争が迫っていた。

サイゴン総攻撃

一九七四年末、サイゴンの北約九〇キロ、フォクロン省の省都ドンソアイ攻撃を皮切りに大攻勢が始まる。それは全土解放をめざした大作戦ではなく、敵戦力の正確な把握、アメリカの反応などを小当たりにするものにすぎなかった。しかしハノイはこの作戦すらなかなか認めなかった。一気呵成の勝利を主張する民族解放戦線や臨時革命政府との間で、意見の対立があったからである。臨時革命政府のチャ国防相が急ぎハノイに飛び、労働党政治局の面々を必死に説得した。

一九七五年一月、フォクロン省が落ちた。アメリカは何もできなかった。民主党本部盗聴に端を発するウォーターゲート事件でリチャード・ニクソン大統領は一九七四年八月に辞任、ジェラルド・フォードが副大統領から昇格した。フォードも米国民も、国内の傷を癒すのに精一杯だった。議会は対南ベトナム軍事援助を前年度の三分の一、七億ドルに削ってしまった。ハノイはいよいよ全土解放を決意するが、それでも目標を一九七六年中、つまり二年以内に設定するなど、まだ慎重だった。

一九七五年三月一〇日、北ベトナム軍は大砲やロケット砲、戦車、装甲車、トラックなどを擁した三〇万人近い兵力で大攻勢をかけた。事実上北ベトナムを空にするほどの勢いだった。彼らの予想をはるかに超える速度で南ベトナムは自壊した。進撃に補給が追いつかないこともあった。敵はもはや南ベトナム軍ではなく、時間と天候だけだった。四月二六日、一〇万人を超える北ベトナム軍が参加してサイゴン総攻撃（ホー・チ・ミン作戦）が始まった。四日後には勝利が達成されたものの、ほどなくかつての味方どうしの戦いが始まっていく。

4　勝利の果実は誰の手に

消滅した臨時革命政府

一九六九年九月、ホー・チ・ミンが死去した。その後集団指導体制の一翼を担ったレ・ズアン労働党第一書記は、南の解放闘争を指揮してきた経験から「北には社会主義を、南には民族民主革命を」という目標を掲げた。民族解放戦線の指導者にも労働党に属さない者がいたし、反米、反グエン・バン・チューだが非共産主義だという者への配慮も必要だった。北ベトナムはパリ協定成立の際も、南の民衆が選挙によってみずからの政治的将来を決定するのだと強調していた。

ズオン・バン・ミン
UPI・サン・毎日

ほぼ七〇ヵ国から承認を受けていた臨時革命政府こそが、南北の「民族和解」時代の主役となるはずだった。南ベトナム最後の大統領となったズオン・バン・ミン元将軍も、臨時革命政府の存在を公式に認めた。しかし戦勝の瞬間、もう一つの政治的内戦が始まる。資本主義と社会主義の混合経済の導入、中立外交、漸進的な統一と南北対等の立場での協議、南の代表としての臨時革命政府の地位など、彼らの主張はハノイの神経を逆なでしていたからである。

サイゴンでの戦勝記念祝典で、南ベトナム代表団の最上位は北の労働党政治局員が占め、臨時革命政府の要人は第三位以下の扱いだった。チャン・バン・チャ国防相は北ベトナム軍の制服を着用した。この時点では掲揚されていた民族解放戦線旗も、九月二日の独立三〇周年記念式典では消え去った。それが復活するのは二〇〇〇年、戦勝二五周年記念式典のことである。一九七七年一月、民族解放戦線はベトナム祖国戦線に吸収される形で静かに消滅した。

臨時革命政府は一九七五年七月、北ベトナムと別個に国連加盟を申請した（アメリカが拒否権を行使）。だが閣僚でさえお飾りでしかなく、北からやってきた次官たちが政府を運営していた。戦勝後、用をなさなくなった臨時革命政府は、まさにかつて批判されたように共産支配の道具になりさがり、しかもひっそりと姿を消してしまう。彼らは南の非共産主義者を裏切り、同時にハノイの指導者たちに裏切られたことになる。

統一ベトナム

一九七六年七月二日、ベトナムは統一された。新国家の国名はベトナム社会主義共和国。国旗は旧北ベトナム国旗である金星紅旗。国歌は北ベトナムの人民軍歌。一二月、ベトナム労働党はベトナム共産党に改称し、全土で一党独裁体制を保った。北から南に幹部党員が大挙派遣され、政治も経済も軍事も牛耳った。革命というより占領、統一というより併合だった。

南の社会主義化は力ずくで推し進められた。ハノイの指導者たちは抗米救国戦争の勝利に自信を膨らませていたし、一刻も早い国土復興を焦ってもいた。南の豊かな生活に触れて北の人心が揺らぐ可能性も否定できなかった。私企業は廃止され、銀行は国有化された。生産も流通も消費も計画経済にもとづくようになった。食糧増産のため南でも農村には合作社がつくられ、個人農家は肥料や農機具、燃料などを購入できなくなった。都市住民の一部は「新経済区」と呼ばれた荒れ地に移され、飢えや病気に苦しんだ。アメリカがせっかく撲滅したマラリアも復活した。

焚書、密告、拷問、人民裁判、公開処刑などが日常茶飯事となり、ひそかに「涙の粛清」と批判された。旧サイゴン政権関係者やその家族は再教育のため収容所送りとなり、多くがそこで命を失った。旧体制下の新聞は発行禁止となり、政府批判は厳しく戒められた。反戦詩人として名を馳せ、間接的にハノイの勝利に寄与したはずのチン・コン・ソンですら、その歌が反社会的だと発禁処分を受けた。街の風景を写真に撮っただけで公安警察に引っ張られた。仏教も、カオ・ダイやホア・ハオなど土着宗教も弾圧され、抗議の焼身自殺が出た。少数民族の分離や独立といった約束も反古《ほご》にされた。

ベトナムの北・中・南部は、トンキン・アンナン・コーチシナが植民地時代の名であることから、いまではバクボ・チュンボ・ナンボないしバッキ・チュンキ・ナムキと呼ばれる。南部人の人柄は一日で、中部人なら二〜三ヶ月でわかるが、北部人は一生理解できない。北の言葉はベトナム語に入らない。北の連中は出世亡者だ。南部人はこう批判する。北部人は、南の言葉はしまりがなく、住民はいい加減で向上心のかけらもないとこぼす。南北の地域対立はフランスの分割統治でいっそう強まった。共産党も最初は地域ごとに生まれた。抗仏・抗日を旗印としたベトミンも、南部では北部ほど人気がなかった。

ホーが、みずからの火葬後の灰を三分して北・中・南部に埋めるよう遺言を残したのも、そうした実情への配慮だった。ところがレ・ズアンらは遺書を書き換え、防腐処理した遺体をハノイに祀った。統一ベトナムの首都はハノイと定められた。サイゴンはホーチミン市に、広場や通りなどは「ドンコイ（蜂起）」「カクマン（革命）」「トンニュット（統一）」「四月三〇日」などか、革命の英雄たちの名に変えられた。それまでベトナムにはサイゴン時間（日本と一時間差）とハノイ時間（同じく二時間差）があったが、統一後はハノイ時間だけになった。南の通貨ピアストルは消え、北のドンだけが残った。

伝統的な地域対立。欧米の文化的影響の濃淡。二〇年以上も異なる社会体制に住み、血を流しあってきた歴史。そこから生じた経済的・心理的な格差。貧しい北の支援に重荷を担わされてはたまらないという南の反感。これらを無視した強引な政策は、やがて強烈なしっぺ返しを食らう。

苦境に立った経済

南ベトナム政府軍の大量復員もあり、街には失業者があふれかえった。集団化の失敗、風水害、干ばつ、病虫害などのため農業生産は停滞した。各地で農民が蜂起し、農村を捨てる者も多かった。しかも戦時中に北ベトナムが生めよ増やせよと人口を増大させた反動で、全土に深刻な食糧不足が生じた。

南の実情に暗い素人による、傲慢きわまりない社会主義化政策は多くの人々の勤労意欲を削《そ》いだ。復興を焦るあまり、設備も機械も原材料も輸入に頼って大規模な工業化を優先した結果、粗悪な工業製品しかできなかった。可能なものは何でも輸出されたから、国内ではモノ不足が生じた。インフレのため、一九七七年には鶏一羽に人々の平均月収の半分の値がつき、餓死者さえ出る有様。車やバイクが減り、水牛の荷車が登場した。

一九七七年九月二〇日の国連加盟もつかの間、中国による援助の打ち切り、カンボジア侵攻（第三次インドシナ戦争）にともなう経済制裁がベトナム経済をさらに苦しめた。一九七三年に北ベトナムを承認し、一九七五年には一三五億円にのぼる経済援助協定を結んだ日本も、西側諸国と足並みを揃えて大型援助の凍結に踏み切った（一九九二年に再開）。一九七九年には、ベトナム政府は統計数字さえ公表できなくなった。

一九七〇年代後半にベトナムの国民総生産の二割以上を占めていたソ連の援助は、一九八〇年代末までにはほぼ皆無になった。ペレストロイカ（改革）政策のためである。「友人向け」の低価格や、補助金つきで行われてきた石油・機械・綿花・肥料などの貿易も現金決済となった。

東欧諸国の援助も消え、それまでの負債の返済さえ求められた。ベトナムの輸出の七割、輸入の九割近くがソ連や東欧相手だったから、打撃は大きかった。ベトナムが送り出していた数万人規模の労働者も大挙帰国、そのまま失業者となった。彼らの収入で各国への負債が返済されていたが、それもできなくなった。一九八六年にはベトナムの対外債務は六七億ドルに達した。

しかも一九九〇年までに一五〇万人ともいわれる人々が周辺諸国に流出、経済に大打撃を与えた。ラオスやカンボジアからも三〇万人以上が出国している。運を天に任せ、小舟で南シナ海に乗り出した「ボート・ピープル」の多くは嵐や海賊の犠牲者となった。最初は元官僚や軍人など、社会主義を嫌い弾圧を恐れる人々だったが、一九八〇年代には新天地を求める経済難民が増えた。

海外の中国人が華僑、インド人が印僑と呼ばれるように、海外に住むほぼ二五〇万人のベトナム人移住者とその子孫たちは越僑と呼ばれる。第一次世界大戦で兵士や労働者として欧州に渡った者、ベトナム戦争後アメリカなどに移住した者、東欧諸国で働きそのまま定住した者、そしてボート・ピープルなどさまざまである。見事に成功し、祖国に多額の送金をしたり、故郷に錦を飾ったりする者も多く、彼らがベトナム経済発展のカギを握るという。

ドイモイ政策始まる

彼らの帰国を促したのがドイモイ（刷新）政策である。早くも一九七〇年代末には、戦時体制から平和体制への転換、市場原理の導入、西側の技術や資本の導入、私企業の容認、国営企業経営の自主化、農業生産の拡充、配給制度や補助金制度の見直しなどが提唱されていた。戦後復興には、社会主義の建前になどこだわってはいられなかったのである。

一九八一年、生産請負制の導入で、一定量以上の農産物は農家の収入となった。一九八五年には、中央管理方式の解体、国営企業の補助金制度全廃が決められた。その間にも、社会主義化の努力を緩めてはならないとする勢力と、農民にも企業にも自主性を認めるべきだとする勢力が共産党内で暗闘を演じていた。しかしすでに闇経済が国内総生産の三割に達し、実質的には資本主義が導入されていた。もはや小手先の対策ではなく、抜本的改革がどうしても必要だった。

一九八六年一二月、一時は失脚同然だった「ベトナムのゴルバチョフ」、改革派のグエン・バン・リンが共産党書記長に選出された。ドイモイ政策が公式に宣言されたのは一二月一五日。社会主義が否定されたわけではなかったが、少なくとも社会主義押しつけの中止、集団農業の否定、資本主義的経営や個人経営の容認、食糧や消費財生産の促進、社会改革、民生安定、ソ連圏依存からの脱却、変動相場制の導入などが目標として掲げられた。

一九八七年のインフレ率は七〇〇%で、「ハイパー・インフレ」と称された。だがそれも、じょじょに数十%の範囲におさまるようになった。工業は発展し、街では自転車がバイクに姿を変えた。農村の機械化や電化も進んだ。一九八八年には食糧自給が実現し、翌年には原油、ゴム、コーヒーなどと並んで二四年ぶりにコメが輸出された。一四〇万トンで世界第三位である。一九九三年には一七〇万トンのコメ輸出が三億五千万ドルの外貨を稼いだ。

一九八〇年代に五%程度だった経済成長率は、一九九〇年代に入ると八%前後に上がった。一九八八年の外国投資法、翌年のカンボジア撤退で、台湾や香港、韓国、日本、フランスなど外資導入や外国資本の合弁企業設立にも弾みがついた。高い識字率に示される質のよい、しかも廉価な労働力、七千万人の巨大な市場、豊富な天然資源などが注目の的となった。

一九九一年六月、ド・ムオイが書記長となり、国際通貨基金（ＩＭＦ）や世界銀行の助言を受けながらドイモイをさらに進めた。一九九二年憲法は市場経済の導入や私有形態の容認などドイモイ政策を明文化した。ラオスも一九八六年から経済開放をめざすチンタナカン・マイ（新思考）政策に乗り出した。カンボジアも一九八八年以降、経済を大幅に自由化した。

改革の限界

しかし共産党や政府の官僚主義、縦割りや上意下達方式、官尊民卑の発想、国営企業の非能率、合理化や効率追求より補助金や援助を待つ姿勢などは、一朝一夕には改まらなかった。抜き打ちの増税、非効率な投資許可審査、多すぎる規制などは外国からの投資を冷え込ませた。しかもサイゴン政権顔負けの汚職や賄賂が横行し、党の腐敗を報じる新聞があっという間に売り切れる始末。国営工場を私物化した「赤い資本主義者」の荒稼ぎもめだった。

税制も法律も銀行制度も不十分で、交通網や電力供給などインフラも未整備だった。市場経済の仕組みや商慣習の理解も容易ではなかった。有能な人材であればあるほど外国企業などに吸収されてしまった。地縁と血縁にもとづく縁故主義が一般的で、しかも親が社会主義革命にどれほど貢献したかで人生が決められるようでは、進取の空気も醸成されにくかった。

一九九一年、インフレ率は再び一〇〇％を超えた。経済再建のための大規模な軍縮や行政改革が街に大量の失業者を生み出した。地方の工業は停滞し、消費財生産は遅れ、外国製品との競争に敗れた。農村からの出稼ぎも増え、都市では住宅が不足した。一九九〇年代末のアジア通貨危機で経済成長はさらに鈍化、外国企業の撤退も多くなった。

ほんらいドイモイは、社会体制や内外政策の全面的な見直しをともなってしかるべきだった。実際に、たとえば出版情勢はドイモイのもとで大きな変化を見せた。国民への政治教育より娯楽性が優先され、小説は恋愛や個人の成功物語を描くようになった。漫画も急速に一般化した。新聞には政府批判や社会風刺が登場した。映画は社会主義の理想や共産党を美化することをやめ、社会の現実を映し出した。

しかしベトナム共産党は、社会主義の再編強化をめざす改革でみずからの首を絞めたソ連、天安門事件を招いた中国の愚行を繰り返すまいと決意していた。ソ連や東欧の崩壊は社会主義そのものの失敗ではなく、むしろそこからの逸脱によるものだ。ベトナムのやり方こそ社会主義の正しい道だ。共産党の誤謬をいっさい否定、一党独裁体制を堅持し、社会主義の看板を維持したままの改革しか認めるつもりはなかった。

いまでも基本的に報道は共産党と国家の管理下に置かれ、治安と秩序の維持が最優先されている。人民が国家の主人であり、愛国者はすべて共産党に入っているという理由で、多党制の導入はまったく否定されたままである。西側諸国による平和的・合法的な社会主義体制の打倒、つまり「和平演変」への警戒から、思想教育はかえって強化されている。

ホー・チ・ミン思想に戻れ

一九九一年の第七回党大会は、マルクス＝レーニン主義と並んでホー・チ・ミン思想を強調、自立精神による社会主義建設の必要を強調した。外敵の存在によって国民を一丸とし続けてきた国が、平和の中で初めて味わう戸惑い。統一後の政策がかえって南北対立を増幅させたことへの反省。ソ連崩壊で思想的なよりどころを失った狼狽。これらがないまぜになった結果である。

それは実質的に、サイゴン陥落以降のほぼ一〇年間が、ホー路線からの逸脱だったということを意味する。少なくとも、彼の死後ベトナムがたどった道筋と、彼自身の考え方との間には一線を引かなければならない。だがホーは社会主義の、したがってとくに南では北の圧政の象徴として利用されすぎた。旧南ベトナムの首都をサイゴンと呼ぶ人、ホーは嫌いだと公言する人も増えた。二〇〇〇年、戦勝二五周年記念式典と前後して、民族解放戦線の貢献を見直す声が上がったのも、四半世紀に及ぶ負の歴史の克服がどうしても必要だからである。ハノイですらホーの肖像やその標語が消えつつあり、とくに若い世代にホー離れが顕著だという。

ホーが「独立と自由ほど尊いものはない」と述べたことはよく知られている。ところが南北を問わずベトナム国民が得たのはその一方にすぎなかった。ほんらい南の国民の大多数は、腐敗にまみれ弾圧を繰り返すサイゴン政権も、自由を抑圧するハノイの共産政権もけっして好ましく思ってはいなかったはずである。統一後、約束していたことと行動が違うではないかと共産党への不信感が強まったのも当然だった。共産党への新規入党者は一九八〇年代末以降減少傾向にある。

北の国民にとっても、勝利と統一のため、貧困をいとわずすべてを捧げる時代はすでに終わりを告げた。資本主義の洗礼を受け、所得も増えたかわりに、拝金主義や個人主義の風潮も拡大した。少子化や住居の欧風化など生活様式も変化した。世代対立、貧富の差、都市と農村の格差、南との格差（一九九四年で平均所得は六〜七倍の開きがある）、キン族（いわゆるベトナム人）と少数民族の軋轢も表面化した。社会主義の基本を堅持したうえで改革と経済発展を実現することは、抗仏・抗米救国戦争にまさるとも劣らぬ難事業なのである。

第3章　北方の巨人の影

1　失望の連鎖

2　竹のカーテン

3　拡がる中越の溝

4　第三次インドシナ戦争

Chapter

3

ベトナム戦争が終わった時、統一を自力で達成した「ベトナム解放の戦い」は称賛の的となった。しかしほどなくベトナムは隣邦カンボジアに侵攻、中国との間にも戦端が開かれる。同じ赤い星を戴く国どうしの戦い（第三次インドシナ戦争）は、のちに映画をもじって「スター・ウォーズ」だと皮肉られた。チェコスロバキアへのソ連軍の介入、中ソ国境紛争などを目のあたりにしても社会主義への憧憬を捨てきれず、ベトナムの勝利に酔いしれていた人々でさえ、失望と苦悩を隠せなかったのである。

じつは中越の蜜月は、フランスやアメリカが彼らの前に立ちはだかっていたからこそ可能だった。ベトナム民主共和国が中国に支援を仰いだのも、いくつもの失望の果ての選択だった。インドシナを植民地支配したフランスに始まり、明治維新をなしとげた日本、辛亥革命を成功させた中華民国、インドシナを占領した日本軍、日本降伏後インドシナを占領した中国国民党軍と英軍、民主共和国を支援しなかったアメリカ、社会主義陣営の総本山ソ連——そのいずれもベトナム民族主義の味方ではなかった。

たしかに中国は民主共和国に援助を与えたが、一九五四年のジュネーブ会議では休戦を強要し、国土再統一にも積極的ではなかった。一九七〇年代には戦争激化をよそに米中和解の道を選んだ。しかもハノイの指導者に、モスクワと北京との狭間での苦悩をもたらした。この戦争はベトナム人と中国人の隠れた戦いでもあったのである。しかしベトナム人の歴史的な反中国感情も、中越両国の軋轢も見逃したアメリカは、ベトナムをみずからは望まぬ中国依存に追いやった。中国革命、キューバ革命の時と同じ過ちをおかしたのである。

Ⅰ　失望の連鎖

植民地となったインドシナ

香料や胡椒などを産出する東南アジアは一六世紀以来、ポルトガル、スペイン、イギリス、オランダに次々と分割された。出遅れ気味だったフランスも一七世紀に入って、宣教師の布教や貿易などをつうじてインドシナに足がかりを築いた。当初彼らはカンボジア・ラオスを経由して雲南、つまり中国内陸の最南部に達する交易路の開発を狙ったが、メコン川の急流がその障害となった。そこでベトナム北部のトンキン（紅河）デルタから中国南東部に通ずる経路に目をつけた。

一八〇二年、日本でいえば京都にあたる古都フエの元王族、グエン・フック・アイン（阮福暎）がグエン朝を興し、ザ・ロン（嘉隆）帝を名乗った。その一五年前、宣教師でもあり貿易商でもあるフランス人ピニョー・ド＝ベーヌ司教は、のちフランス革命で断頭台の露と消えるルイ一六世から、グエンのベトナム統一を支援する約束をとりつけている。その代償は港湾都市ダナン（ツーラン）やプロコンドール島の割譲、通商や布教上の特権付与などである。実際には軍隊も武器弾薬も届かなかったため、ピニョーは義勇兵を組織して戦った。その結果、ハノイのチン

（鄭）氏を押し立てるオランダが排除され、同時にインドシナがフランスの植民地となる基礎が築かれた。

一九世紀に入ると、インド洋〜南シナ海間の貿易が飛躍的に増大する。太平天国の乱で清朝のベトナムへの影響力が減退し、フランスにはますます有利になった。一九世紀半ば過ぎ、ナポレオン三世は国内の資本主義発展を背景に、イギリスのアジア進出にも刺激され、国威発揚の舞台を求めて積極的に対外進出を図った。ことにインドシナの市場と原材料の魅力は大きかった。一八七〇〜七一年の普仏戦争に敗れた後に国内の農工業が停滞したこともあって、仏国内の資本は海外の投資先を強く求めていた。ドイツも、フランス人の関心を対独復仇《ふっきゅう》やアルザス・ロレーヌの回復ではなく、海外領土の獲得にそらそうと画策した。

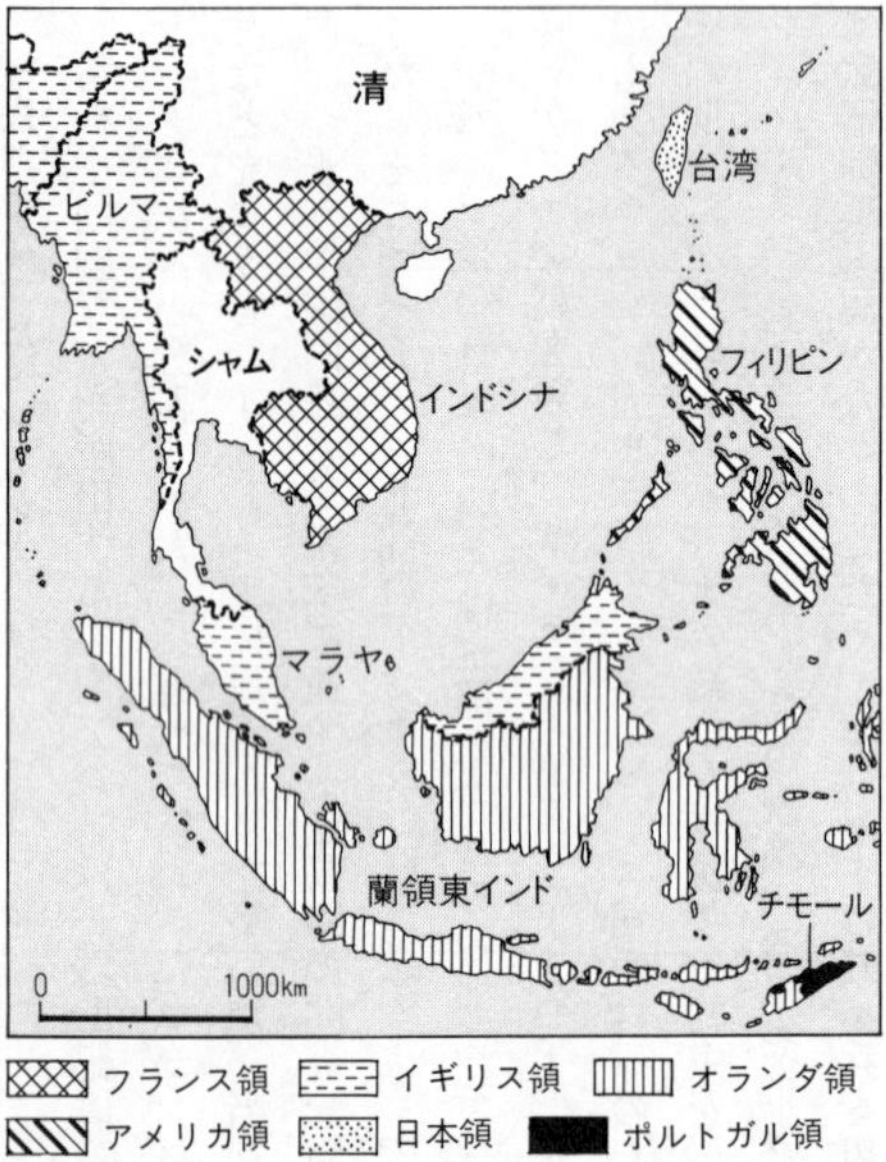

19世紀末の東南アジア

一八五六年のダナン、五八年のサイゴン攻撃で、フランスの本格的侵略が始まった。セポイの反乱（一八五七〜五九年）や南北戦争（一八六一〜六五年）によるインドやアメリカのコメ輸出減少と世界的な米価高騰、一八六九年のスエズ運河開通などは、穀倉地帯コーチシナ（ベトナム南部）の価値をいやがうえにも高めた。一九世紀末の三〇年間でインドシナのコメ生産はほぼ五倍に、輸出も三倍以上に伸びている。東南アジア各地の植民地では、水田をつぶしてまでゴム、コーヒー、サトウキビ、茶、綿花、藍、煙草などが栽培された結果、食糧不足が生じていた。そこに向けて、メコンデルタのコメが大々的に輸出されたのである。

分割統治下の搾取と弾圧

フランスは一八八四〜八五年の清仏戦争に勝ちをおさめ、清朝のベトナムに対する宗主権を放棄させた。一八六三年にはカンボジアも保護国としている。一八八七年、ベトナムはカンボジアとともに仏領インドシナ連邦を形成した。一八九九年にラオス（保護国化は一八九三年）、一九〇〇年に中国からの租借地・広州湾がこれに加わった。

コーチシナは直轄植民地。アンナンとカンボジアは保護国。トンキンはアンナンの保護領。ラオスは旧ルアンプラバン王国が保護国、それ以外は直轄植民地となり、北部はハノイ、中部はビン、南部はプノンペンの官庁によって管理された。ハノイ・ハイフォン・ダナンといった重要な都市はフランスの直轄となり、住民にはフランス国籍が与えられた。典型的な分割統治である。

インドシナのゴム輸出は、一九一一年の二〇〇トンが、三〇年間で七万六千トンにまで拡大した。石炭の輸出も一九〇〇～四〇年に、二五万トンが一〇倍に増えた。一九二〇年代末にインドシナの輸出額の三分の二を占めたコメは、一九三〇年代には毎年一〇億フランの利益をもたらした。近隣諸国からの安い工業製品の輸入には法外な関税が課せられ、生活必需品の多くはフランスから輸入された。インドシナはフランスの全貿易額の七割を占め、「帝国の宝石」と呼ばれた。

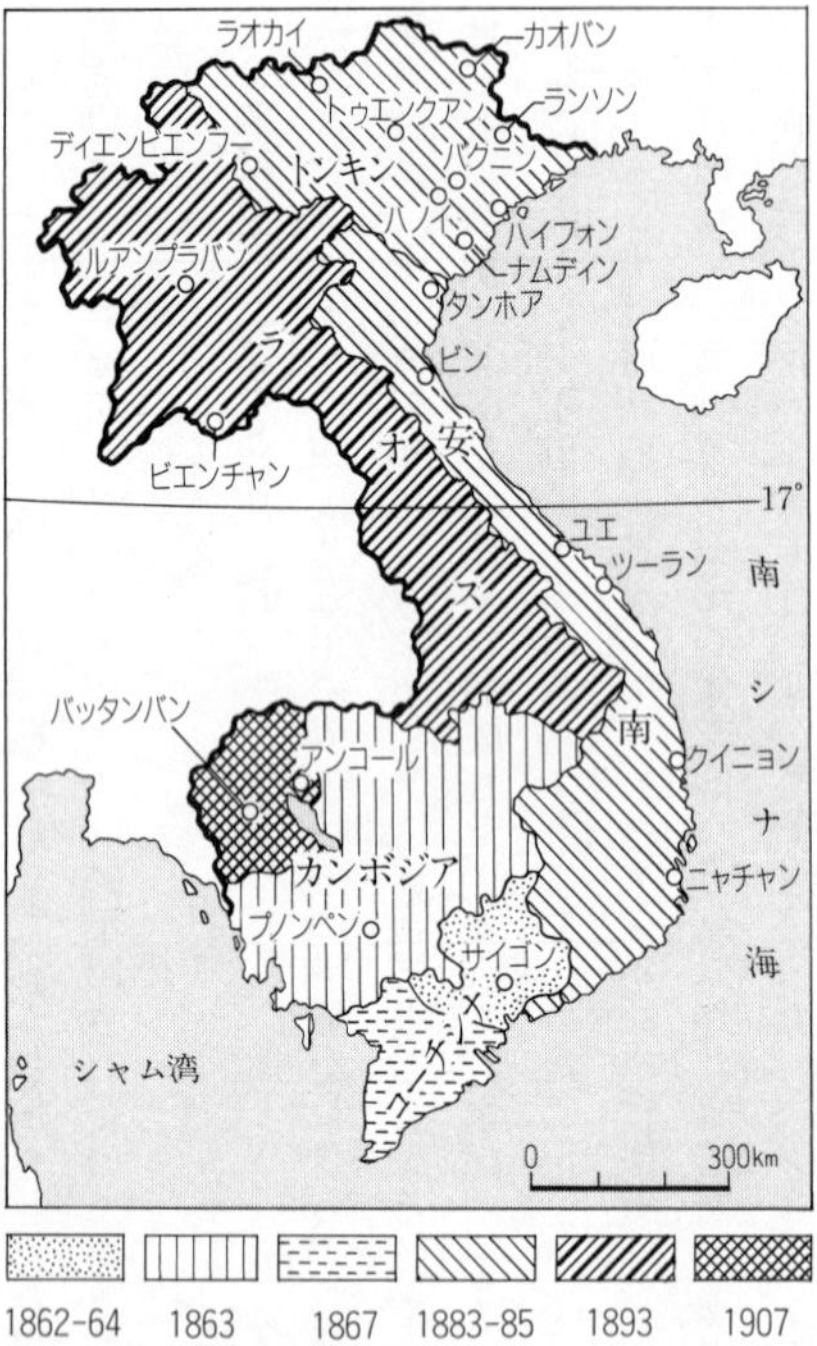

インドシナの植民地化

現地の人々は出生、死亡、結婚、就職、旅行、家畜の売買、農作物の栽培や出荷などのたびに課税され、農民は年収の三分の二を吸い上げられた。酒、アヘン、塩、コメ、茶、胡椒、煙草、薬草、象牙などは専売制で、勝手気ままに値上げされた。塩の値段は一八九七～一九〇七年で五倍になり、ベトナム人の食卓に欠かせないニョクマム（魚を塩漬けにしてつくる調味料）も不足した。老若男女を問わず酒の消費が義務づけられた。苛酷な強制労働は多くの人々を死にいたらしめた。広大な荒れ地はフランス人が独占した。サイゴンやプノンペンは「東洋のパリ」「小パリ」「極東の真珠」などと呼ばれたが、それもフランス人にとってだけの話だった。

フエのグエン朝廷は植民地統治下でも存続したが、本当の権力は仏総督の手にあった。ベトナム人は漢文の使用を禁じられ、ベトナム語は仏宣教師アレクサンドル・ド＝ロードが考案したクォックグー（ローマ字表記の国語）で記されるようになった。伝統的な儒教教育は否定され、識字率は低下した。鉄道や道路の整備もお座なりだった。ベトナム人は出版も、言論も、結社も、旅行も、移民も自由にできなかった。学校よりも牢獄の数のほうが多く、たいてい満員だった。フランスが与えたのはフランス語と混血児だけだったとさえいわれる。

初期の抗仏運動

フランスの苛酷な統治は、抗仏運動の藁束に火をつけた。清朝末期の「戊戌《ぼじゅつ》の変法」で知られる康有為《こうゆうい》などの変法思想や、同化政策にもとづいてもたらされたルソー、ボルテール、モンテスキューら一八世紀フランスの啓蒙思想、「自由・平等・博愛」のフランス革命思想が、ベトナム人の民族意識形成を刺激した。植民地統治の必要上ベトナム人エリートを養成したことも、彼らに教育や組織づくりの訓練の機会を与えた。フランスの手によるクォックグーの普及も、結果的にベトナム人による、民族主義を鼓舞する新聞や出版物の刊行に寄与した。

民族意識に目覚めた知識人や独立運動家が増えたとはいえ、組織力は弱体で、相互の連携もなかった。武力蜂起はすぐに鎮圧されたし、農民の支持も十分でなかった。フランスに反抗して蜂起、中部の山中でゲリラ活動を展開したハム・ギ(咸宜)帝はアルジェリアに流された。しかも抗仏運動の内部は一枚岩ではなかった。勤王思想を奉じ、中国の圧迫から逃れる便法として対仏協力と漸進的改革をめざす者。王制と植民地支配を一気に打倒しようとする者。武装蜂起を主張する急進派。交渉による独立を唱える穏健派。こうしたさまざまな勢力が対立しあっていた。

その中で、植民地統治の代理人として特権を保持するフエ朝廷への敵意が強まり、植民地体制打破、封建体制の打倒、近代国家の樹立をめざす人々が勢いを強めていく。彼らの目は、明治維新を成功させた日本に向けられた。その代表が、皇族の一人クオン・デ(彊柢)侯を指導者と仰ぎ、維新会(ズイタンホイ)をつくった民族主義者、ファン・ボイ・チャウである。彼は一九〇五年に日本に亡命、大隈重信、犬養毅、後藤新平らと接触しベトナム人留学生の受け入れを求めた。東遊(ドンズー)運動である。数百人のベトナム人が苦心惨憺、官憲の監視をくぐり必死に費用を工面して日本を訪れた。彼らを親身に世話した市井の日本人も少なくない。

だが日露戦争直後の日本には、彼らを支援する余裕はなかった。インドシナに領土的野心があるのかとフランスを刺激する恐れがあった。日露戦争の出費の穴埋めにフランスから借款を受けたという事情もあった。清国も日本に、ベトナム独立運動の取り締まりを要求した。日本はチャウやクオン・デらを国外追放とした。この時、悲憤慷慨のあまり自殺した留学生もいた。私人としてはベトナム人に同情を禁じえないが、日本の国力や国際環境を考えると対仏友好を選ばざるをえないという政治家や軍人も多かった。

ロシアを破ってアジア諸民族に希望を与えた日本だったが、むしろロシアと同様アジアを侵略する側に立っていた。フィリピンの革命家ホセ・リサールやアンドレス・ボニファシオらも、のちにはインド独立をめざすチャンドラ・ボースらも、日本に協力を期待して最後には裏切られている。ベトナム人の日本熱は一気に冷め、広東、雲南など中国南部が独立運動の次の舞台となっていった。

チャウと同様、ファン・チュー・チン（潘周楨）の目標も独立にあった。しかしフエ朝廷の傀儡ぶりに失望して官職を辞した彼は、ベトナムの最優先課題は後進性の克服だと確信するにいたり、むしろそのために積極的にフランスに協力した。日本の慶應義塾を範としてハノイにトンキン義塾を設立、自然科学・政治・経済・歴史などの教育、西洋文献の翻訳などを行ったのである。

ベトナム各地に同様の私塾がつくられ、独立運動を担うべき人材がじょじょに育成されていった。

国民党の挫折

日本を追われ、タイに雌伏したチャウは中国に目をつけた。孫文が「滅満興漢」を掲げて清朝による異民族支配を打倒した一九一一年の辛亥革命は、ベトナム人にとっても模範だった。翌年に成立した中華民国も、封建制の克服と近代国家建設の格好の目標となった。チャウは広東に渡り、中国人たちにこう訴えた。新生中国が本当に国権を回復するのなら欧州諸国の侵略を打破しなければならない。それにはベトナムの独立を支援し、中国南部を狙うフランスの力を削ぐのが一番の近道だ。中国が列強と戦う際にも、ベトナムは南から彼らを支援できる。中越が、そして東アジアの諸民族が一致団結すれば、植民地主義からみずからを守ることができるのだ、と。

一九一二年、中国国民党を模範にベトナム光復会（クアンフックホイ）がつくられた。「仏賊」の駆逐と独立達成にとどまらず、共和国の樹立がその目標だった。中国各地の軍学校を卒業した人材によって軍組織が整備され、黄地に赤い星の国旗、紅地に白い星の軍旗も制定された。しかし資金不足や仏当局の厳しい監視もあって、彼らの武装闘争は失敗を重ねた。新国家建設に忙殺される中国側もたいして援助はできなかった。しかも孫文に代わって袁世凱《えんせいがい》が権力を握ると、民主主義への反感やフランスへの迎合の必要などから光復会は弾圧され、やがて崩壊してしまう。

それでも第一次世界大戦後、インドやトルコ、フィリピンなどの独立運動にも刺激されて、ベトナム人の民族意識はいっそう高揚した。一九二七年にはベトナム国民党が結成された。非共産主義の知識人、医者、教師、学生などが結集したが、農民から広範な支持を得られなかった点まで中国の先輩に似てしまった。国民党は一九三〇年二月に一斉蜂起を試みたが失敗、一〇〇人近い指導者が処刑された。しかもこれ以後内部分裂を重ね、ますます無力化した。

非共産主義の民族主義者たちは広東に亡命、一九四二年にはベトナム革命同盟会（ドンミンホイ）を組織する。しかしベトナムに残された民族主義の行き場は、事実上インドシナ共産党と、彼らが創設したベトミンだけになってしまった。なんのことはない、フランスは、中国で国民党と共産党が演じたような内戦の手間を省いてやり、ベトミンという、より強力な敵を育成してやったようなものだった。

再び日本に失望

日本軍がインドシナを占領した時、人々は「解放軍来たる」と熱狂、各地で武装蜂起した。日本軍の一部や外務省も独立を支援する動きを見せ、南方特別留学生制度も発足した。しかし各地の蜂起は一年以内にほぼ壊滅する。日本は植民地統治機構に手をつけるどころか、インドシナの内政には干渉しないことをフランスに約束し、フランスの権益を保護した。対米戦争に備え、ひたすら「仏印静謐《せいひつ》保持」に汲々としていたのである。

フランス側はセメント、石炭、鉄鉱石、マンガン、ボーキサイト、ジュート、砂糖、コメなどを日本に供給した。一九四三年、インドシナのコメは日本の輸入米の五六%を占め、対米決戦に備えるフィリピンなどにも送られた。現地の物価は一九四〇〜四四年で四倍に上昇したが、東南アジア各地の場合と同様、日本軍は現地の人々の生活には無関心で、物資の徴発や労働者の徴用に余念がなかった。日仏両国の支配ぶりは、まるで「一つの首に二つの首枷《くびかせ》」がかかったようなものだといわれた。

日本が解放者の仮面をかぶった侵略者にすぎなかったことを示す例が、一九四四年末から四五年初めにかけてベトナムの北・中部を中心に少なく見積もっても数十万人、多い数字で二〇〇万人が餓死した事件である。粥《かゆ》の炊き出しをした日本軍部隊もあったが、焼け石に水だった。この時「米倉を襲え」を合い言葉に、コメを奪って人々に分配、支持を広げたのがベトミンだった。つまり日本軍はまったく意図することなく、間接的にベトミンの成功に貢献したわけである。

暴風雨による洪水と例年になく厳しい寒さが、飢餓の直接の原因だった。だが多くの要因が重なりあった人災でもあった。米軍の爆撃が、コメを移送すべき鉄道を各地で分断したこと。日本軍が河川管理にあたる仏技術者の身柄を拘束したこと。強制的に食糧を徴発したこと。各地の水田やトウモロコシ畑などをジュート畑に転作させ、軍用麻袋の原料をつくらせたこと。対日反攻に備える仏総督府や、値上がりを待つ華僑商人などがコメを隠匿したことなどのためである。

2 竹のカーテン

蔣介石軍との摩擦

日本がポツダム宣言を受諾した八月一五日は、朝鮮半島では「光復節」と呼ばれる。一九一〇年のいわゆる日韓併合で失われた、民族の独立という光が回復されるべき時というわけである。しかし連合国首脳は朝鮮民族の独立への欲求と自治能力を軽視、国連信託統治の採用を決めた。その前段階である米ソの分割占領が、結果的に半世紀を超える民族分断の歴史をもたらした。

いっぽうベトナムでは一九四五年九月二日、ベトミンを率いるホー・チ・ミンがベトナム民主共和国の独立を宣言している。しかしポツダム会談での合意にもとづいて、インドシナ半島の北緯一六度線以南には英軍が、以北には中国国民党軍が進駐、日本軍の武装解除にあたった。民主共和国に国際的な承認を得たいホーは、連合国による一時的な分割占領を容認した。だが英軍がフランスの復帰に手を貸したのはすでに見たとおりである。

中国国民党軍も英軍に劣らず難物だった。「滅共禁胡（共産党を滅ぼし、ホーを捕える）」を唱え、亡命していた反共民族主義者たちを帰国させたのである。中国軍の圧力で、ホーは民主共和国の閣僚の座のほぼ半数を、ベトナム国民党など非共産党員に与えなければならなかった。ホーは主席と外相を兼務したものの、ベトミンの閣僚は一九四五年八月で一五人中八人、一九四六年二月で一二人中四人、一一月で同じく三人にすぎなかった。入閣者の中には、日本軍の傀儡でしかなかったチャン・チョン・キム首相のもとで閣僚をつとめた者もいた。

インドシナ共産党は中国軍占領下で生き延びるため偽装解散し、ベトミンは「華越親善」を訴えた。中国軍がフランスの撤退要求になかなか応じなかったことが、ベトミンに組織を強化し、とくに北部で地歩を築く時間的余裕を与えた。蔣介石はインドシナを中国の朝貢国と考えており、また華南を守るためにもフランスを極力排除するつもりだったという。だが華僑商人ですら、征服者として略奪や暴行にいそしむ中国軍を「原爆より悪質」と罵倒していた。彼らの庇護を受けたベトナム国民党や革命同盟会の残党たちは人々にそっぽを向かれた。しかも一九四六年三月、英中両国はフランスにインドシナ管轄権を譲り渡し、撤退した。そのかわりフランスは上海や天津などの租界や広州湾の租借権を放棄し、インドシナ在住華僑への差別撤廃を約束した。

一九四六年九月、数次にわたるフランスとの交渉をへてベトナム民主共和国は「インドシナ連邦およびフランス連合の一部」ながら独立国家たる地位を認められた。だがこの結果には、ベトミン内部にも強い不満があった。外交権を誰が持つかも、トンキン・アンナン・コーチシナが一体かどうかも、フランスの経済権益などの処理もまったく不明なまま、仏軍の駐留を認めたからである。ホーは裏切り者、フランスのスパイとまで非難された。彼はロシア革命直後のソ連がブレスト＝リトフスク条約でドイツとの不利な講和を甘受してまで力を蓄えた例を引いて、必死に批判者たちをなだめた。

それは言い訳ばかりとはいえなかった。この時ホーの関心は、とにもかくにもベトナム民主共和国の存在を内外に認めさせ「ドクラップ（独立）」の形を整えること、そして中国国民党軍を領内から追い出すことにあった。遅かれ早かれ白人のアジア支配は終わりを告げる。だが「中国がやってきたら一千年の間居座り続ける」に違いない。とすれば「中国人の糞を一生食らうよりは、フランスのを少しの間嗅ぐほうがまし」だ。ホーはこう割り切っていた。

支配と抵抗の二千年

ベトナム国境に接する中国領に、清朝時代には鎮南関《ちんなんかん》と呼ばれ、第一次インドシナ戦争末期の一九五三年に睦南関《ぼくなんかん》、ベトナム戦争さなかの一九六五年に友誼《ゆうぎ》関《かん》と名を変えた町がある。紀元前一一一年の漢の武帝による派兵以来、中国人の部隊がいくどとなくここを通って南下した町である。しかもベトナムに派遣された中国各王朝の官僚は、中央復帰をめざして統治の成績を上げ、また関係者に十分な賄賂を贈るため、徹底的な収奪を行うのが常だった。

早くも一世紀半ば、後漢の圧制に対して立ち上がり、いまでも「ベトナムのジャンヌ・ダルク」と呼ばれるのがチュン・チャック（徴側）、チュン・ニ（徴弐）姉妹である。一九五五年に北ベトナムを訪問した中国の周恩来首相は、このチュン姉妹（ハイ・バ・チュン）を祀る寺院を表敬訪問し、ベトナム側の国民感情に配慮を示している。

一〇世紀に南漢軍を殲滅《せんめつ》したゴ・クエン（呉権）。一〇〜一一世紀にそれぞれ宋軍を撃退したレ・ホアン（黎桓）とリ・トゥオン・キエト（李常傑）。一三世紀に元軍の侵攻を何度も打ち破ったチャン・フン・ダオ（陳興道）。一五世紀、明軍を駆逐したレ・ロイ（黎利）とその参謀グエン・チャイ（阮薦）。一八世紀、清軍を打ち破り「ベトナムのナポレオン」とのちに称賛されたグエン・フエ（阮恵）。ベトナム史には、北方からの支配に抵抗した英雄が数え切れないほどの列をなしている。ベトミンと仏軍との戦いにも、「レ・ロイ作戦」「チャン・フン・ダオ作戦」などの名が冠されていた。

ベトナムもしくはその中部をさす「アンナン（安南）」は、中国の南方を安んじるという意味であり、「ベトナム（越南）」も中国南方の辺境を意味する。ベトナムを統一したザ・ロン帝は当初国号を「ナムベト（南越）」とするつもりだったが、清朝が認めなかった。紀元前三世紀、中国領の一部を含む南越国が秦朝に激しく抵抗した史実を忌んだからである。もっとも帝は表向き清朝の命に従いながら、ひそかに「大南（ダイナム）国」、つまり大越南の略称を使っていた。

ベトナム人は北方の巨大な隣人に従順さを示すことも忘れなかった。中国軍を撃退すると、その後謝罪使を送った。ベトナムの支配者は周辺諸国に向かっては「皇帝」を自称したが、中国に対しては「王」とへりくだった。彼らはみずからを「漢民」と呼び、中国文化に崇敬の念を抱き、儒教道徳や中央集権的国家体制など多くを模倣してきた。中国が一九〇五年には終わらせた科挙試験を一九一八年まで続けていた。中国の存在はベトナム人の民族意識を鼓舞したが、同時にインドシナや東南アジアに対する小中華意識、膨張主義も生んだ。

新中国からの支援

中国は、反帝国主義闘争の最前線に位置し、フランスと戦うベトナム民主共和国を支援した。ベトナム防衛は中国南部の安全に不可欠だったし、アジアの指導者たるイメージづくりも必要だった。ベトナム側も、ヨシフ・スターリンが「世界革命の総司令官」だとすれば毛沢東は「アジア革命の総司令官」にあたる、中国革命こそ「ベトナム革命の羅針盤」だと持ち上げた。ほんらいベトナム民族主義の発展は、仏植民地主義だけでなく中国の影響からの離脱とも不可分だったが、ホーは他に頼るべきものを持たなかったのである。

一九五〇年には二〇〇人を超える中国人技術者や軍事顧問がやってきた。年末までに約四千人、一九五四年までにほぼ四万人のベトミン兵士が中国領内で訓練を受けた。一九五〇年秋、中国南部の柳州から南寧に、そして鎮南関にいたる鉄道が完成すると、日中戦争や国共内戦で中国共産党が入手した日本製やアメリカ製の武器などが続々と供給された。一九五〇年までにはベトミン軍は、仏軍をトンキンデルタに追い込み、中国と接する安全な後背地を確保した。

内戦や朝鮮戦争で疲弊した中国の援助は十分とはいえなかった。それでも朝鮮休戦協定の成立後、無反動砲、迫撃砲、高射砲、バズーカ砲、機関銃、自動小銃、戦車、トラックなどが届き始めた。ジュネーブ会議で和平実現に尽力したアンソニー・イーデン英外相が回顧録に書いたように、中国の援助がベトミンを「未組織のゲリラ部隊」から「優秀な軍隊」に変え、彼らの勝利を可能にした、と西側は見た。しかし顧問団や援助物資の出現とともに、中国のベトナム民主共和国への影響力だけでなく、両者の摩擦も増大していった。

中ソのイデオロギー対立も、インドシナ半島に暗い影を落とそうとしていた。毛沢東は、ソ連型の都市革命より中国式の農村革命のほうがアジアには適していると確信していたからである。しかしまだ中国は表向き「向ソ一辺倒」を掲げており、ソ連も遠いインドシナについては中国に任せる姿勢を示していた。共産主義世界はまだ一枚岩の外見を保つことができた。

ベトミンの戦いぶりも毛沢東戦術に負うところが大きかったといわれる。広範な民族統一戦線を形成し、しかも共産党がその指導権を握る。軍事力の構築と、土地改革など解放区づくりを同時に進める。農村を基地とし、都市を包囲する。針一本、糸一筋も盗むなといった厳しい規律を兵士に課す。ゲリラ戦ではつねに有利な場所を選んで戦い、敵の手薄な部分を集中的に攻撃する。防御―反攻準備―反攻の三段階を踏み、聖域を確保し、持久戦によって敵を消耗させる。

のちにベトナム側は、両国の条件の違いもあり、毛沢東戦術をそのままベトナムに適用することはできないと主張するようになる。だが西側は、ベトミンなど中国共産党のコピーでしかないと考えた。すでに東欧はウィンストン・チャーチル元英首相のいう「鉄のカーテン」の向こう側に呑み込まれてしまった。同様に共産中国の誕生で、米軍事援助顧問団（MAAG）を率いるトマス・トラップネル将軍のいう「竹のカーテン」が、アジアにも降りたというわけである。

一九五三年、ドワイト・アイゼンハワー大統領は初の一般教書で、朝鮮戦争を「侵略者がインドシナとマラヤで同時に圧迫を加えているのと同じ、計算された攻撃の一部分」と呼んだ。ジョン・ケネディ大統領は一九六一年、やはり初めての一般教書で、「アジアでは、中国共産主義者の無慈悲な圧力が、勝ちとったばかりの独立を守ろうと戦っている地域全体の――インドや南ベトナムの国境からラオスのジャングルにいたるまでの安全を脅かしている」と宣言した。

すでに見たように、その直前、ソ連首相ニキタ・フルシチョフは民族解放戦争への支援を華々しく表明している。その本意は、社会主義陣営の盟主たるソ連の座を守るべく、中国を牽制することにあったといわれる。しかしアメリカは、中ソの軋轢は戦術面の些細な相違の反映にすぎないとした。さもなくば、地球規模での冷戦ではソ連が、アジアでは中国がもっぱら革命を推進するという分業体制を意味すると考えた。アメリカの警戒感はいやがうえにも強まったのである。

ドミノ理論が登場

一九四七年、トルーマン・ドクトリンが事実上冷戦の開始を世界に告げた時、ディーン・アチソン国務長官は内戦中のギリシャを、ひと樽の中身全部を駄目にしかねない腐った林檎にたとえていた。東南アジアも同じだった。インドシナは東南アジアでの共産主義拡大を阻止する「キイ・エリア」だ。もしここが失われれば近隣諸国もいずれ共産主義者の手に落ちる。そればかりかインドなど南アジア諸国も共産主義に同調しかねず、欧州すら危険にさらされるはずだった。ハリー・トルーマン大統領からインドシナ問題を引き継いだアイゼンハワー大統領は、このドミノ（将棋倒し）理論を得意げに披瀝した。

……われわれがインドシナを失ったと仮定してみよう。もしインドシナが失われれば、即座にいくつかのことが起きる。この地域にぶらさがっている先端のマラヤ半島はほとんど防衛不可能だろう――そして、われわれにとって大きな価値のある、この地域からのスズやタングステンはもう入手できなくなるだろう。インド全土は包囲されることになる。ビルマは弱体な状況にあり、防衛不可能であることは確実だろう。……これらすべてを失えば、自由世界がインドネシアの豊かな帝国を保持できる方法などあるだろうか。……こうしたことは阻止しなければならない。それはいま、阻止しなくてはならない。これこそフランスが行っていることなのだ。（一九五三年八月、全米知事会議で）

……目の前にドミノの駒の列がつくってある。最初の駒をはじき倒せば、最後の駒がどうなるかというと、あっという間に倒れてしまうのは確実だ。だからそうなれば崩壊が始まることになり、それは最大級の影響を及ぼすのだ。（一九五四年四月、記者会見）

それはインドシナ戦争支援に国民の支持を求めるレトリックにすぎなかったともいわれる。しかし、多かれ少なかれ米政府首脳たちは、インドシナ半島が全世界の力の均衡を崩しかねない危険な発火点になりうると信じていた。それはインド洋と太平洋を結ぶ位置にある。かつては日本の、いまや中国の南進基地である。しかも東南アジアの不安定さは、ベデル・スミス国務次官にいわせれば、まるで「子供がつくったトランプの家のよう」なものである。とくに中国に接するベトナム北部のトンキンは、朝鮮半島が中国と日本の間の橋であるのと同じく、中国と東南アジアを結ぶ回廊だとみなされた。

朝鮮戦争の衝撃

一九五〇年一〇月に中国義勇軍が朝鮮戦争に参戦したことも大きな影響を与えた。いつなんどき中国軍がインドシナに介入するかもしれないという不安が、アメリカをはじめ西側諸国で強まったのである。米中央情報局は、そうなれば仏軍はベトナム最南部以外すべてを失うだろうと予測した。しかも朝鮮戦争で国連軍総司令官をつとめ、アイゼンハワー政権で陸軍参謀総長となったマシュウ・リッジウェイ将軍がいうように、中国兵はインドシナのような「水田とジャングルの地」でのゲリラ戦争を得意としていた。一九五一年早々ワシントンを訪れたルネ・プレバン仏国防相は中国軍侵攻の可能性をトルーマン大統領に訴えた。もっともそれはより多くの援助を引き出す便法という面もあった。

一九五三年七月、朝鮮戦争はいったん終結する。しかしワシントンの不安はかえってつのった。北方に余裕のできた中国が、今度は南方に目を向けるに違いないと思われたからである。実際には、中国はインドシナ介入には慎重だった。朝鮮で米軍の強さ、対米戦争のコストの大きさを肌で知り、また国内建設に専念したくもあった。ベトミンも、中国軍を領内に招き入れたいとは毛頭思っていなかった。問題はこうした事情をアメリカが理解しようとしなかったことにある。

中国軍の介入など、まったく不要だったといってよい。一九五四年早々までには、ベトミンは仏軍を敗北の淵に追い詰めつつあったからである。ところがきわめて有利な立場にあったはずの彼らは、祖国の南北分割による休戦——半分だけの果実に甘んじなければならなかった。じつは一九五四年四月にジュネーブ会議が開幕する頃までには、竹のカーテンの向こう側、中国とベトナム民主共和国の間にはやっかいな事態が進行していたのである。

3　拡がる中越の溝

ジュネーブでの圧力

インドシナ和平への動きに弾みをつけたのは、一九五三年一一月二九日にホー・チ・ミンがフランスとの休戦の可能性を示唆したからである。その背景には、戦争の早期終結と米軍介入の回避を望む中ソ、とくに中国の強い圧力があった。平和共存を打ち出したソ連と同様、いやそれ以上に中国にとっては静穏な国際環境の確保が至上命令だったからである。

中国共産党は国民党との内戦に勝ちをおさめたものの、経済の再建、一党支配の確立、軍の近代化など、なすべきことは山積していた。ベトミンが勝ちすぎてアメリカの介入を招いたあげく、戦火が中国南部に飛び火するなど、およそあってはならなかった。一九五三年夏以降、トンキンデルタで一気に仏軍を粉砕しようとするベトミンに、中国はいまは持久戦を継続すべきだと必死に説いていたほどである。

休戦交渉が暗礁に乗り上げた一九五四年六月下旬、ピエール・マンデス＝フランス仏首相は交渉期限を一ヶ月と切ってジュネーブ会議に乗り込んだ。彼と会談した中国の周恩来首相は、ベトナムの「南については忘れよう」と、じつに率直に語っている。当初共産側は分割線として北緯一三度線を主張しめさせてまで、和平実現を優先したのである。中国は盟友ベトミンに苦汁をなた。しかし北緯一八度を要求する西側の強硬姿勢の前に妥協を重ね、最後には一七度線にまで折れた。

ベトナム全土を手中におさめつつあったベトミンは、ほぼ二〇〇万人にあたる国民を南に奪われ、それまで手にしていたカンボジアとの接点も、ラオス南部への重要な交通路も失った。ジュネーブ会議で首席代表をつとめたファム・バン・ドンは、西側と結託して自分たちを犠牲にした中ソ、とくに中国への憤りを隠さなかった。周恩来首相は、ドンを招いての夕食会にバオ・ダイ政権代表も同席させ、北京にベトナム国の代表部を置いてはどうかとさえ述べていた。

ベトミン内部にも不満が鬱積した。ホーは米軍介入の可能性があること、分割が一時的措置にすぎないことを指摘、いずれ選挙で国土は統一できると部下たちを必死になだめすかした。前述したように、ベトナム民主共和国は休戦後できるだけ早い時期の再統一選挙を望んだ。ジュネーブ会議で共産側は当初、休戦の六ヶ月後に選挙実施という提案を行った。しかし結局はここでも西側の前に譲歩、二年も待たされることになった。ベトナム民主共和国は中国のいう「一歩後退、二歩前進」を無理やり納得させられた。ベトナムと中国、隣接する共産主義国どうしの摩擦は、ディエンビエンフーの戦場での勝利と、ジュネーブ会議での妥協の結果かえって拡大した。

中国の満足、ベトナムの憤怒

ソ連はジュネーブ会議が平和共存を前進させ、米英仏の足並みを乱れさせたことに満足した。フランスはようやく泥沼から足を抜くことができた。これまでの経済投資も南部ベトナムに集中しており、引き続き経済・文化面などで影響力を保持できると思われた。マラヤ植民地の北方に共産主義との障壁を設けたいイギリスも、重要な軍港ツーランを確保した分割を歓迎した。表面は不承不承のアメリカも、反共の砦・南ベトナムの強化に希望を見いだしていた。

ジュネーブ協定を歓迎したのは中国も同じだった。米軍の介入は回避でき、ラオスとカンボジアの米軍基地化も阻止できた。アジアの緊張緩和も進み、中国は好戦的イメージを払拭できた。アジアの大国、社会主義陣営の重鎮として国際的地位も向上した。しかも国境の南に生まれた、半分だけのベトナム人国家が、今後は西側との緩衝地帯となってくれるはずだった。

ジュネーブ会議終幕近く、一時帰国の途中でハノイを訪れた周恩来はホー・チ・ミンに向かって、休戦実現の可能性を粉砕しかねない大規模な軍事行動をしきりに戒めている。不必要に交渉を長引かせず、南ベトナムをアメリカの軍事同盟から切り離すことを条件にジュネーブ協定を受け入れるべきだ、というのが中国側の主張だった。戦後の復興にも、きたるべきアメリカとの対決にも、中国の支援がどうしても必要なことはベトナム人も知っていた。どれほど不満でも、中国人の面子をつぶすわけにはいかなかった。

中国は一九五〇年代後半をつうじて、力による統一は時期尚早だとし、ハノイに向かってしき

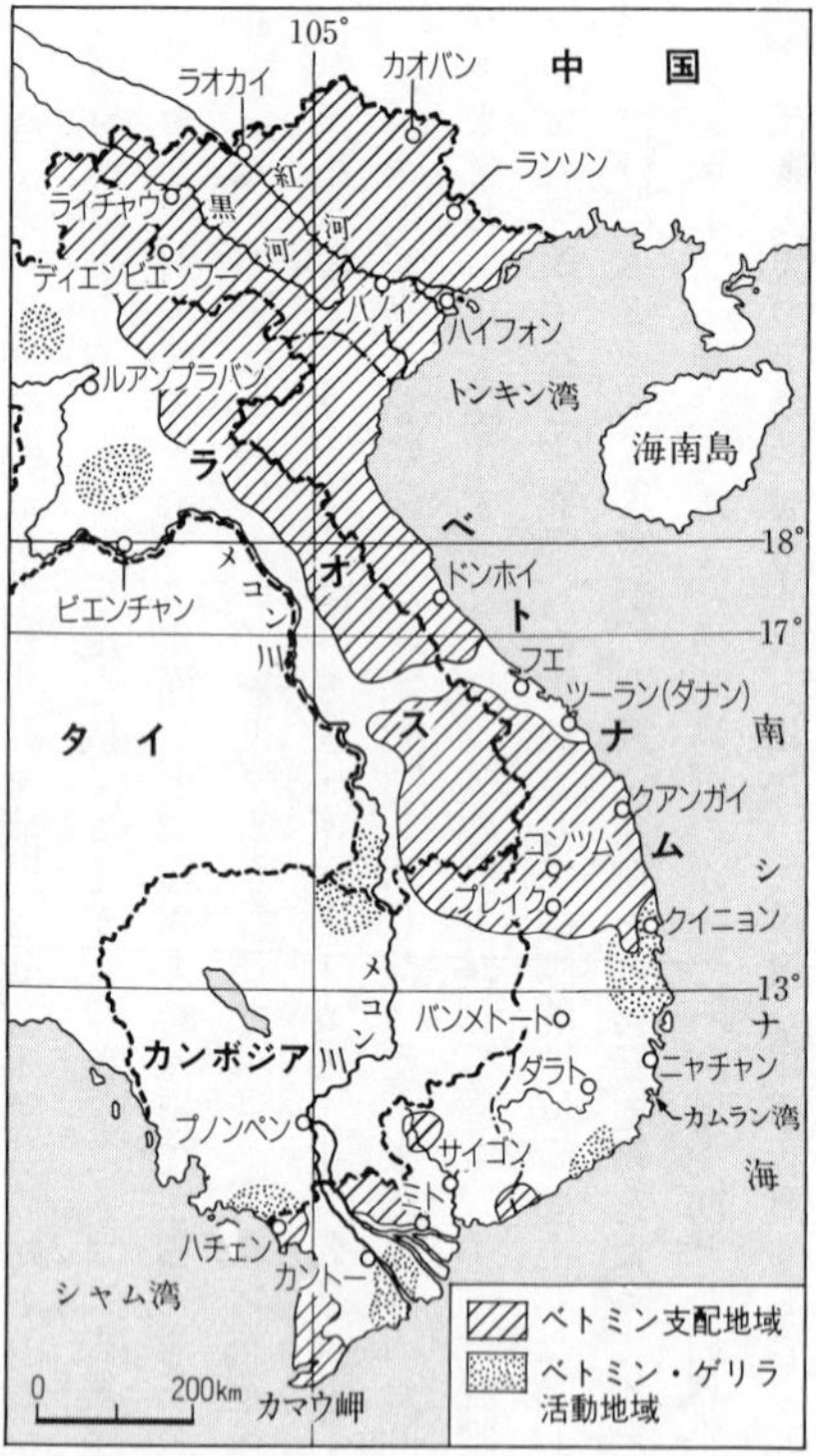

勝利目前のベトミン

りに「長期埋伏」戦術を勧めた。北ベトナムも独力で南ベトナムやアメリカと対決するにはまだ力不足であり、国内再建を優先せざるをえなかった。だから祖国再統一は棚上げにし、旧ベトミンら南の反政府勢力にも臥薪嘗胆《がしんしょうたん》を求め、武装闘争を抑えたのである。

ベトナムは長い植民地時代の搾取、日本軍の占領、七年半もの戦乱のため疲弊しきっていた。ことに北では、農民が耕作を放棄した分を含め田畑の被害が三〇万ヘクタールに及んだ。洪水や干ばつで、深刻な食糧危機も生じた。一千キロを超える鉄道、一万七千キロもの道路、数多くの港湾施設、学校、工場なども破壊されていた。しかも、かつてフィリピンのゲリラ鎮圧で名を馳せたCIAのエドワード・ランズデール大佐率いるサイゴン軍事使節団（SMM）や、南から侵入したゲリラがしきりに破壊・宣伝活動を繰り広げていた。

失敗した土地改革

北ベトナムの工業生産は一九五五～五九年で四・一倍に、農業生産は一・五倍に増えた。とはいえ一九五五年には政府歳入の七〇％、五六年には五一％、五七年でも四二％が中ソや東欧諸国などからの援助だった。長い戦乱による疲弊と人為的な分断は、北も南も自力での復興など不可能にしていた。ところが一九五〇年代後半、最大の支援者である中国とソ連の軋轢が、北ベトナムを大きな政治的危機の中にたたき込むことになる。

世界の社会主義陣営を二分する中ソ対立は、ベトナム労働党内部でも親中派と親ソ派の軋轢を激化させていた。前者の代表が党内きっての理論家であるチュオン・チン書記長、後者の代表がファム・バン・ドン首相である。一九五〇年以来の中国との密接な関係を反映して、当初主導権を握ったのは親中派だった。その典型的な表れが土地改革である。

抗仏救国戦争中にも、仏植民地主義者や彼らに協力する「越奸」から奪った土地が、貧農や小作農に分配されていた。しかしこうした土地配分は無視され、中国方式そのままに農村人口の五%が地主にあたるとされた。しかも戦争終結後、復員した元軍人が現場の事情などよくわからないまま工作隊として農村に乗り込み、杓子定規に土地改革を実施した。

ベトミンに協力した中農までも整理の対象となり、ベトミン兵士の家族でさえ財産を失った。大なり小なり被害を受けた者は数十万人にのぼるという。約二一〇万戸の小作農に合計八一万ヘクタールが配分されたものの、一戸あたりでは〇・四ヘクタールにも満たず、かえって農民の不満を招いた。次章で見るようにアメリカは自己流の民主主義を南に押しつけて失敗したが、中国も同じ失敗を北ベトナムで経験した。もっとも、グエン朝時代にも、中国を模倣して実情に合わないやり方をとった失敗が数多く見られたという。それは、ベトナムの伝統の一つなのかもしれない。

北ベトナムは、急進的な社会主義化をめざす中国の大躍進政策に強く影響された。一九六〇年末までに八五％の農村を合作社のもとに集団化し、工業分野は一〇〇％、商業は九八％、手工業は八八％を社会主義化したのである。しかし農民の自発的意志にもとづいて実施されたはずの農業集団化は、実際には武力蜂起すら発生させていた。絶望のあまり鎌や鍬だけで立ち上がった農民さえいた。しかも洪水や人口増で、大規模な飢餓が発生したのである。

ホーは一九五七年までにはゆきすぎを認め、不当に逮捕された二万三千人あまりを釈放、責任者のチュオン・チン書記長を解任した。労働党の文書からは毛沢東思想を賛美する言葉が消えた。いわゆるスターリン批判、ハンガリー動乱の影響や、中国式の百花斉放政策の導入もあって、政府や労働党への批判があいついで表面化した。

この反省から労働党は再び言論弾圧を強化した。一九六〇年代を迎えると、戦時体制の中で社会主義化の努力が本格的に始まっていく。しかも恐怖政治もどきの土地改革はその挫折にもかかわらず、共産主義支配の恐ろしさを国民の骨身にしみさせる効果があり、長期的には一党独裁体制の強化に貢献したという。

中ソの狭間で苦悶

一九五〇年代末、金門・馬祖島でのアメリカとの対決、チベットをめぐるインドとの紛争などを経験した中国は平和共存路線を放棄、北ベトナムを積極支援するようになる。しかしちょうどその頃から、北ベトナムはソ連寄りに傾斜していった。経済再建のため外貨を獲得しようとすれば、恵まれた鉱物資源を生かして工業を振興させるしかなかった。工業機械の性能や技術者、専門家の水準といった点で、中国はソ連に遠く及ばなかった。

ハノイは一九六〇年代になるとソ連の対米共存政策を批判、再び中国寄りに転じる。しかし完全にソ連を袖にしたわけではなかった。北ベトナムは資本主義世界の超大国アメリカと戦いながら、二つの社会主義大国の狭間で懸命の綱渡りを演じ、両者の仲介役として社会主義陣営の団結維持に尽力していたのである。ソ連や中国の駐ハノイ大使館で宴席が開かれると、ベトナム人たちはぴったり同じ時間だけ出席していた。

中国は一九六五年、北ベトナムがソ連の援助を断れば中国が全面支援すると申し出た。一九六五年以降、極秘のうちにのべ三二万人の部隊を「入越」させている。ごく少数、北朝鮮空軍もベトナム戦争に参加したといわれる。だが北ベトナムには地対空ミサイルなどが必要だったから、ソ連の援助もあきらめるわけにはいかなかった。ソ連のレオニード・ブレジネフ書記長も中国への対抗意識から、ベトナムに志願兵を送ってもよいと示唆している。

一九六二年のキューバ・ミサイル危機で、北ベトナムは世界平和を守ったとしてソ連を賞賛し、フィデル・カストロを支持しアメリカに非難を浴びせることで中国にも配慮した。一九六三年の部分的核実験停止条約については調印を求めるソ連と、拒否を要求する中国の間で苦悩した結果、ソ連を名指しせずに条約だけを非難した。しかし結果的に中ソ双方の苛立ちを強めただけだった。中ソはたがいがベトナム解放の戦いを妨害していると非難しあった。北爆が本格化した時、ソ連がベトナム支援のための共同行動を中国に呼びかけたこともあったが、無駄だった。中ソ対立はベトナムの抗米救国戦争をかえって阻害したのである。ただ冷戦構造の中で、しかも世界の革命運動の盟主の座を争う中ソはいずれも、北ベトナム支援をやめるわけにはいかなかった。その意味では両国ともハノイに体よく利用されたともいえるかもしれない。

米中接近の衝撃

一九六九年にソ連と国境紛争を経験し、また文化大革命の混乱から回復した中国は、北方の防衛と国内経済再建を最優先課題と考えるようになった。米帝国主義との対決やベトナム戦争支援など二の次、三の次の扱いをされたのである。ベトナム和平実現を公約して登場したアメリカのリチャード・ニクソン大統領も、その前段階として中国との接近を図った。

一九六九年、アメリカは第七艦隊の台湾海峡警備を中止した。翌年、それまで中断していたワルシャワでの米中大使級会談が再開された。一九七一年、名古屋での世界卓球選手権における米中卓球チームの交流、そして米選手団の訪中など、「ピンポン外交」が急速に米中関係改善の気運を生じさせた。「忍者外交」と呼ばれたヘンリー・キッシンジャー大統領補佐官の極秘訪中も、米中接近への道を用意した。

B52の絨毯爆撃が北ベトナムを襲うさなかの一九七一年七月一五日、ニクソンは翌年早々米大統領として初めて中国を訪問すると発表、世界を震撼させた（第一次ニクソン・ショック）。大統領の発表から数分前の通告しか受けず寝耳に水だった日本政府以上に、このニュースを知ったハノイの衝撃は大きかったに違いない。労働党内の親中国派でさえ、北京の決断を弁護せずひたすら沈黙を守っていたという。

ニクソン訪中発表の四日後、労働党機関紙『ニャンザン』は、ニクソンによる社会主義陣営の分断、反革命勢力の育成、大国の妥協による解決の押しつけなどを非難した。それは、北ベトナムの利益を犠牲にしてアメリカに追従し、ベトナム戦争などこの世に存在しないかのように振まう中国への非難だった。パリ会談のスアン・トイ首席代表は、北ベトナムは大国の意のままになるつもりはないと大見得を切った。もっともその大国がどこを指すのかは口にしなかったが。

中国は、アメリカが中国本土を攻撃しない限り、ベトナム戦争とは無関係に米中和解を進める腹づもりだった。中国の国際的地位の向上、たとえば国連加盟と引き換えに北ベトナムを見捨てたといってもよい。また一九七一年三月初め、ラオスを訪問した周恩来首相は、南ベトナム臨時革命政府による八項目の和平提案を支持している。だがそれまで中国は、戦場での勝利しか求めていなかったのである。

中国による北ベトナムへの援助額も、一九七二年の二億三千万ドルが、七三年には一億一五〇〇万ドルに半減する。対照的に、一九七一〜七三年で米中貿易は五〇〇億ドルから九〇〇億ドルに伸びた。アメリカがパリ協定で事実上南ベトナムを見捨てたように、中国もまた北ベトナムなど歯牙にもかけていなかったのである。

自力での解放を決意

一九七一年一一月下旬、北ベトナムのファム・バン・ドン首相は北京に赴き、ベトナム解放闘争への支持を中国側に確認させた。三月には周恩来首相がハノイを訪問、中国はベトナムをアメリカに売り渡したりはしないと約束している。一九七二年二月二一日のニクソン訪中後、周は再度ハノイを訪れ、対米関係改善はインドシナ和平のためだと強調した。しかし彼を迎えたハノイの指導者たちは、おそらく一九五四年のジュネーブ会議を想起したことだろう。

四月、アメリカがハノイを爆撃しハイフォン港を機雷封鎖した時、中国は対米非難声明を発するにとどめた。中国との取り引きがあったからこそ、アメリカは安心して爆弾の雨を降らせることができたのだと、ハノイは確信した。八月、『ニャンザン』は、対米関係改善という中国の政策は「おぼれる強盗に浮き袋を投げ与えるようなもの」だと断じた。北ベトナムはその後も中ソの「無原則妥協」に非難を浴びせ続ける。

パリ会談が続く中、北京はハノイに、サイゴン政権を存続したまま、現状維持の和平を受諾するよう求めた。一挙に片をつけるより、しばらくゲリラによる持久戦を続けてはどうか。中国共産党も一九四〇年代には国民党と妥協した経験がある。許しがたい独裁政権、アメリカの傀儡ではあるが、グエン・バン・チューと妥協するのも一つの手ではないか。協定成立後も、中国が援助を続けるかわりに、二年間ほど南での戦闘を中止してはどうか……。

デタントという名の米中ソの権力ゲームの中で、北ベトナムはまたもや祖国統一をあきらめなければならないかもしれなかった。一九七五年、パリ協定を踏みにじってまで達成したサイゴン武力解放こそ、彼らの中国に対する強烈なメッセージだった。ベトナムはいつも裏切られてばかりはおらず、その命運はみずからが決めるのだということである。

ベトナムが統一された一九七六年、中国のある高官は、二つのベトナムでも三つのベトナムでも結構だが、一つのベトナムだけは困ると語ったという。前章で明らかにしたように、戦勝後、ハノイの民主共和国と南の民族解放戦線、臨時革命政府との軋轢が表面化した。曲がりなりにも手を携えてアメリカや南ベトナムと対峙してきた中国と、ハノイのベトナム人との間にも、不穏な気配がただよい始めた。それにはいくつもの、中越双方の歴史や文化に深く根ざした理由があったのである。

4　第三次インドシナ戦争

華僑の扱いと国境紛争

中越間の紛争の火種の第一は、中国系ベトナム市民の扱いである。統一前の華僑人口はほぼ一四〇万人、大部分は南に居住し、南ベトナム全人口のほぼ五%を占めていた。彼らは植民地時代にメコンデルタのコメを扱う権利を認められて以来、通商や貿易などに携わってきた。現在もほぼ一二〇万人がおり、半数はホーチミン市内の華人街チョロン（フランス語読みでショロン）に住む。

南ベトナム政府は彼らに強制的にベトナム国籍を取得させ、兵役の義務を課し、しかもことあるごとに迫害した。彼らがベトナム人の敵意と反感の対象である中国を祖国だと考えていたこと、集団としての絆がきわめて強かったこと、経済面で実権を握っていたこと、ベトコンが彼らの資金援助を求めたことなどが原因だった。

対照的に北ベトナムは「兄弟国」である中国系の彼らを特別扱いした。ベトナム国籍取得も強制せず、徴兵の対象からもはずした。南の華僑についても、勝利の暁には国籍選択の自由を約束していた。ところが統一後ほどなく、社会主義化を阻害する存在として彼らを敵視し始めた。人口調査を名目に事実上ベトナム国籍の取得を求め、また「社会主義的改造」を強制したのである。ベトナム側の変節の背景には、中国が南の臨時革命政府を、ハノイの民主共和国政府と同等の存在として扱おうとしたことがあった。北京とチョロンを結ぶ中国人どうしの強力な絆が、南独自の体制づくりに貢献し、ハノイ主導の統一を阻害するのでは、と疑われたのである。ベトナムが統一や南の社会主義化を急いだのも、じつは中国の脅威に対抗するためだったとさえいわれる。

華僑は特別な地位を捨ててベトナム人となるか、外国人として多くの制約を甘受するか、出国するかの選択を迫られた。その結果、一九七八年半ばまでに一三万人以上が中国に向かった。それがベトナム経済に大きな打撃を与え、ベトナム人の反中国感情をさらに強めさせた。中国が、彼らの移送のため船を用意すると、ベトナムは「砲艦外交」だと非難した。当初ハノイとの友好を優先していた中国も、一九七八年五月には同胞への迫害を理由に経済援助を打ち切り、ベトナムにモノ不足とインフレをもたらした。八月には、出国を焦る難民の暴動が発生、中越国境が一時閉鎖される騒ぎになった。

第二に、一四〇〇キロに及ぶ陸上の国境と、トンキン（バクボ）湾上の紛争がある。一九七六年に八一二件、七七年に八七三件、七八年に一一六四件の国境紛争が記録された。両国の国境は一九五八年、一九世紀末のフランスと清国との協定を基礎とすることで合意されていたが、植民地支配の常として、その国境線は民族の分布や地形などを頭から無視したものだった。海上の境界線も、ベトナムは画定ずみだとし、中国は境界線など存在しないと主張した。しかも技術の発達で、トンキン湾や南シナ海での海底油田開発の可能性が膨らんできた。双方にとって、たいして精製施設を必要としない南シナ海の良質な原油は、大きな価値があった。軍事的にも、南シナ海の制海権をめぐる争いがいよいよ表面化しようとしていた。

一九五六年、中国の周恩来首相が南シナ海に浮かぶ西沙（中国語読みでシーシャー、ベトナム語でホアンサ、英語でパラセル）・南沙（同じく順にナンシャー、チュオンサ、スプラトリー）諸島の領有を宣言した時、北ベトナムはこれを是認した。一九七四年一月、中国が南ベトナム支配下の西沙諸島を武力占領し、南シナ海の全島嶼《とうしょ》に主権を持つと宣言した時も、翌年一一月に南沙諸島を中国領とする地図を発行した時も、北ベトナムは抗議しなかった。

しかしベトナム戦争勝利と同時に彼らは南沙諸島に軍を送った。古地図を持ち出し、また古いベトナム製陶磁器が発見されたとして、一五世紀からベトナム人が生活していたのだと、南沙・西沙両諸島への領有権を主張した。中国も一九八〇年代半ば以降、沿岸調査船の派遣、領土標識の設置、近海での軍事演習などを行った。一九八八年には中越海軍の武力衝突事件も起き、中国は台湾と共同での南シナ海防衛すら示唆した。軍事大国ベトナムを誕生させてしまった中国こそ、ベトナム戦争の本当の敗者だと指摘する者もいる。

越ソ蜜月と中国

第三に、ベトナムとソ連の急接近である。中ソ間で均衡をとってきたホー・チ・ミンの死去がそのきっかけだったし、米中接近の反動でもあった。国内経済の悪化にもかかわらず、中国や西側諸国の援助が得られず、しかたなくソ連に頼ったという面もあった。一九七五年に中国はベトナムへのコメ供給を止めている。中国経由のソ連の援助もベトナムまで届きにくくなった。

一九七五年の段階では、ベトナムはソ連からの海軍基地設置の要求も、友好協定調印の提案もやんわり断っていた。しかしこの年、ソ連との間に経済援助協定が結ばれ、東欧諸国の経済援助も始まった。一九七八年六月二九日、ベトナムはコメコン（経済相互援助会議）に加盟した。一一月三日にはベトナム＝ソ連友好協力条約が調印された。年末までに六〇〇〇人のソ連軍事顧問がベトナムを訪れ、七五〇〇万ドルの軍事援助が与えられた。一九七九年には技術協力協定が結ばれ、一九八一年、両国合弁の石油開発企業が設立される。

ソ連は、日露戦争でバルチック艦隊が寄港した因縁の地カムラン湾に海軍基地を、ダナンに空軍基地を得た。地球規模での軍事力展開の一環であり、アジアに築いた足場を誇示するという政治目的もあった。北京から見ればそれはベトナムが「アジアのキューバ」となり、ソ連とともに中国を南北から挟撃するという意図の証拠だった。アメリカの影響力後退を横目に、南シナ海からインド洋、ペルシャ湾、紅海に手を伸ばすソ連こそベトナム戦争の真の勝者だとする声すらあった。中国が反ソ統一戦線の形成に力を傾け、南シナ海進出を図ったのもそのためである。

第四に、程度の差こそあれ、中越双方は大国意識をむき出しにしていた。中国は一九七〇年代後半、「われわれの忍耐にも限度がある」とベトナムに向かって繰り返し警告を発した。まるで一九六〇年代のアメリカだった。鄧小平副首相にいたってはしばしばベトナム人を「犬」「ごろつき」などと罵倒し、ベトナム関係の話題が出るとたちまち不機嫌になったという。

植民地支配に挑戦するベトミンが孤立無援だった時、最初に支援の手を差し伸べたのは誰だったか。これまでフランスやアメリカと戦ってこられたのはいったい誰のおかげか。過去二十数年間、苦しい中から二〇〇億ドルを超える軍事・経済援助を与えたのは中国だった。ゲリラ戦争のやり方を教えてやったのも自分たちだ。偉大な友邦に忠誠を誓うどころか、こともあろうに中国と対峙するソ連と手を結ぶなど、ベトナム人の思い上がりと忘恩は目に余る。

ベトナム側にも言い分があった。中国の援助は実際にはたいして役には立たなかった。むしろ中国は、ソ連から北ベトナムへの援助輸送を妨害したではないか。自分たちが抗仏・抗米救国戦争をつうじて苦しみに耐えたからこそ、中国も安全だったのだ。しかも米帝国主義者と結託し、秦王朝以来の膨張主義をあらわにするなど言語道断だ。四つの現代化政策による国防・工業・農業・科学技術の強化こそ、彼らの東南アジア支配の邪悪な意図の表れに間違いない。

一九三〇年設立のインドシナ共産党は、中国式の語順で「ドンズオンコンサンダン（東洋共産党）」を名称としていた。しかし一九七六年にベトナム労働党が共産党に改称した時は、ベトナム式の「ダンコンサンベトナム」が用いられた。漢字をあてれば「党・共産・越南」となる。祖国解放は誰のおかげでもない、長い苦難をへて、自力で達成したものだというわけである。

インドシナの中のベトナム人

中越戦争勃発の直接のきっかけは、ベトナムの隣国カンボジアにあった。俗に、稲を植えるのがベトナム人、稲の育つのを眺めているのがカンボジア人、稲の育つ音を聞いているのがラオス人だという。フランス人がそれぞれの気質の違いを誇張して表現したものだが、そこにはベトナム人のラオス・カンボジア人への蔑視も反映されている。いまでもカンボジアを「高棉（カオミエン）」「高蛮（カオバン）」と呼ぶベトナム人は少なくない。いずれも高地の蛮族の国という意味である。もっともカンボジア人のほうもベトナム人を「ユーン（野蛮人）」と呼んでいる。

一九世紀、グエン朝のベトナムはラオス・カンボジアを属国ないし朝貢国として扱った。ベトナム人官吏が派遣され、官職名も服装も税制も行政単位もベトナム風になった。プノンペンはナムバン（南栄）と改名された。仏教寺院は破壊されて儒教廟となり、僧侶は黄衣をはぎ取られ、仏像は大砲に改鋳された。フランスもラオス・カンボジア統治にベトナム人下級官僚を登用し、ベトナム語を第二の公用語とし、ラオス人・カンボジア人を劣等人種扱いした。

一九三〇年二月に創設されたベトナム共産党は、一〇月にはコミンテルンの指示でインドシナ共産党となった。ベトナム・ラオス・カンボジアがフランスの分割統治を乗り越え、一致協力しなければならないという連帯意識の表明だとされている。だがこの改名は、ベトナム人の過剰な自意識に見事に合致していた。カンボジア人もラオス人も能力は低く、共産主義思想を十分には理解できない。まして単独で共産党を組織する力など持ちあわせていない。ベトナム人こそが、インドシナ全土の革命の盟主とならなければならないというわけである。

一九四〇年代、ホー・チ・ミンはインドシナ統合を試み、ラオス・カンボジア側の反発を受けて挫折したことがある。インドシナ共産党は一九五一年、ベトナム・ラオス・カンボジアの三つの党に分かれたが、どこでもベトナム人が中心だった。初期にはラオス人・カンボジア人の党員などほとんどいなかった。ベトナム人には自分たちは「東南アジアのプロシャ」だとし、インドシナ支配も当然とする空気があった。一九七〇年代半ば、対米戦の勝利でいっそう増幅した彼らの自信が、カンボジアとの紛争を、そして第三次インドシナ戦争を生むのである。

カンボジアの共産主義者

カンボジア共産党（のちのクメール人民革命党）は、第二次世界大戦終結と前後して反仏運動を展開したクメール・イサラ（自由カンボジア）の流れを汲む勢力である。第一次インドシナ戦争ではベトナム労働党と友好関係を保ち、批判者にいわせればベトナム人の指導下にあった。実際に党内にはベトナム出身のカンボジア人も多かった。一九五一年にはラオスのパテト・ラオ、ベトナムのリエン・ベト戦線とともにインドシナ民族統一戦線を形成している。

一九五四年のジュネーブ協定で、ベトナム民主共和国は北緯一七度線以北に領土を確保した。パテト・ラオも、北部のサムヌア、ポンサリ両州に根拠地を得た。しかしカンボジア共産党だけは国内に独自の支配地域を確保できず、組織も壊滅状態に陥ってしまう。千人以上の党幹部が北ベトナムに移動して捲土重来《けんどちょうらい》を期したが、クメール・ルージュと呼ばれる急進派は国内に残った。彼らは一九六一年に党を離れ、東部国境沿いの山岳地帯や北西部の諸州で解放区を組織する。

クメール・ルージュには、ベトナムに裏切られたという憤りが強く残っていた。中国からもたらされた武器を、ベトミンがカンボジアまで送らず自分たちで使ってしまったこともあったという。しかも彼らがシハヌークの打倒をめざした時、ハノイは協力しなかった。シハヌークが南ベトナムで戦う民族解放戦線に補給路と聖域を提供してくれていたからである。一九六八年のテト攻勢後に北ベトナム軍がカンボジア領内に入り込んだことも、ハノイ政権が右派のロン・ノル将軍との停戦を働きかけたことも、一九七三年のパリ協定締結以降アメリカがカンボジアを本格的に爆撃するようになったことも、彼らの反ベトナム感情をますます強めさせた。

ポル・ポトらクメール・ルージュの指導者は、フランス留学中に共産主義の洗礼を受けた人々である。「赤いクメール人」を意味する彼らの通称も、国費で渡仏しながら赤く染まった彼らに、シハヌークが浴びせた蔑称だった。しかし一九七〇年に失脚したシハヌークは、過去の行きがかりを捨てて彼らと手を握る。反米、反ロン・ノルを唱える中国や北ベトナムもこれを支援した。激しい内戦の末、一九七五年四月一七日にクメール・ルージュはプノンペンを制圧、翌年には民主カンボジア（カンプチア）政権を樹立する。彼らはアンコールワットの遺跡で知られるアンコール朝（九～一五世紀）の栄光の復活を唱えた。党内のベトナム人を追放し、反ベトナムの旗幟《き し》を鮮明にし、中国に接近した。ベトナムと係争中の島々も占領した。その過程で、米商船の拿捕《だ ほ》と米軍の介入（マヤゲス号事件）が発生したこともある。カンボジア・ベトナム両国はたがいの革命成功に祝電をやりとりしながら、国境を越えて攻撃しあっていたのである。

クメール・ルージュは国内のベトナム人や親ベトナムのカンボジア人を迫害した。彼らは教会や学校に避難したが、収容所送りとなった者、虐殺されメコン川に投げ込まれた者も多い。プノンペン放送は、カンボジア人一人がベトナム人三〇人を殺せばよいと「民族浄化」を呼びかけた。

一九七七年一二月三一日、カンボジアは一方的にベトナムと断交、ベトナムの面目は丸つぶれとなった。ベトナムが対米戦争の勝利で自意識を肥大させていたように、カンボジアも自信にあふれていた。サイゴン陥落のわずか一三日前とはいえ、ベトナムより先に勝利を達成したからだった。ベトナムの風下に置かれ続けてきた負の歴史を逆転する時が、いよいよやってきた。

竜虎ついに激突

ポル・ポトは極端な共産主義体制をとり、全土をいわば労働キャンプ化して経済建て直しを図った。外国の援助も、熟練労働者も、技術もなしの「ゼロ年」からの出発だった。プノンペン陥落と同時に、二〇〇万人の市民は農村地帯に、それも徒歩で退去するよう命じられた。病人や老人など、市民は次々と路傍に倒れ、死体は放置された。

彼ら「新人民」は農地の開墾や水利施設、堤防、運河などの建設に駆り出され、飢餓や病気などでさらに多くが倒れた。都市住民が「資本主義の残りかす」と忌み嫌われただけでなく、都市じたいが破壊され、文明が否定された。貨幣の存在は許されず、市場も消滅し、私有財産は禁じられた。学校は廃止され、若者には教条的な共産主義だけがたたき込まれた。家族のつながりは邪悪なものとされ、共同生活で事実上洗脳された子供たちは親を敵視し、また監視した。

あまりに苛酷な統治にカンボジア軍の一部が反乱を起こすが失敗、ベトナムに亡命する。その中の一人が、クメール・ルージュ元幹部で、東部国境地帯の司令官として敗戦の責めを負わされそうになったヘン・サムリンだった。一九七八年一二月二日、そのヘン・サムリンを議長として、カンボジア救国民族統一戦線が結成された。

二五日、ベトナム人虐殺を理由にベトナム軍一〇万人がカンボジアに侵攻、翌年一月七日にはプノンペンを占領した。一一日、カンボジア人民共和国（ヘン・サムリン政権）が成立した。二月、平和友好協力条約によって、ベトナム軍駐留が合法化された。ベトナムは一九七七年二月の友好協力条約でラオスとも「特別な関係」を構築し、兵力駐留権を得ている。

ポル・ポトは、ベトナムがソ連の後押しを受け、伝統的な小中華意識もあらわに、力ずくでインドシナ制覇をめざして動き出したと非難した。アメリカ、中国、日本などはポル・ポト政権に援助を与え、ベトナムに経済制裁を加えた。ベトナムが支援するヘン・サムリン政権は国連に議席を占めることもできなかった。民族解放の旗手として世界の称賛を浴びていたベトナムには、国際的な孤立など思いもよらなかった。彼らは東南アジア諸国連合による撤退要求にも、カンボジア政府との合意にもとづく合法的な駐留だと強弁した。まるでベトナム戦争時のアメリカである。

いっぽうポル・ポト政権の統治は、一〇〇万人とも三〇〇万人ともいわれる犠牲者を生み出していた。「階級的復讐」の名のもとに、教師、医者、官僚、軍人など、比較的身分や教育、財産のある人々が狙われた。度の強い眼鏡をかけていただけで知識人とみなされ、処刑される。僧侶は僧衣をはぎとられ、寺院は豚小屋になる。カトリック教会は爆破される。ベトナム系はむろん、それ以外の少数民族も攻撃目標となる。だが世界はこうした事実に目をつぶった。一九八二年のことだが、シハヌーク、ソン・サン、ポル・ポト三派が、ヘン・サムリン=ベトナム憎しで結びつき、民主カンボジア連合政府を形成した時、国連はその加盟を認めたのである。

しかも一九七九年二月一七日、カンボジアを侵したベトナムに「懲罰」と「制裁」を加えるべく、中国軍が来襲した（中越戦争）。史上一七回目の南方への出撃になるという。だが今回は「自衛反撃」の限定的作戦を建前とし、国境から五〇キロ程度しか進まなかった。三月二日、中国軍は要衝ランソンを占領すると勝利宣言を発し、一八日までには全部隊が帰国するという早業を演じた。

ヘン・サムリン
読売新聞社

実際にはベトナムに懲罰を与えるどころか、中国軍はろくに相手を叩かないうちに引き揚げなければならなかった。歩兵を主力とする侵攻部隊は機動性に欠け、訓練も不十分だった。食糧も不足し、補給は馬頼みだった。装備はベトナム軍より二〇年遅れているといわれた。戦後も国境地帯に三〇万人もの兵力を張りつけなければならず、中国経済には大きな負担だった。それでもベトナムに心理的威圧を及ぼしたことで、懐勘定は合ったともいう。

ようやく和平到来

ベトナムは中越戦争の「輝かしい勝利」に胸を張った。しかし北部国境沿い、つまりアメリカが中国を刺激すまいと最後まで爆撃を躊躇した地域が、その中国の手で破壊された。最高時で二〇万人を超えるカンボジア駐留軍に加え、大部隊を北方に配備しなければならないことが戦後復興をいっそう困難にし、ドイモイ政策の開始と、対中和解、カンボジア撤退への道を用意したのである。

ソ連のミハイル・ゴルバチョフ書記長の登場もカンボジア和平への序曲となった。新思考外交の柱の一つ、対中関係改善のためには、カンボジア問題の解決が必要だったからである。ソ連や東欧諸国からヘン・サムリン政権への援助は中止された。ソ連はモンゴルやアフガニスタンからの撤退と並んで、東南アジアからも手を引き始めた。ベトナムの軍事的価値も減少したため、一九九〇年にはカムラン湾から撤収した。一九八九年にゴルバチョフが訪中、中ソ和解が実現した。一九九〇年にはソ連と韓国との国交も樹立された。

ソ越関係も従来の「兄弟国」的な色彩は薄まっていった。ソ連はベトナムに、カンボジア問題解決や対中関係改善を働きかけた。中国はヘン・サムリン派を含む四派連合政権樹立を認め、ベトナム軍は一九八九年九月二六日までにカンボジアから撤退した。ベトナム軍の戦病死者は五万五千人、戦傷者は一六万五千人である。

社会主義を堅持したままの経済改革という同じ路線をとる中越双方にとって、たがいが貴重な同胞であることが重要になった。一九九一年一一月五日、国境問題などを棚上げにして中越関係が正常化した。双方が経済優先の立場から、過去の恩讐を捨てたのである。それ以前にも、当局の黙認のもと、密貿易が行われていた。中国製品の流入はベトナムのインフレを緩和し、華人資本はドイモイに貢献した。もっともベトナムと台湾との経済交流の拡大が中国を刺激したこともある。一九九九年末には陸上の国境が、翌年末にはトンキン湾上の国境線が画定され、中越両国は「新世紀の全面的な協力」を誓いあいながら二〇世紀の終幕を迎えた。

フランスやタイ、オーストラリア、そして日本などが仲介役となり、パリ、ジャカルタ、東京などを舞台にカンボジア和平も模索された。一九九〇年九月には四派が合体して最高国民評議会(SNC)が創設された。一九九一年一〇月二三日、カンボジア和平パリ協定が調印された。一九九二年三月、国連カンボジア暫定統治機構(UNTAC)が設立され、武装解除と並んで国内の治安維持、人権侵害の阻止、行政の代行などにあたった。総選挙をへて一九九三年九月にカンボジア王国が誕生、シハヌークが国王となった。インドシナ半島が、タイのチャチャイ・チュンハワン首相のいう「黄金の半島」となる日に向けて、日本も不幸な犠牲者を出しながら、復興や選挙監視などに貢献している。

第4章 破綻する国家建設戦略

Chapter 4

アメリカには一貫して、ベトナム人の「ハーツ・アンド・マインズ（心と精神）」を勝ちとることが戦局の帰趨を決めるのだという信念があった。一九五四年の敗北は、この重要な事実を看過し、彼らに独立を与えることを拒み続けたフランスの愚かさがもたらしたものだった。ジュネーブ会議以降アメリカは自由ベトナム、つまり南ベトナムから植民地主義の残滓を払拭し、フランスの影響力を排除し、アメリカ流の民主主義国家をこの地に建設する冒険に乗り出す。

強固な独裁体制を構築した北ベトナムと対照的に、南ベトナムの政治はつねに不安定だった。一九五四年のゴ・ジン・ジェム政権樹立から一九七五年のグエン・バン・チュー政権崩壊にいたるまで、アメリカは手を替え品を替え南ベトナム政治の民主化と効率化、経済の自立化と繁栄、軍の強化などを要求し続けた。しばしば権力者の交代さえ促した。だがそのすべては無駄だった。政府軍はベトコンや北ベトナム軍の挑戦の前になすすべもなく、彼らが自力で国土防衛の任を果たせる日はついに来なかった。

アメリカは、反共意識に燃えるベトナム人が、ベトコンやその背後で彼らを支える北ベトナムと戦うのを支援しているつもりだった。しかしアメリカにとって本当の、しかも最大の敵は、サイゴン政権のアメリカに対する強腰と、彼らがみずからの内に抱える弱さだった。なるほど戦後いわれたように、アメリカは北ベトナムにもベトコンにも一度も負けなかったかもしれない。だがたとえそうでも、南ベトナムとの政治的な戦いにだけは、とうとう勝てなかったのである。

I　インドシナの政治戦争

プレイボーイ皇帝を擁立

第二次世界大戦後、インドシナの再植民地化を図るフランスの前には、ベトナム民主共和国とその母体であるベトミンが立ちはだかった。そこでフランスはまずコーチシナを確保する策に出た。ベトミンの勢力はトンキンに比べて南部では弱かったし、過去のフランスの投資の三分の二は、コーチシナの水田やゴム農園などに向けられていたからである。コーチシナ自治共和国臨時政府の樹立は一九四六年六月一日。親仏政治家の代表格グエン・バン・ティン首相をはじめ、閣僚九人のうち七人がフランス国籍の持ち主だった。

この時、三月以来何度か繰り返された独立交渉をまとめるため、ホー・チ・ミンら民主共和国代表団はフランスに向かう機中にあった。ホーたちはいわば虚仮《こけ》にされたわけである。しかもフランスは、北部の貿易港ハイフォンに税関事務所を設置、関税収入を独占した。民主共和国の財政に圧迫を加え、その基盤を根底から揺るがし、あわよくば全土を入手しようとしたのである。

フランスは民主共和国の主権など歯牙にもかけていなかった。仏政府代表としてホーの交渉相手をつとめた銀行家ジャン・サントニーは、フランス人とベトナム人の間には同じ言葉すら存在しないと述べている。一方が植民地支配の回復とコーチシナの切り離しを、他方が全土一体の独立を求める以上、結局は力と力のぶつかり合いで解決するしかなかった。

フランスは一九四八年六月五日にベトナム臨時中央政府を樹立した。翌年六月一四日にはベトナム国政府を成立させ、ラオス・カンボジアとともにインドシナ連合を構成させた。国家元首となったバオ・ダイは植民地時代も存続したグエン朝の最後の皇帝で、フランス人よりフランス的といわれた人物だった。地中海沿岸のカンヌで「ナイトクラブの皇帝」「カジノの皇帝」と呼ばれ、ベトナムに戻る気配もなかった。ベトナム語すらままならなかったのである。

もっとも帰国したところで、彼の仕事といえば勲章の授与くらいだった。外交・財政・司法・警察・軍事など、すべてはフランスが握っていた。一九四九年三月八日に調印されたエリゼ協定（ベトナムの独立を約束）は、仏議会で一年近くも棚ざらしだった。協定が発効して内政権限が委譲されても、ベトナム国政府は一九五一年まで独自の軍隊も持てなかった。反共国家タイですらバオ・ダイ政権承認は一九五〇年一月と遅れた。

ラオスとカンボジアも独立

ラオスでもカンボジアでも自力での新国家建設という欲求がみなぎっていた。ラオスでは一九四五年一〇月、いずれも王族の一員であるスバンナ・プーマ、スファヌボン、ペサラートらラオ・イサラ（自由ラオス）の代表がビエンチャンに自由ラオス臨時政府を形成した。カンボジアではクメール・イサラ（自由カンボジア）が一九四六年九月に自由カンボジア政府を樹立した。その指導者ソン・ゴク・タンはかつて日本に亡命したこともあり、シハヌークが日本の後押しでつくった傀儡政権の首相でもあった。だがホー・チ・ミンのベトナム民主共和国と同様、日本降伏後に生じた政治的・軍事的真空を利用して、本物の独立を得ようとしたのである。

しかし仏軍の圧倒的な力の前に、ラオスの臨時政府はバンコクに亡命、カンボジアの独立運動指導者たちも軒並み逮捕されてしまう。しかもフランスは再植民地化の隠れ蓑として、一九四五年に日本がインドシナ占領のために擁立した指導者を臆面もなく利用した。一九四六年八月にはシー・サバン・ボンのラオス政府に、一九四九年一一月にはバオ・ダイと同様「プレイボーイ」の異名をとったシハヌークのカンボジア政府に、フランス連合内の自治権を与えた。

しかしフランス製の、形ばかりの独立はかえって傀儡政府への反抗心を呼び覚ました。完全独立を求めるスファヌボンやペサラートらの指導下、ラオ・イサラはネオ・ラオ・イサラ（自由ラオス戦線）に姿を変え、ついでネオ・ラオ・ハク・サート（ラオス愛国戦線、通称パテト・ラオ）となった。彼らは北部を根拠地とし、ベトミンの支援を受けながら活動を続けた。これに対してプーマは、ベトナム人の関与を嫌い、フランス連合内でまず国家建設を進めるべきだと考えた。

王制維持やタイからの領土回復を最優先するシハヌークは、カンボジアの「五〇%の独立」に満足していた。しかしソン・ゴク・タンと同じくクメール・イサラに属しながら、より反シハヌーク色の強いソン・ゴク・ミンは分派を率い、反仏武装闘争を展開した。彼はベトミンの支援を受け、一九四九年六月にカンボジア臨時抗戦政府を樹立している。かつてのベトナムと同様、ラオス・カンボジアの民族主義も穏健派と急進派に分裂していった。

遅すぎた譲歩

フランスがせっかく担ぎ出したバオ・ダイの政府は、ベトナム人の反共主義者ですら支持を躊躇する代物《しろもの》だった。アメリカはバオ・ダイに、議会の創設、土地や税制の改革、腐敗追放などを実施させ、民衆の支持を集めさせようと算段した。しかしバオ・ダイにはその気などなかったし、そもそも農村を中心に、国土の多くが政府の支配下にはなかった。ある仏官吏は、バオ・ダイの改革など「書類の中にしか存在しない」と嘲笑した。バオ・ダイ政府を、実体のはっきりしない「黄昏《たそがれ》の政府」と呼ぶ者もいた。

焦るアメリカは、戦勝後のインドシナ完全独立をフランスに約束させようとしたが、馬耳東風だった。植民地、つまり国内問題にアメリカの干渉を受け入れるつもりも、血を流したあげく植民地を手放すつもりも、フランスにはなかった。だから一九五三年一〇月、ベトナム国民議会が独立達成とフランス連合脱退を決議した時、仏国内では休戦・撤退論が急速に高まった。

一九五三年五月、フランスは戦費調達のため、ベトナムの通貨ピアストルの為替レートを変更している。しかもベトナム国政府になんの相談もなく、したがって国家元首バオ・ダイの面子への配慮もないままに、である。その二ヶ月後、フランスはインドシナ三国への独立付与を約束した。だがそれは、援助欲しさにアメリカの顔も少しは立てようとしたにすぎない。フランスは、ラオスには一九五三年一〇月二二日、カンボジアには一一月九日（外交権委譲、つまり完全独立は一九五四年三月一〇日）に独立を認めた。しかし最も重要なベトナムだけは譲ろうとしなかった。

アメリカ側の考え方にも問題があった。一九五四年以降、南ベトナムへの直接介入政策を始動させた立役者の一人、ジョン・フォスター・ダレス国務長官はこう述べている。インドシナの民衆には「独立にともなう重荷や責任を引き受けるだけの能力」が備わっていない。時期尚早な独立は、共産主義という「飢えたライオンの檻の中に赤ん坊を入れるようなもの」だ、と。これではフランスを動かせるはずはなかった。

ベトナム独立条約の調印はジュネーブ会議さなかの一九五四年六月四日である。フランスはインドシナ三国をこの会議に参加させ、いわば一人前の国家扱いすることにさえ消極的だったのである。じらされたあげくの独立は、ついに勝利に貢献することはなかった。しかしそれは次の戦いのための跳躍台となった。アメリカはこれ以降、今度こそ植民地主義とは無縁だと胸を張れるようになったからである。

自由ベトナム期待の星

ジュネーブ協定成立直前の一九五四年七月七日、バオ・ダイはアメリカの意を受けて、反共政治家ゴ・ジン・ジェムを新首相に任命した。彼はフエの旧家出身のカトリック教徒である。一九三三年に三二歳で内相となったが、バオ・ダイの傀儡ぶりに愛想を尽かして辞任した。一九四五年にはホー・チ・ミンの協力要請を蹴り、一九四九年にはバオ・ダイのもとで首相となることを拒んだ。その後、欧州やアメリカなどで、ベトナム独立と、彼自身への支持集めに奔走していた。

米国内では米越友好協会（AFV）などジェム（ベトナム）・ロビーと呼ばれる人々が彼を支援した。独立付与をしぶるフランスを批判するウォルター・ジャッド下院議員、のちに駐日大使となるマイク・マンスフィールド上院議員、ジョン・ケネディ上院議員、ケネディとジェムを引き合わせたウィリアム・ダグラス最高裁判事、のちにケネディの補佐官となる歴史学者アーサー・シュレジンガー、カトリック教会の大立者フランシス・スペルマン枢機卿、戦略活動局の初代長官ウィリアム・ドノバン、一九五五年にミシガン州立大学の南ベトナム再建調査団を率いる政治学者ウェズリー・フィッシェルらである。

ラオス中立化をめざすジュネーブ会議（一九六一〜六二年）や、一九六八年に始まったベトナム和平をめぐるパリ会談で米首席代表をつとめたアベレル・ハリマンは、ジェム擁立こそベトナム戦争を生んだ「根本的決定」だったという。だがドワイト・アイゼンハワー大統領にいわせれば、南ベトナムは「独裁か自由かの実験場」だった。ベトミンはフィリピンのフクバラハップ(抗日人民軍)と同じ無法な叛徒集団であり、アメリカは連中を鎮圧したのと同じことを繰り返せばよいと考えられた。その道具がジェムだったのである。

フランスが反仏の立場に立つジェムの登用を認めたのは、アメリカの援助をいっそう引き出すためか、遅かれ早かれジェムは失敗すると見たためだといわれる。実際に初期の南ベトナムは、ジェムの目からしても「ジャンヌ・ダルク時代のフランスのよう」——百年戦争による英軍の侵入、黒死病の流行、頻発する農民一揆などで荒廃した一五世紀初めのフランスと同じに見えた。多くは親仏的なベトナム人政治家たちは、新首相が「アメリカのポケットの中の存在」だと揶揄し、「マイ(ミ)・ジェム(My Diem)」と彼を呼んだ。英語の「私の」と、日本でいう米国にあたる「美」国をかけ、ジェムがアメリカ人の所有物だと揶揄した表現である。

早くも秋口にはグエン・バン・ヒン参謀総長がクーデターを画策した。ヒンは親仏派の代表格であるグエン・バン・タム元首相の息子で、フランス国籍を持ち、フランス人女性を妻とする人物だった。しかしサイゴンに駐在するドナルド・ヒース米大使は、クーデターを行えばアメリカは援助を停止するとヒンを脅した。CIAのエドワード・ランズデール大佐はヒンの二人の側近をフィリピン視察に追い出し、また、私兵を擁し南部に強力な基盤を持つ宗教教団カオ・ダイの指導者を買収した。ダレス国務長官はピエール・マンデス＝フランス仏首相にジェム支持を訴えた。思わぬ包囲網に直面したヒンはフランスに出国、新生南ベトナム最初の危機はなんとか収拾された。

新国家の船出

一〇月、アイゼンハワー大統領はアメリカの支持を約束する書簡をジェムに送った。しかしベトナムの将来に全責任を負わされるのもうまくなかった。たとえばアメリカは、共産主義の圧制を世界に宣伝するためもあって、ホー・チ・ミンを嫌う人々の北からの脱出行を支援した（エクソダス作戦）。しかし南ベトナムには、八〇万人を超える難民の受け入れという大問題がもたらされたのである。ベトナム国内の民主化、土地や税制の改革、戦争で疲弊した国土の再建など、積み残された課題は山とあった。

一一月、第二次世界大戦で「稲妻ジョー」の異名をとり、朝鮮戦争時には陸軍参謀総長をつとめたロートン・コリンズ将軍が大統領特使としてサイゴンを訪れた。彼は表向きジェムへの支援を表明したものの、アイゼンハワーに向かってひそかに、ベトナムから手を引くよう進言した。ある米外交官は、「しまつの悪いチビ」とジェムを呼んだ。ヒース大使も「リリーフ・ピッチャーを探し出して、ブルペンでからだを暖めさせなければならない」と感じていた。ジェム擁立によって南ベトナムへの直接介入政策を開始したアメリカは、まだ躊躇と逡巡の中にあった。

一九五五年春、二度目の危機がジェムを襲う。今度の主役は、麻薬取引、密貿易、賭博、売春などで荒稼ぎするギャング集団ビン・スエンである。ジェムはビン・スエンの資金源を断とうとチョロン地区のカジノを閉鎖し、陸軍空挺部隊に彼らの本拠地、サイゴン警察本部を急襲させた。ビン・スエンは地中海沿岸で遊興費捻出に悩むバオ・ダイから、こともあろうにサイゴンの警察権を買い取っていたのである。

ビン・スエンは土着宗教のカオ・ダイ、ホア・ハオ教団と手を握り、首相官邸を包囲した。アメリカはジェム更迭もやむなしと判断した。しかしランズデールの支援を受けたジェムは四月末、一気に叛徒を鎮圧した。ワシントンは変わり身の速さを見せ、ジェム支持を力強く声明する。だから南ベトナムとはすなわち「ランズデールの作品」なのだと、ベトナム戦争取材で知られるUPI通信の記者ニール・シーハンはいったことがある。アメリカはいよいよケネディ（当時上院議員）のいう、南ベトナムの「ゴッドファーザー（名づけ親ないし後見人の意）」となっていく。

一九五五年一〇月二四日の国民投票で、バオ・ダイ一・一％に対しジェムは九八・二％の支持を得た。この時サイゴンでは四五万人の有権者が六〇万票以上を投じている。ジェムの弟ニューの必死の工作や、投票率が即座に自分の成績につながる官吏たちの奮闘のなせるわざだった。

ホー・チ・ミンも一九四六年、人口一二万人たらずのハノイの有権者から一七万票近くを得たことがある。一九六〇年代には、棄権も労働党への反対票も許さない仕組みができあがっていた。投票済みと押印された投票用紙が、食糧の配給に使われたからである。カンボジアでも、反シハヌーク勢力の候補者は投票日直前に逮捕され、集会は解散させられ、運動員が殺害された。しかもシハヌークへの賛成票はそのまま投票箱へ、反対票は別の場所に用紙を捨てる仕組みだった。

一〇月二六日にベトナム共和国が誕生、ジェムが初代大統領に就任した。第二次世界大戦以降、日本、ベトナム民主共和国、フランス、アメリカに次々と担がれてきた元皇帝は、かつての臣下ジェムの手で政治生命を断たれ、フランスに亡命する。バオ・ダイの放逐は伝統的なベトナム人支配層のジェム離れを招いたともいわれる。しかし南ベトナムの再編強化には、この国をはっきりと親米国家に生まれ変わらせる必要があったのである。

奇跡の演出者

朝鮮特需が終わりゴムやコメなどの価格が低落した一九五〇年代後半、東南アジアは経済的困難に直面した。ところが南ベトナム経済だけは、日本や西独と並び称される「奇跡」を演じた。植民地フィリピンに独立を与えて民主主義を育《はぐく》み、ファシズム国家だったドイツ（西独）や日本を民主国家として再生させてきた輝かしいアメリカの歴史に、新たな一ページが加わったように思えた。一九五七年、訪米したジェムは各地で、国家再建に成功した「アジアの英雄」ともてはやされた。

ダレス国務長官が、それまでフランスを経由していた援助を、ドルで直接ベトナム人に与える方針を示したのは一九五四年初めのこと。援助の使い道を徹底管理し、反共国家再建の足場を築く。経済開発によって革命の温床を完全に除去する。しかもこの国がもはやフランスの庇護下にはないことを内外に示す。直接援助にはこうした目的があった。フランスからの経済的自立を求めるジェムも、フランにかわるドルの流入を強く求めた。

フランスは抵抗した。第二次世界大戦で植民地との経済関係がいったん断たれた後、フラン圏再確立に必死だったからである。彼らは、ドルを与えればベトナム人に汚職と腐敗の燃料を供給するだけだと主張した。もっとも、なぜフランならそうはならないかという説明は何もなかった。

米仏間の交渉をへて、一九五五年一月一日を期してアメリカの直接援助が始まることになった。一九六〇年までにアメリカの援助総額は二九億ドルを超えた。うち軍事援助は一七億ドルあまりである。もっとも、一九五八年でも南ベトナムの輸出の五五％、輸入の二六％はフランスやその属領が相手だった。南ベトナム経済のフラン圏からドル圏への移行は、口でいうほど簡単ではなかったし、まただからこそアメリカは援助開始を急いだのである。米越友好協会の面々も、米国内から南ベトナムへの民間投資をしきりに働きかけていた。

南ベトナムの経済再建がすべて成功したわけではない。コメ輸出に力点を置きすぎて、一九五四〜六〇年で国内の米価は三倍強になった。しかも生産も低迷、一九六〇年には輸入国に転じた。割高なゴムは国際競争力を失い、フランスでさえマラヤからゴムを輸入し始めた。工業化の失敗、輸出の停滞、失業の増加、財政赤字の増大など、南ベトナム経済に暗い影が忍び寄ってきた。アメリカの援助がそれを覆い隠していたが、その間にも対米依存度は確実に高まっていった。

毎年、南ベトナム国家予算の七〇〜九〇%はアメリカがまかない、その大部分はアメリカからの商品輸入に使われた。南ベトナム政府はそれを国内で売却し、軍事支出、とくに軍人の給与を捻出した。結局、援助は八割がた治安維持に費やされ、経済の自立にも発展にもつながらなかった。それどころかセメント、自動車、機械類、電気製品、繊維製品など、国内産品と競合する商品が多数流入し、ベトナムの産業が破壊された。農作物や家畜、家禽もアメリカからもたらされた改良品種に変わり、飼料も肥料も輸入され続けた。

国土再建に必要な分野、たとえば農業振興には、援助全体の一%程度しか向けられなかった。農村には電気も水道もなく、新生児の死亡率も高かった。道路建設もしばしば人々の生活のためではなく、軍事上の必要を優先して行われた。アメリカの援助は、南ベトナムの基礎体力を日ごとに奪っていったのである。

ラオスでも同じことが起きていた。国民の半数が物々交換で暮らしている国に、湯水のごとくドルが注ぎ込まれる。送電線も通わない場所に発電機が据えられ、建物もないのに印刷機が置かれる。政府も軍も丸抱えでアメリカに養われる。財政赤字など誰も気にしない。しかも腐敗と汚職、インフレが生じる。輸入された物資の半分以上がどこかへ消え去ってしまう有様だった。

2　ジェモクラシーを超えて

東南アジアのチャーチル

リチャード・ニクソン副大統領は一九六〇年、アメリカが南ベトナムに「自由の強力な砦」を築いたと誇らしげに述べた。しかしそれはアメリカの関与の大幅な増大を意味していた。一九五九年には、テロリストの爆弾で米軍事顧問に初めて死者が出ている。一九六一年に大統領に就任したケネディは、アメリカが東南アジアであまりに言質《げんち》を与えすぎていると側近にこぼしていた。しかし彼は、アイゼンハワーの政策を逆転させるのではなく、むしろ発展させる道を選んだ。

ケネディは一九六一年五月、リンドン・ジョンソン副大統領をサイゴンに送った。ジョンソンは南ベトナム政府首脳らを前にして、ジェムをアンドリュー・ジャクソン、ウッドロウ・ウィルソン、フランクリン・ローズベルトといったアメリカの名大統領になぞらえた。同席したフレデリック・ノルティング米大使は、いったい彼らのどこにジェムとの共通点があるのかと訝《いぶか》しんだという。だがジョンソンは東南アジアのウィンストン・チャーチルだとまでジェムを持ち上げた。この独裁者を気分よく働かせることが至上命令だったからである。

こちらのチャーチルの統治は本家とは異なり、民主主義とは似ても似つかなかった。その独裁政治はデモクラシーをもじって「ジェモクラシー」と呼ばれた。ジェムは道路脇の植栽の間隔、外国への奨学生の選抜、査証発給の是非などまで直接決裁した。議会も選挙も有名無実化した。もともと村会が民主的に運営していた農村には、ジェムが任命した村長が君臨、全土に無数のミニ独裁を生み出した。

ジェムの村落支配の先鋒となったのは、多くがカトリック教徒や北からの難民である。彼らは人口の一割程度にすぎなかったが、反共国家の中核だった。肥沃な農地や商業・貿易上の特権を与えられ、援助物資も優先的に供給され、強制労働も免除された。彼らは、地縁や血縁を大事にする南部人、その大部分を占める仏教徒からは「北部難民」「五四年難民」と蔑まれた。

ジェムの統治哲学は人位主義と呼ばれた。国民は自分を国父として敬い、唯々諾々と指導に従えばよい。統治者が国民の支持を求めるなど本末転倒、まるで馬の前に荷車をつないで走らせるようなものだ。ジェムが独身であるため事実上のファーストレディとなった義妹のニュー夫人も、窓を開ければ「太陽の光ばかりでなく、他にもたくさん悪いものが飛び込んでくる」と、民主的な改革に抵抗した。

本当に必要な改革は放置された。たとえば、人口の八五％を農民が占め、植民地時代の名残りで人口の二％が国土の四五％を所有しているような国では、土地改革こそ重要だったはずである。共産側が多くの農民を惹きつけた手段もそれだった。ジェムも重い腰を上げるが、一〇〇万ヘクタールの目標に対し、分配された土地は二年たっても四万ヘクタールに満たなかった。

戦乱の中で地主が捨てた土地を自発的に耕す農民や、ベトミンから土地を与えられていた農民は、再び土地を失った。ろくに調査もなく一方的に土地を没収されることもあった。小作料の上限が決められたのはよかったが、それまで小作料など払っていなかった農民には負担増を意味した。しかも過去の不払い分は不問とされたから、地主の側にも不満が残った。料率が下げられても額面だけのことで、実際にはその二倍もの金をとられる小作人もいた。

地縁と血縁に依存

南ベトナムで成功するためには「三つのD」が必要だといわれた。その第一は「ジェム」、彼の一族であること。第二は「ダオ（宗教）」、カトリック教徒であること。第三は「ディアフウン（地方）」、ジェムと同じ中部出身者であることだった。長く国外暮らしだったジェムはみずからの基盤の弱さを熟知しており、露骨な一族支配に頼った。兄のカンはアンナンの「暴君」と呼ばれ、コメ流通を握り莫大な利益を得る。弟のフエ大司教トゥックはカトリック教会を牛耳り、もう一人の弟ルエンは大使としてロンドンに赴任する。

末弟ニューは与党カンラオ（人位勤労革命党）、秘密警察、ヒトラー・ユーゲントもどきの共和国青年団を率い、資金集めと反政府勢力摘発に余念がなかった。ジェムの右腕であり、同時にアメリカの最大の頭痛の種だった。ベトナム人の敵は共産主義者、フランス、アメリカだと公言し、権力保持のためにハノイやベトコンとの秘密取引も辞さなかった。ジェムの命令を無視して政府軍に別の指令を下すこともあった。反ジェム派の首魁ズオン・バン・ミン将軍は、ジェムなどニューの操り人形だと述べた。ニュー夫人の父、チャン・バン・チュオンは蔵相（のち駐米大使）、その弟チャン・バン・ドは外相、夫人（ニューの義母）は国連オブザーバーである。

なかでもニューの夫人は、人々の嘲笑と憤怒の的だった。女帝も同然に振るまい、女性の総動員につとめ、シェークスピアの戯曲に登場する「マクベス夫人」や、「ベトナムの宋美齢」（女傑として知られる蔣介石夫人）などと呼ばれた。道徳法、宗教法、集会法などを制定、ダンスもボクシングも闘鶏も避妊も精霊信仰も離婚もすべて禁止し、葬式や結婚式まで許可制とする。「踊りたいアメリカ人は香港に行けばよい」といいはなつ。人々は既婚者である彼女を結婚前の名（チャン・レ・スアン）で呼んだ。ベトナムの慣習では、貞節と無縁であることを意味する。

たとえジェム自身は高潔な人格者でも、一族や部下は腐敗と汚職に染まっていた。官邸からめったに外に出ないジェムは、修道僧も同然だとも、神父のほうがましだとも、宇宙人のようだともいわれた。彼の政府は、最後まで民主主義とも効率的統治とも無縁なまま、ベトコンと北ベトナムの挑戦を受けたのである。

投手はたった一人

一九六二年三月二二日、マラヤでの反英ゲリラ鎮圧の経験を南ベトナムに移植する計画が始まった。戦略村の建設（サンライズ作戦）である。鉄条網や堀や地雷で囲んだ戦略村に農民を移住させる。身分証明書を持たせ、夜間外出を禁止する。周辺の道路や水路を監視し、村内の食糧も厳重に管理する。医療、教育、農業技術指導などによって、住民の政府への忠誠心を養う。すべては中国の毛沢東のいう魚（ゲリラ）を、水（民衆）から追い出すためである。

戦略村の前身はアグロビル（農業都市、総合農村、繁栄区などと訳される）と呼ばれる人工的集落である。政治・社会・経済戦争の基本単位として機能するはずが、農民の気持ちなどお構いなしに進められたために結局は民族解放戦線の基盤づくりに役立っただけだった。戦略村もまた、実情に合わない方法がすべてを台無しにした。地方官吏は成績を上げようと力ずくで農民を駆り立てるか、でっち上げの報告を中央に送った。多くの場合農民は、十分な予告も同意も補償もなく、ときに銃剣を突きつけられて父祖伝来の土地や祖先の墓を奪われた。移住を拒む長老が見せしめに殺されることさえあった。

　新しい居住地は対ゲリラ作戦の必要上から選定され、水利の便も耕地の善し悪しも無視された。食糧は一日分ずつしか配給されず、しばしば官吏や政府軍将兵の懐におさまった。住民にベトコンが紛れ込んでいる可能性もあり、十分な武器は与えられなかった。村長は身の安全のため、村内にベトコンがいても報告しなかった。住民は労役や軍事訓練などに絶え間なく動員された。最も戦力になる成人男子は次々と逃亡、多くはベトコンに身を投じた。

　ベトナムでは古来、「皇帝の権威も村の垣根まで」といわれる。ジェムは、フエ朝廷もフランスも手をつけなかった農村の自治を奪い、統制しようとした村落を破壊し、熨斗《のし》をつけてベトコンに進上したも同然だった。サンライズ、つまり日の出作戦は、実際には落日作戦だったと皮肉られた。戦略村建設が進めば進むほど、ベトコンは農民の英雄になった。

　アメリカは戦略村建設と並んで、反政府政党への弾圧中止、権力集中の是正、新聞・映画・テレビ・ラジオを利用した国民との対話、青年層の教育、報道の検閲緩和などをジェムに要求した。戦費調達のため、税制改革による歳入増や通貨切り下げといった自助努力が必要だとも訴えた。しかしジェムの態度は、面従腹背までがせいぜいだった。苛立つアメリカは、米行政官を南ベトナム政府に送り込み、政府運営の範を示すと同時にベトナム人の人材を育成しようとした。しかしジェムは、ベトナムは保護国になどなりたくない、いまでもアメリカ人が多すぎて植民地のようだと不満を爆発させた。

統治の効率向上や国民の支持獲得の努力など、ジェムの約束はいつも空手形だった。ベトナム介入に反対し続けたジョージ・ボール国務次官にいわせれば、アメリカは「操り人形の操り人形」も同然だった。こうしてノルティング大使のいう「ベトナムの牛車にフォードのエンジンをとりつける」実験は破綻する。その大きな理由は、ジョンソン副大統領がサイゴン訪問後、親しい記者に漏らしたように「あそこにはあいつしかいない」からだった。

一九六三年、ジェム支持政策の行き詰まりが明らかになると、大統領の弟ロバート・ケネディ司法長官はベトナムからいっさい手を引いてはといいだした。しかしジョンソン副大統領、ディーン・ラスク国務長官、ロバート・マクナマラ国防長官らは強く反対した。ケネディ大統領自身、容易に撤退には踏み切れなかった。ジョン・マッコーンＣＩＡ長官がいうように、「使える投手が一人だけ」なら、続投を命じるしかなかったのである。アメリカは『ニューヨーク・タイムズ』特派員のホーマー・ビガートのいう「浮くも沈むもジェムとともに（Sink or Swim with Ngo Dinh Diem）」政策にのめり込んでいく。

僧侶のバーベキュー

一九六三年五月八日。釈迦生誕の記念日に、ベトナム仏教の中心地の一つである古都フエで、仏教徒が仏教旗を掲げ、宗教弾圧に抗議するデモを行った。政府軍の発砲で少なくとも九人が死亡、一四人が負傷する。ディエンビエンフー陥落から九年と一日目にあたることから、ジェムは人々にベトコンの源流にあたるベトミンの勝利を想起させたくない一心だったという。こうしていわゆる仏教徒危機が始まった。

仏教徒は国民のほぼ八〜九割を占めていた。僧侶は民衆の利益の代弁者、ジェムにいわせれば反政府分子の先鋒だった。共産主義体制の北ベトナムは、国民の団結を優先する必要から宗教弾圧を自制するだけの賢明さ、ないし巧妙さを備えていた。しかしジェムは、国教扱いのカトリック教会には旗の掲揚を認めても、仏教寺院には許そうとしなかった。

抗議の焼身自殺をする仏教徒
共同通信社

政府は発砲事件はベトコンの仕業だとうそぶいた。ティック・クアン・ドゥックら七人の僧侶があいついで抗議の焼身自殺を行い、世界に衝撃を与えた。ジェムは、焼身自殺はアメリカのテレビ局の演出だと信じ、仏教徒が信教の自由を云々することじたい自分への侮辱だと考えていた。南ベトナムへの支持集めに訪米中のニュー夫人はこれを「バーベキュー」と罵り、今度同じことが起きればガソリンとマッチを喜んで進呈しようと述べて内外の世論を逆なでした。

アメリカの懸命な働きかけで、南ベトナム政府はいったん仏教徒と和解、信教の自由を認めた。しかし面目失墜を恐れるニューの反対で、合意は反古にされた。ジェムは仏教旗の掲揚を認めたものの、寺院じたいは鉄条網で囲まれていた。それまで政治には無関心を決め込んでいた青年たちも、反政府運動に身を投じた。四面楚歌《そか》となり断末魔の悲鳴を上げるジェム政権を横目に、バナナの皮を投げさえすれば政府のほうで勝手に滑ってくれると、ある仏教徒は自信満々に語った。

同じカトリックの大統領による仏教徒迫害は、ケネディを苦境に陥れた。ケネディはかつて上院議員、国連大使、副大統領候補をつとめた共和党の大物ヘンリー・キャボット・ロッジを新大使に起用した。ジェムへの圧力を強めるため、またベトナムを翌年の米大統領選挙の争点にしないためである。そのサイゴンへの着任を控えた八月二一日深夜、南ベトナム特殊部隊が陸軍部隊に偽装して全土の仏教寺院を襲撃、一四〇〇人以上の僧侶や学生を逮捕した。

ゴ・ジン・ニュー夫人
読売新聞社

この特殊部隊はCIAが対北ベトナム隠密作戦用に編成した部隊だったから、アメリカの差し金に違いないとベトナム人は考えた。だが実際には彼らは政権内の実力者ゴ・ジン・ニューの私兵と化していた。ニューが命じた寺院襲撃をジェムは事前に知らなかったと思われる。しかしこの暴挙を事実上黙認したため、ニューと同じ穴のむじなに映った。ジェムの片腕ともいわれたグエン・ジン・トゥアン国務相、チャン・バン・チュオン駐米大使とその夫人である国連大使（ニュー夫人の両親にあたる）、駐米大使館員のほとんどが職を辞し、ブー・バン・マウ外相は剃髪して抗議の意志を示した。仏教国カンボジアは南ベトナムと断交した。

立ち上がった軍部

ワシントンでもサイゴンでも、混迷収拾にはジェムの排除しかないという声が強まった。逆に、いま馬を乗り換えるのは愚策だと論じる者もいた。ケネディはキューバ侵攻失敗（ピッグズ湾事件）の際、これは「キューバ人どうしの問題」だと逃げを打ったことがある。ベトナムについても一九六三年九月、「彼らの戦争」だと語った。

ケネディは南ベトナム政府の「政策と、おそらくはその顔ぶれの変更」を求めたが、ジェムは、自分はこれまで仏教徒や学生に妥協しすぎたと述べた。ニューはアメリカがベトナム解体を図っていると非難した。皮肉なことに、ベトコンとの戦いだけでなく、サイゴンの政治戦争もやはり「彼らの戦争」だった。アメリカは事態の推移に右往左往するばかりで、ジェムの頑迷さにも、ジェム支持の是非をめぐる米政府内の分裂にも、まったくお手上げだった。

同じ頃、発電所建設や商品輸入などのための援助が凍結された。それは反ジェム・クーデターへの青信号だった。ズオン・バン・ミン将軍はその少し前、クーデターを妨害しない証拠として援助停止を求めていたからである。ＣＩＡも南ベトナム特殊部隊への資金提供を中止した。一一月一日未明、ついに軍部によるクーデターが決行された。ジェムは夕刻、ロッジ米大使に電話でアメリカの態度を尋ねたが、ワシントンはまだ未明だからと鼻であしらわれた。万策尽きたジェムとニューはチョロンの華人街に潜伏したが発見され、惨殺されてしまう。

アメリカは一一月七日に新政権を承認した。ロッジは、アメリカはクーデターにはいっさい関与していないと述べた。しかしアメリカは事前に知っていたし、関与もしていた。それどころか事実上承認を与え、ひそかに支援を行っていた。だからこそディーン・ラスク国務長官はロッジに、クーデター後に将軍たちがぞろぞろ米大使館を訪れたりしないよう釘を刺したのである。

一一月一日は祝日となった。政治犯は釈放され、政府軍兵士は民衆の歓呼で迎えられた。ジェムさえいなくなれば問題は解決するはずだった。ところがジェム憎しの感情が消えたことが、南ベトナムを空中分解に導いた。ハノイは一気にサイゴン政府を崩壊に追い込めると気色ばんだという。民族解放戦線は休戦の可能性をほのめかしながら、農村で着実に地歩を固めていった。

たまたま外遊中で難をまぬがれたニュー夫人は、アメリカへの憤りもあらわに「これは物語の終わりではない。始まりにすぎないのだ」と予言した。ミンを議長として軍事革命評議会が発足したのもつかの間、一九六四年一月には、かつてはベトミンに身を投じたこともあるグエン・カーン将軍が権力を奪取する。このあまりにあっけない政変は、ジョンソン大統領のいう「味方のボクサーが最初の一ラウンドしかもたない状態」が南ベトナムに生まれたことを明らかにした。

銃剣とスパイと賄賂

ジェム打倒の功労者ズオン・バン・ミン将軍は、少なくとも国民の間に人気があった。ところがグエン・カーンには民衆の支持も、政権運営能力も、政治や経済の分野での経験もなく、お膝元の陸軍すら十分に掌握できなかった。蓄財にだけは辣腕ぶりを示し、権力奪取から二～三ヶ月で一千万ドルを儲けたという。カーンはミンをタイ亡命に追い込み、大統領に就任した。ところが学生や仏教徒などの激しい反対運動に直面するとたちまち狼狽、大統領を辞任する始末だった。

一一月、元サイゴン市長チャン・バン・フォンが内閣を組織したが、黒幕はカーンだった。形ばかりの民政に、街では抗議デモが繰り返される。カーンは熱心な仏教徒である陸軍のグエン・チャン・チ、口ひげがトレードマークの空軍のグエン・カオ・キら、若手の将軍たちと手を結び、批判的な政治家を逮捕する。しかし彼らはマックスウェル・テイラー米大使に呼びつけられ、文民内閣への支持を要求される。だがカーンは、自分たちは外国のために戦っているわけではないと反抗する。それまで「アメリカの養子」と呼ばれ、散々だったカーンの人気は急激に高まった。

一九六五年一月、カーンは仏教徒と結びフォン内閣を倒す。二月、ハノイ出身の医者だったファン・フイ・クアトが二度目の文民内閣を組織する。直後、カトリック系軍人のクーデターが発生する。これを鎮圧した国軍会議はカーンを国外に追放する。

ジェム政権崩壊から、一九六五年六月一一日にグエン・バン・チュー議長（大佐としてジェム打倒クーデターに参加した）、グエン・カオ・キ首相の軍事政権が発足するまでの二〇ヶ月間は、「クーデターの季節」と呼ばれた。マクナマラ米国防長官によればまるで「回転ドア」のように、一三回の政変劇が演じられ、九つの内閣と四つの憲法が生まれては消えたからである。サイゴン市民が昼寝に入ると軍が行動を起こした。ベトナム人が二人寄れば二つの政党ができ、三人寄ればそこに派閥が生まれるといわれるほどだった。

グエン・カーン（右）とテイラー米大使
読売新聞社

一九六五年初め、ジョン・マクノートン米国防次官補は、南ベトナム政府が「瀕死状態」にあると嘆息している。しかし本当に危機に瀕していたのは、アメリカの南ベトナム政府や国内政治への影響力だった。アメリカは国内の秩序確立をめぐるサイゴン政権との戦いの中で、ほとんど白旗を上げる寸前であり、それでもサイゴンの権力者たちを支え続けなければならなかった。グエン・バン・チューとグエン・カオ・キの統治の特徴は「銃剣とスパイと賄賂」だといわれた。とくにキ首相は、アドルフ・ヒトラーを礼賛し、中国攻撃作戦をぶち上げ、仏教徒弾圧を強化し、アレクシス・ジョンソン米次席大使（のち駐日大使）に「誘導不能ミサイル」と揶揄された。いたるところに検問所が設けられ、警察は好き勝手に家宅捜索を行った。集会、言論、出版、夜間外出、外泊などは禁止され、新聞は次々と発行停止になった。

軍人や文官の任免も昇進も賄賂しだいだった。毎月トラック数百台分の援助物資が港から姿を消し、地方へ行けば行くほど目減りした。盗まれるか闇市場に流れた物資は、ゲリラの手にも渡った。南ベトナムが輸入するコメの一部が横流しされ、ドルに換えられてベトコンの武器購入資金となった。直接ベトコンに武器を売却する政府高官もいた。汚職官吏を追放すれば政府は空になるといわれたが、そこにはインフレで給与が目減りし、まともな手段では生計がなりたたないという事情もあった。キ首相みずから軍用機でせっせと金品を国外に運んでいたのである。

ベトナム戦争末期には、ベトナム化政策にもとづくアメリカの巨額の援助で農業用の水路や道路などが整備された。土地改革も行われ、一九七五年までに一一二万ヘクタールが八六万人に分配された。一九六七年、政府支配下の地域に住む農民は全体の半数以下だったが、一九七一年には四分の三を超えた。しかし一九六五年に比べて一九七一年の物価は七・二倍、一九七四年には二・五倍に上昇した。戦争中をつうじて一千万に及ぶ人々が都市に流入し、また米軍撤退にともなう雇用減もあって、失業が増大した。とうとう南ベトナム政府は、民主主義国家と胸を張れる水準に達しないまま、その最期の日を迎えたのである。

3　自壊する政府軍

ベトナム軍はなぜ弱い

戦場で敵の兵力を破るだけでは不十分であり、政治戦争にも勝ちをおさめなければならないということは、早くから認識されていた。一九五〇年代初頭に米軍事援助顧問団を率いたトマス・トラップネル将軍は、この戦いを「政治＝軍事チェスゲーム」と呼んでいる。第二次世界大戦で連合軍のノルマンディ上陸作戦を率いた歴戦の英雄アイゼンハワー大統領は、適切な政治的雰囲気さえ存在すれば二流の将軍でも勝てるはずだとジョルジュ・ビドー仏外相に述べている。だがアメリカはつねに、そうした政治的条件のないところで戦わなければならなかった。

バオ・ダイのベトナム国軍は一九五一年にフランスの手で創設されたが、一九五三年半ばまでにトンキンやラオス北部、つまりインドシナの北辺は完全にベトミン軍の手に落ちていた。かつて日本軍が中国大陸で点と線しか支配できなかったように、ハノイ・フエ・サイゴンなど都市間の交通路確保さえままならなかった。フランスとバオ・ダイ政府はアスファルトを支配したが、泥と水田は敵のものだった。昼間は政府の統治が存在しても、夜になると消滅した。戦場を訪れた記者たちはこれを「共同管理」だと皮肉った。

同じベトナム人のはずなのに、なぜこちら側だけが弱いのか。ベトミンにいわせれば、それはバオ・ダイ軍がしょせん「傀儡軍」にすぎないからだった。だがアメリカは、フランスがベトナム人に装備も訓練もろくに与えていないところに根本原因があると見た。それには理由もあった。ベトナム軍に武器を供給すれば、ベトミンの手に渡ってしまう恐れがある。彼らを鍛えたところで、そのまま寝返らない保証はない。下手に彼らに自信をつけさせれば、フランスに牙をむく可能性もある。ベトナム軍をまともな存在に育てるなど、フランスには考えられなかったのである。

しかしアメリカは、「韓国軍を第一級の戦闘機械に育て上げた」(ダレス国務長官)経験をベトナムに移植すればよいと楽観していた。米軍事援助顧問団はほんらい戦闘作戦には関知しない建前だったが、アメリカはベトナム軍の訓練、作戦計画の立案、戦闘の指揮などにも参画したいといいだした。だがフランスは受けつけなかった。ベトナム人はフランスのやり方にすっかり慣れている、アメリカ方式はここでは通用しない、というわけである。

米軍事顧問の増派

それでも粘り強い交渉のあげく、アメリカはジュネーブ会議後、南ベトナム軍訓練の責任を委譲された。直接援助の開始と同じく一九五五年一月一日を期してのことである。ダレス国務長官はこれを、「強力な、安定した自由ベトナムを構築するための努力の要石《キイストーン》」と呼んだ。のち米陸軍の戦史もこれを、アメリカが南ベトナムの将来に完全にコミットした第一歩だと評している。

もっとも南ベトナム軍の訓練をめぐっては、ワシントン内部に対立があった。第一に、国防省および統合参謀本部は、アメリカが訓練を引き受ける前に政治的安定を確保すべきだとした。国務省は政治基盤確立の前提として、まず軍の訓練強化を望んだ。第二に、前者は、南ベトナム軍の任務は国内の治安維持と北に対する防衛の両方だとし、年に五億ドルの費用が必要だと見積もった。後者は、軍の任務は国内のテロ・破壊活動や国外からのゲリラの浸透を阻止するだけでよく、年一億〜二億ドルで十分だとした。最後にはいずれも国務省の意見が通った。ベトナムはまだ本物の戦争ではなく、国防省の発言力は一九六〇年代半ば以降ほどには強くなかった。

フランスは一九五五年二月には南ベトナム軍にかんするいっさいの権限を放棄し、八月にはインドシナ省も廃止した。続いてジェムは仏軍の撤退を強く望んだ。派遣軍の存在を背景にフランスが大きな影響力を持つ限り、ジェムの立場は風にそよぐ柳も同然だったからである。仏軍が駐留を続けるかどうかは、南ベトナムの本当の権力を誰が握るのか、という問題でもあった。

折から仏国内でも撤退待望論が強まった。アルジェリアをはじめ北アフリカに専念する必要が日ごとに痛感されていたからである。一九五六年四月二八日、仏軍の撤退が完了する。この国がベトナム国からベトナム共和国に、フラン経済圏からドル経済圏になったように、軍事面でも南ベトナムはアメリカに受け渡されたことになる。

一九五四年七月のジュネーブ協定は、新たな外国人軍事顧問の入国を禁止した。休戦時にベトナムにいた仏軍事顧問は三四三人、米軍事顧問は三四二人、合計六八五人である。仏顧問と入れ替わる形で、一九六〇年までに米軍事顧問は六八五人の枠一杯にまで増員した。しかも実際は、身分変更などの措置によって、ほぼ九〇〇人が活動していた。南ベトナム防衛へのてこ入れは、敵に侵略拡大の口実を与え、ジュネーブ協定違反という非難を浴びる恐れがあったが、「アメリカの線に沿った自律的な自由ベトナム軍」(ヒース米大使)の建設が最優先されたわけである。

欠陥だらけの政府軍

一九六一年の段階で、正規軍一五万人、民兵六万人、警察四万五千人、地方警備隊一万人を擁しながら、南ベトナム政府軍はたかだか一万〜二万人のゲリラに太刀打ちできなかった。だがゲリラ専門家を自認するホワイトハウス内の経済学者ウォルト・ロストウによれば、それは「ゲリラ戦争の苛酷な算術」のなせるわざだった。つまり、一人のゲリラに対して、どう少なく見積もっても一〇人の正規軍兵士が必要だということである。といって無制限に徴兵を行えば農村から働き手を奪い、経済を悪化させ、政府の立場を悪くしてしまう。だから南ベトナム軍は兵力不足、とりわけ熟練した士官や下士官の欠乏に悩まされ続けた。

一九六三年一月二日未明に起きた戦闘は、この戦争がいかに難物かをありありと示した。舞台はサイゴンの北西六五キロ、人口数百人の小集落アプバック。敵は数百人のベトコン。大規模な砲爆撃に続いて、ヘリコプターを駆使する二千人の政府軍が襲いかかった。ところがわずかな間に政府軍はヘリコプター五機、兵員輸送車六両を失い、米軍事顧問一三人を含む四五〇人の死傷者を出した。最後は集落を制圧し面目を保ったものの、敵の手強さばかりが印象に残った。

ベトナム人兵士には音をたてずに進む習慣がなく、下級兵士の多くは家族も家財道具も一緒に移動していた。部隊の居場所も移動先もゲリラにはお見通しだった。政府軍の作戦行動といえば、家屋や耕地を焼き払い、家畜を奪うくらいだった。夜間の射撃能力で劣るため、夕方には戦場から引き揚げるのが常だった。

四六時中敵に振りまわされ、補給も休養も不十分。しかも昇進は与党カンラオ党員ないしカトリック教徒であるかどうかで左右される。士気は上がらず、脱走は年ごとにほぼ倍々ゲームで増加していった。海軍艦艇の半数は整備不良や補給不足。一年の半分は強い季節風が吹くため、乗組員は船酔いに苦しむばかりだった。出動しても、漁船を脅して金を巻き上げるか、発見したゲリラに買収されて見逃すのが関の山、という始末。

ラオス右派政府軍もご同様だった。敵に遭遇すれば、いや敵来襲の噂だけでも武器を放り出して遁走した。ほとんど戦場で役に立たない彼らは、「軍服を着た給料とり」と異名をとった。軍事援助をいくら与えても政治家の資産などに化け、兵器や装備などを含め一部は敵にまわる。ブン・ウム首相が援助を流用して建てた広大な別邸は、工事途中で右派が崩壊したため、のちにタイ資本のホテルになった。

ベトコンを支持し、あるいは彼らのテロを恐れる農民は、政府軍にゲリラの動向を教えなかった。また、敵の支配地域からはまったく情報は得られなかった。しかも政府側ではいくつもの情報機関が縄張り意識むき出しに行動した。敵の損害は水増しされ、味方のそれは過小に報告された。米国務省の情勢分析にも、ベトナム側の数字には全幅の信頼は置けないと注記された。

米軍事顧問が捕虜を尋問しようにも言葉は通じず、戦闘の現場に居合わせる機会も多くはなかった。彼らにできるのは、ベトナム側から提供される数字をワシントンに伝えることだけだった。ジェム政権崩壊と同時に、敵味方の損害、政府軍支配地域の面積、戦略村の建設数など、それまで頼ってきた物的指標がいかにあてにならないかがようやく判明したのである。

繰り返しクーデター未遂事件を経験したジェムは、軍首脳を分断し、特別な無線電話網で現場の指揮官を監視した。高級将校は絶え間なく移動させられた。ベトナムの鉄道の一等乗客は将軍や大佐ばかりだと揶揄されたほどである。各省の省長にも部隊の指揮権が与えられ、各地の司令官と牽制しあった。司令官どうし、省長どうしもいがみあった。ライオネル・マクガー米軍事援助顧問団長は「三七のミニチュア版の戦争」、つまり省ごとに、なんの計画も連絡もなく行われる作戦行動を嘆いた。

一九六四年にピュリツァー賞を受けた『ニューヨーク・タイムズ』の特派員デイビッド・ハルバースタムは、戦争そのものが行われていなかったとさえいう。指揮官は、戦果は二の次で作戦予定表の消化に専念した。下手に積極果敢な行動に出て多くの損害を被れば、将たる能力とジェムへの忠誠心を疑われ、出世の道が閉ざされてしまう。有能さを示せばアメリカ人に注目され、その結果政権転覆を企てるワシントンの手先だと疑われる恐れがあった。

ジェム政権崩壊後の南ベトナムは、『三国志』さながらだった。ベトコンだけでなく、仏教徒、カオ・ダイやホア・ハオといった宗派勢力、独立国家もどきの地方勢力、軍閥化した地方司令官などが群雄割拠していた。この国には内閣・将軍・仏教徒・ベトコンの四つの政府があるが、力を持っているのは後の二者しかないというのがもっぱらの噂だった。しかも軍首脳は戦争そっちのけで抗争に明け暮れた。北部人と中部人と南部人、カトリック教徒と仏教徒と土着宗教信徒、陸軍と空軍、中央と地方、年輩と若手、親米派と親仏派と国粋派など、対立の種は無数にあった。一九七一年秋には、白昼の市街でグエン・バン・チュー派とグエン・カオ・キ派の部隊が機関銃を構えてにらみ合い、そこにズオン・バン・ミン支持派の仏教徒や学生が加わるという事件があった。アメリカはベトコンの動向などより、政府軍部隊がいつ首都に向けて進撃を開始するか気が気ではなかった。精鋭であればあるほど、権力者たちの護衛や次のクーデターのためにサイゴンにとどめ置かれたから、戦局はいっそう不利になった。

ますます進む空洞化

一九六〇年代も半ばを過ぎると、遭遇戦の八割以上は敵に主導権をとられて始まった。政府軍の戦闘行動とは、古いフランス製の地図を使って田舎道を行軍するか、休憩をとるかだったという。しかも道中、貧しい農民の貴重な財産である鶏を奪うのが常だった。コメは配給されても副食は現地調達だったからである。兵士は麻薬と酒に浸りきりで、たいてい半数が無届け欠勤だった。ある米将軍は、南ベトナム軍兵士はせいぜい自分の身のまわりしか守れないと慨嘆した。

戦場で敵と遭遇してもろくに撃ち合わず、必要があれば空に向けて発砲する。まず敵の逃げ道を確保してから作戦を開始する。敵と下交渉のうえ、不意打ちを受けた形を整えながら、武器弾薬を置いたまま安全な場所に移動する。無線を利用して戦闘をでっち上げる。戦闘が始まれば先を争って遁走し、友軍の救援要請も拒否する。給与はサイゴンのタクシー運転手の半分にも満たず、戦死しても恩給も出ない以上、命を的にしての突進など酔狂以外の何物でもなかった。

兵役は金さえ払えば免除された。有力者の子弟には国外留学、予備役編入、司令部勤務などの逃げ道があった。貧乏くじを引かされたのが貧農出身者である。安い給与や食糧不足に悩まされる彼らは、窃盗、略奪、暴力事件、発砲事件を頻繁に起こした。兵士どうしの喧嘩で銃が乱射され、手榴弾が投げられる。一般市民を巻き添えにしたあげく、ベトコンの仕業と発表される。

下級兵士の大部分は仏教徒で、政府の弾圧に反発する者も多かった。司令部に敵の砲弾が命中すると前線の部隊からは大歓声が上がった。武器弾薬を闇市場で売り払う。トラック運転手はガソリンを抜いて鶏と交換する。一九六六年には五人に一人が部隊から消えた。武器もろとも敵に寝返る部隊もあった。部下を虐待して脱走させ給料を着服する。架空の部隊をでっち上げてその経費で豪遊する。多くの司令官にとって軍隊とはビジネスの場だったとさえいわれる。

ベトナム化政策による援助激増は政府軍の近代化を進捗《しんちょく》させ、機動力も充実させた。もっとも三〇人ばかりの将軍を百万長者にするという副産物もあった。そこに一九七三年、第四次中東戦争のあおりで石油危機が発生した。政府軍は燃料調達にたちまち困難を生じたのである。米議会のベトナム援助削減のため、武器や部品調達もむずかしくなった。空軍などは戦力の半分しか稼働できなかった。パリ協定締結後は兵士の戦闘意欲もますます低下していた。

一九七五年三月、北ベトナム軍の攻撃に、中部高原の政府軍は次々と崩壊した。チュー大統領の命令が二転、三転したことも混乱に拍車をかけた。アメリカはチュー政権を見捨てた、軍の一部がクーデターを起こしたなどの噂が瞬く間に全土に伝わった。司令官は先頭を切って遁走し、兵士たちも負けじと住民を蹴散らし、ときに彼らに銃撃を加えながら撤退した。

四月二三日にチュー大統領が辞任すると、亡命先のタイから一九六八年に帰国していたミン将軍が政権に復帰、米仏両国の大使を介して臨時革命政府との交渉を求めた。戦後のベトナムに影響力を持ちたいフランスは、南ベトナムを三分割し、臨時革命政府、連合政権、非共産政権が今後の統一を話し合えばよいと調停を試みたが、無駄だった。四月三〇日、無条件降伏によってベトナム共和国二〇年の歴史に幕が閉じられたのである。

4 アメリカ式戦争の陥穽

DDTとトミーガン

ラスク米国務長官は、一九六〇年代初頭にクーデターがあいついだエルサルバドルについて、政治情勢を安定化させるには、「DDT（殺虫剤）噴霧器のほうがトミーガン（小型機関銃）よりもよほど効果的」だと述べたことがある。ベトナムでも、本当の敵はゲリラそのものというより、彼らの跳梁跋扈《ばっこ》を許す環境――飢餓、無知、貧困、低識字率、疾病、政府と国民の乖離《かいり》などだった。だから戦闘作戦と並んで、いやそれ以上に政治・経済・社会的な行動が重要視された。反乱鎮圧戦略の基本も、いうならばゲリラという細菌に栄養を与えないようにすることにあった。

戦争が本格化した一九六〇年代半ば以降も同じだった。索敵撃滅作戦によって敵を一掃、住民をゲリラから切り離し、村落の安全を確保する。そのうえで平定作戦を実施、農村にほんらいの姿を取り戻させ、政府への支持を固める。救国再建計画、新生活村計画、地方再建計画、革命的農村開発計画、加速平定計画などが次々に登場し、橋や道路の建設、農業技術の改善、電化の促進、保健や医療、学校建設や教育の充実、農村の民主化などを進めた。もっとも民族解放戦線の側も同じようなことを約束していたから、本当の問題は農民たちがどちらを信じるかにあった。

米軍首脳は軍事作戦にばかり目を奪われていた。農民の「急所をつかんでしまえば、心や精神など気にすることはない」というのが米海兵隊員の口癖だった。初代軍事援助司令官ポール・ハーキンズによれば「三つのM」、つまり兵員（メン）、資金（マネー）、資材（マテリアル）さえあれば十分だった。索敵撃滅戦略を考案したウィリアム・デピュイ将軍は、「もっと多くの爆弾、もっと多くの砲弾、もっと多くのナパーム弾」こそが事態解決のカギだと断言した。

平定作戦にまわされる資金は索敵撃滅作戦の一〇分の一程度だった。農民のコメを奪って焼きながら、彼らに輸入米を大盤振舞する。農民の家屋を破壊し、彼らを村から追い出してから、難民に雨露をしのぐ設備を与える。ある米軍将校がいったように「この村を救うためにこの村を破壊する」というやり方である。

しかも治安の悪化は長期的対策を待ってはくれなかった。一九六〇年代半ば、農村部でのベトコンの躍進、耕地や輸送網の破壊、病虫害、大洪水などでコメやゴムの生産が大幅に落ち込み、外貨獲得にも翳《かげ》りが生じた。米経済援助使節団(USOM)の一員はベトナム人を、ギャングに脅され、警察に協力したくてもできない大都会のビジネスマンにたとえたことがある。マクナマラ国防長官は、農村で組織的なテロが続くうちは土地改革など不可能だと嘆息した。経済建設も民主化もゲリラ戦争のさなかではむずかしく、アメリカの対応は短期的、軍事的方策に傾斜していく。敵が政治・経済・社会など広範な革命戦争を展開しているのに、ひたすら戦場での成功を追い求めたのである。

アメリカ人が主役に

民衆の心を得ようにも、肝心の南ベトナム政府が笛ふけど踊らずだった。平定計画の担当者にはほとんど徴兵逃れの若者しか集まらず、いざ現場に向かっても脱走が多かった。さもなくば農村からコメや家畜を盗み、住民に威張り散らすばかりだった。医療品などはベトコンの手に渡るのを恐れ、ろくに配給されなかった。難民に与えられる一時金や資材、食糧なども、大部分はどこかへ消えてしまった。平定計画は農村の政府への敵意をつのらせ、効率的にベトコンを製造していた。

無能なベトナム人には任せてはおけないとばかりに、アメリカ人が平定計画の主役に躍り出た。そのやり方はオイル・スポット方式と呼ばれた。水に垂らした油の一滴があっという間に拡がるように、安全な地域を急速に拡大させるというわけである。インク・ブロット方式、つまり紙にインクのしみが拡がるように、じっくり腰を据えてかかるべきだという考え方もあったが、無視されてしまった。

共産主義にも反共主義にも関心はなく、ただ人間らしい、安寧な生活を望む農民にとって、こうした干渉は迷惑でしかなかった。熱心さのあまり、山岳民族を縄で数珠つなぎにして投票所まで連行、民主主義の実践だと得意満面のアメリカ人もいた。一九六七年秋、平定計画の責任者ロバート・コーマー米大統領補佐官は、政府が人口の三分の二以上を掌握したと報告した。

住民対策だけでなく、戦闘もまた日ごとにアメリカ化していった。一九六二年二月八日、軍事援助司令部が正式に発足した。この日こそまさにアメリカの直接軍事介入が始まった日だともいわれる。司令官は軍事面に、大使は政治面に責任を負い、協力しあうことになったが、戦局判断や政策決定のうえで軍の影響力が大きく増大した。

南ベトナム軍の訓練をアメリカが引き受けてから七年あまり、すでに国務省ではなく国防省がベトナム問題の担い手となっていた。だからこの戦争は国防長官の名をとって「マクナマラの戦争」と呼ばれたのである。ウィリアム・コルビー元CIA長官のいう「ベトナム人抜きの」戦争の中で、南ベトナム政府軍は脇役に押しやられ、自尊心を傷つけられ、やる気を失っていく。

科学技術万能の戦争

戦争のアメリカ化を象徴的に示す現象が、新兵器や新技術の大々的な導入である。そのきっかけをつくったケネディ大統領は、ジェームズ・ボンドが活躍するイアン・フレミングのスパイ小説『007』の大ファンだった。兵士に軍靴ではなく音のしないスニーカーを履かせてはどうか。敵が落とし穴に埋めた竹串で傷つかないよう、その靴底を鉄製にしてはどうか。第二次世界大戦で彼自身が乗っていた魚雷艇PTボートをベトナムで使えないかなど、大乗り気だった。

アメリカの科学技術水準への揺るがぬ信仰、工業力や資金力に対する過信は、彼が始めた宇宙開発とも相通じるものがあった。それはアメリカ全能の神話にほかならない。アメリカは月への一番乗りでは成功をおさめたが、ベトナムでの戦いに勝利をおさめるのは容易ではなかった。たとえばM48戦車は湿地帯や山岳地帯では立ち往生した。M16ライフル銃は湿気や泥などのため作動不良に陥ることが多かった。水陸両用車は田畑を押しつぶして農民の反感をつのらせた。だがそうした技術をアメリカは「高校のダンスパーティのためにとっておいたわけではない」と、ロストウは主張した。戦場で実際に使ってこその最新兵器だというわけである。

南ベトナムには戦闘開発実験センター（CDTC）が設立された。ヘリコプター、短距離離着陸機、動力付グライダー、軽飛行機（空のフォルクスワーゲンと呼ばれた）、無人飛行機、ホバークラフトなどは、ゲリラを発見する手段だった。彼らの移動路をつきとめるには、電波・赤外線・音響・振動・体温などの探知機、特殊な香料や染料、尿臭探知機（ピープル・スニッファー）などが使われた。人間の存在や移動を感知すると、情報がタイの大型コンピューターに送られ、すぐさま爆撃の指令が下された。また、ゲリラの移動路と目されるところには、南京虫入りの袋がばらまかれた。たとえ町中で人々の間に紛れ込んでいても、痒みを訴えている者はゲリラに間違いないと決めつけられた。

幻の計画に終わったものも多い。たとえば、薬剤の散布でジャングルの土壌を油脂状に変え、ゲリラが足をすべらせるようにする。伝書鳩に小型爆弾をくりつけ、敵のトラックを襲わせる（実験で米軍のトラックが被害を受けたため断念された）。ピラニアを水田に放し、ゲリラが足を踏み入れられないようにする。缶ビールをばらまき、日頃ろくに食事もしていない敵兵士を酔わせ、判断を鈍らせるなど、いずれも大まじめだったという。

枯葉作戦

じつに多種多様な兵器が実際に使われた。十数万個の小鉄球や、レントゲンに映らず摘出手術が困難なプラスチック断片をはじき飛ばすボール爆弾。多量のクギを四散させるクギ爆弾。八つのナイロン製触角を持つスパイダー爆弾。羽根つきの子爆弾が破裂する蝶々爆弾。無数のカミソリ状の鉄片を四散させるレイジー・ドッグ。地面すれすれで爆発し、周囲の人間の下半身を直撃するデイジー・カッター（野球で地面すれすれのゴロの意）。親爆弾から無数の子爆弾が飛び出すことから、これらは一括してクラスター（集束）爆弾と呼ばれる。

超小型ロケット。日本製テレビカメラで誘導するスマート爆弾。レーザー誘導爆弾。赤外線誘導爆弾。人がそばを通ると地面から舞い上がって爆発する羽根爆弾。足だけを吹き飛ばす落ち葉地雷。重みを感じて爆発する布地雷。常温で自由に変形できるプラスチック爆弾。五〇〇メートル四方を一気に吹き飛ばす七トン爆弾。揮発性溶剤の爆発が小型核爆弾にも匹敵するという気化爆弾。八〇〇度の高熱を発するナパーム弾。白燐弾。黄燐弾。嘔吐ガス。催涙ガス。次から次に兵器が戦場に送り込まれた。

人工降雨はゲリラの移動や輸送を妨害した。大型トラクター（ローマの鋤）は森林を丸裸にした。同じ目的で枯葉剤も登場した。一九六二年一月一二日、ランチ・ハンド作戦、つまり枯葉剤の大々的散布が始まる。その後一〇年間にアメリカは、数百キロのダイオキシンを含む九万トンの薬液を少なくとも二万三千平方キロにまき散らす。しかし木がなくなったためにかえって米兵が狙撃の的になり、下草が繁茂して空中偵察や部隊の移動に困難をきたした。しかもベトナムの大地にも人々にも、米兵や韓国兵などにも、次の世代にも食物連鎖や遺伝などによって深い爪痕を遺した。その後散布地に生えた、食用に耐えない草は「アメリカ草」と呼ばれた。

アメリカは非人道兵器の使用に対する非難をかわそうと懸命に宣伝活動を行った。南ベトナム政府の要請で、ゲリラの被害から住民を守るための作戦だ。通常の道路整備で樹木を切り倒すのと変わりはない。薬剤は「枯葉剤」ではなく農業用の「除草剤」で、土壌にも人畜にもまったく害はない。まんいち植生に被害が出ても、熱帯植物はすぐに回復できる。散布は無人地域で行い、周辺住民には事前に通告する。マラヤで英軍が使用した例もあり、これは化学戦争ではない、というわけである。しかし米国内で家事・灌漑・飲料などに不適とされる薬剤の散布が被害を出さないはずはなかった。米政府も、薬剤を製造する企業もそれは重々承知していた。

未知なる大地での戦い

科学技術依存の背景には、一九五〇年代に吹き荒れたマッカーシズムの嵐の後遺症がある。東欧の共産化、中華人民共和国の成立、朝鮮戦争の勃発、ソ連の核開発、米国内であいついだスパイ事件の発覚などを背景に、ジョゼフ・マッカーシー上院議員が国務省内に巣食う共産主義者の存在を告発、広く国民の共感を呼んだ。そのあおりで、とくに中国喪失の責めを負わされたアジア専門家が外交畑から多数追放された。その結果、アジア各地の実情に通じた人材が不足した。ベトナム戦争の最盛期でも、兵士として中国戦線にいたというだけで、アジアの専門家扱いされる事例があったという。もっとも一九六〇年代初頭でも、ジェム擁立に関与したランズデール、駐タイ大使となるケネス・ヤング、日本・台湾・ベトナムで農地改革を担当したウォルフガング・ラデジンスキーなど、少数ながら人材はいた。だがランズデールやヤングが駐南ベトナム大使になりそこなったように、彼らを生かすシステムがなかったのである。

熱帯では便利なフランス式のつば広帽子と異なり、アメリカ式の帽子はスコールや虫、小枝から兵士を守れなかった。アメリカがベトナム人兵士に与える銃も軍服も軍靴も大きすぎ、重すぎた。不慣れな気候風土や異質な文化にとまどい、ゲリラ戦の困難に苛立つ米軍将兵たちは、ジョークで憂さを晴らした。この戦争を解決に導くには、まず親米的なベトナム人を全員船に乗せることだ。次に爆撃でこの国を平らにする。仕上げは、船を沈めてしまうことだ。つまり親米・反米を問わず、ベトナム人をこの世から消し去ってしまうのが最良の方法だというわけである。

一九七〇年のカンボジア侵攻作戦でも似たようなことがあった。身を守るために塹壕に入ろうともしないカンボジア兵を見て、米軍将兵は怠惰きわまりないとあきれかえるばかりだった。その背後に、仏教にもとづく伝統的な死生観が存在していたことなど、思いもよらなかったのである。「われわれは敵を知らず、同盟国を知らず、われわれ自身を知らなかった」というのが、テイラー元駐サイゴン大使の反省の弁である。しかも介入の理由や戦争の実情を米国民に十分納得させられるだけの人材もいなかったことが、結局は戦争継続を不可能にした。

戦争終結から二〇年以上もたって、ハノイを訪れたマクナマラ元国防長官に向かってあるベトナム人は、あなたがたはいまなおベトナムをほとんど理解していないのだと述べている。ベトナム戦争でアメリカは、ベトナムの風土も歴史も、人々のものの考え方、感じ方も理解しないまま、マクナマラのいう「テラ・インコグニタ（未知なる大地）」にのめり込んでいったのである。

第5章　地域創造の論理

1　東南アジアとの格闘

2　アジアの二つの核

3　地域主体の統合戦略

4　ベトナム戦争後の東南アジア

Chapter 5

共産中国封じ込めと南ベトナム防衛に不可欠な後背地・東南アジアを守るため、アメリカは二つの手段を講じた。集団防衛体制の構築と、地域統合の推進である。その背後には、国際連盟の失敗と国家主義の蔓延が第二次世界大戦を生んだという反省があった。しかも冷戦の中で、そうした手だての重要性は年を追うごとに高まった。一九五五年に創設された東南アジア条約機構（ＳＥＡＴＯ）は反共軍事同盟であると同時に、地域の政治・経済・軍事統合の触媒となるはずだった。

しかしＳＥＡＴＯは無力な存在のまま一九七七年には消滅し、東南アジア統合はアメリカの期待どおりには進まなかった。対照的に、一九六七年に形成された東南アジア諸国連合（ＡＳＥＡＮ）は、いまや一〇カ国体制（ＡＳＥＡＮ10）を実現している。両者の命運を分けたのは、アメリカと地域諸国のいずれが統合の主導権を握ったか、だった。しかもベトナム戦争後、アメリカの東南アジア撤退と、中国やインドシナ三国との敵対関係が、域内協力の必要をいっそう高めた。

だが、もともと東南アジアは歴史も文化もばらばらな諸国で構成されており、国境紛争や民族紛争など内部対立の火種も残っている。欧州や北米などの経済統合も大きな敵となっている。一九九〇年代末には厳しい経済危機に見舞われ、域外大国の干渉もめだつようになった。ベトナム敗戦の後遺症に長く苦しんだアメリカですら、再び東南アジアに地歩を築こうとしている。じつはベトナム戦争じたい、冷戦の論理や超大国の誇りよりもはるかにアメリカ人になじみ深い伝統——太平洋国家たる自覚——の顕著な表れにほかならなかった。

I　東南アジアとの格闘

奮闘する条約狂

一九五四年九月八日、アメリカ・イギリス・フランス・オーストラリア・ニュージーランド・タイ・フィリピン・パキスタンの八カ国がマニラ条約に調印した。翌年二月一九日までに全加盟国の条約批准が完了、東南アジア条約機構（SEATO）が正式に発足する。加盟国は、条約地域内での武力侵略を自国の平和と安全への脅威と認め、共同の危険に対処するための行動をとることになった。ジュネーブ協定で軍事同盟への参加を禁じられた南ベトナム・カンボジア・ラオスも、一方的にマニラ条約の適用範囲に含められた。中ソや北ベトナムは協定違反だと非難したが、アメリカはどこ吹く風だった。

集団防衛機構の設立は一九四八年の米州機構（OAS）、一九四九年の北大西洋条約機構（NATO）に続くものである。SEATOと同じく一九五五年には、中東条約機構（METO）も形成された。バグダッド条約機構とも呼ばれるが、その後イラクが脱退したため、一九五九年には中央条約機構（CENTO）に衣替えした。アジア太平洋では、一九五一年に日米安全保障条約、アメリカ・オーストラリア・ニュージーランドによる太平洋安全保障(ANZUS)条約が、一九五三年に米韓相互防衛条約が、一九五四年に米台(華)相互防衛条約が結ばれた。

世界的な集団安全保障網構築に尽力したことから、ジョン・フォスター・ダレス米国務長官には「パクトマニア(条約狂)」の名が与えられた。もっともそれゆえに彼は、ほんらい機能する条件のないところにまで集団安全保障を適用し、同盟の力の脅しを無用に振りまわしたと批判された。たとえばケネディ〜ジョンソン政権でベトナム政策に深く関与したディーン・ラスク国務長官は回顧録で、SEATO創設こそ、南ベトナムの安全を世界的な集団安全保障の成否と結びつけ、アメリカのベトナム介入を生み出した根本的な誤りだったと断定している。

集団安全保障は、孤立主義の殻から抜けて第一次世界大戦に参戦したアメリカが、民主主義や民族自決などと並んで高く掲げた理想の一つである。上院の反対で参加できなかったものの、国際連盟の創設を提唱したのはアメリカだった。第二次世界大戦後に国際連合を創設し、その屋骨を背負ったのもアメリカだった。かつてベルサイユ条約批准を拒絶した米上院は、一九四八年にはいわゆるバンデンバーグ決議を可決、自助と相互援助を基本としながら、国連憲章の枠組みのもとで地域的な集団防衛にアメリカが参加することを認めた。

SEATO創設は、アジア第一主義の表れでもあった。この立場に立つ代表的な存在が、一九五二年の大統領選挙で共和党の大統領候補指名をドワイト・アイゼンハワーと争ったロバート・

タフト共和党上院院内総務であり、朝鮮戦争での国連軍総司令官ダグラス・マッカーサー元帥である。彼らは、ハリー・トルーマン大統領の欧州偏重外交が中国大陸の共産化、朝鮮戦争の勃発などを引き起こしたのだと主張した。タフトを退けたアイゼンハワーも、アドレイ・スティブンソン前イリノイ州知事との選挙戦では、同じ材料を用いて民主党政権を攻撃した。

実際には一九四九年に発展途上地域への開発援助政策（ポイント・フォア）が打ち出されたように、トルーマン政権がアジアを頭から無視していたわけではない。しかしアメリカが明確にアジア重視の姿勢をとるのは一九五〇年代、冷戦の主戦場が欧州からアジアに移ってからだった。アジア向けの軍事援助は、トルーマン政権最後の一九五三会計年度の一二・八％（欧州は七四・二％）から、翌一九五四年度には三二・〇％（同じく五九・一％）に上昇し、一九五五年度にはアジア向け四八・九％に対し欧州向け三四・八％と逆転する。

統合推進の触媒に

SEATOに期待されたのは、共産主義の南進を食い止める楯となることだけではなかった。第一に、軍事統合の推進役となることである。訓練、装備、組織などの面で諸国間の軍事統合が進めば、安上がりかつ効率的な地域防衛が可能なはずだった。一九五四年春のインドシナ危機で韓国軍や台湾軍の投入が検討されたように、緊急事態に際して、いわばミニ米軍化した近隣各国軍の兵力を融通しあうことができれば、アメリカ自身の負担も減ると思われた。

第二に、政治的連合としての役割がある。反共諸国をいっそう団結させるだけでなく、中立諸国を西側に惹きつけることが肝要だった。とくに共産中国がその国際的な威信と影響力を増大させていることを考えれば、アジアの政治的立て直しは焦眉の急だったといえよう。一九五〇年代半ば、中国はジュネーブ会議やバンドン会議（アジア＝アフリカ会議）に参加し、インドとともに平和五原則を高らかに発表するなど、アジア全域を魅了しつつあるように見えたのである。

第三に、経済的な貢献である。マーシャル・プランが西欧に繁栄と安定をもたらしたように、アメリカなど西側諸国の援助を効果的に活用することで東南アジアの経済発展を加速させ、また貧困、飢餓、疾病など革命を招きかねない条件を除去することである。共産主義者は朝鮮戦争型の正面切った戦いではなく、平和共存の美名のもとに西側に経済戦争を挑むようになっていたから、これも重要な課題だった。

アメリカの統合戦略には次のような哲学があった。第一に、地域統合はアメリカ的な価値観、たとえば資本主義や民主主義にもとづかなければならない。ばらばらな一三の植民地が団結し、独立を達成したアメリカの歴史こそ地域統合の模範だ。東南アジアが植民地時代の遺制を克服し、成長するためにも、SEATOを触媒にアメリカ式の統合を実現しなければならない。だがこうした発想は、上からの統合にすぎないと強く批判されたのである。

第二に、経済力こそが十分な軍事力の基礎である。ソ連や中国は、西側に直接軍事攻撃をかけるのではなく、過重な防衛負担を強いることによって各国経済の破綻を導く戦術をとっている。東南アジアは西欧に比べても、共産主義者の経済戦争に対してかなり脆弱な地域である。外からの侵略の抑止や撃退、地域内部の反乱や革命の防止には、経済と軍事の一体化を図るしかない。

第三に、国家の枠組みを克服して初めて戦争を回避できる。経済的な相互依存、貿易と投資の自由化、多角的な国際協力などを基礎に、国境を超えた結びつきをいっそう強化しなければならない。地域統合による繁栄こそ永続的な平和を実現するカギであり、政治と経済は一体不可分なのである。

こうした確信は、ベルサイユ講和条約締結からドイツのポーランド侵攻までの二〇年の経験がもたらしたものでもあった。あまりにも懲罰の色濃い敗戦国ドイツの取り扱いに加え、せっかく創設した国際連盟までも戦勝国の国家利益への奉仕者におとしめてしまったことが、再度の大戦を招いたのだ。偏狭な民族主義や国家主義を乗り越えることが、繁栄と安全の唯一の道だ。

それはベトナム介入の原動力となったミュンヘンの教訓の、もう一つの側面だったといえる。アイゼンハワー大統領やダレス国務長官だけでなく、「欧州統合の父」として知られるフランスのジャン・モネ、ベルギーのポール＝アンリ・スパーク外相、西独のコンラート・アデナウアー首相、イタリアのアルチーデ・デ＝ガスペリ首相ら、一九五〇年代西欧の指導者たちも同じ考えを共有し、欧州統合の発展に力を尽くしたのである。

破れた皮算用

アメリカも、一体化した西欧の誕生を歓迎した。それはソ連の西方への膨張を抑える強力な楯だったからである。しかし肝心の西欧にとってアメリカの経済力は、ソ連の軍事力と並ぶ脅威にほかならなかった。のちには日本の経済進出もその列に加わることになる。二度の大戦で疲弊した西欧がこのまま米ソの狭間で埋没するのではという警戒心は、西欧統合がアメリカ主導で進むことへの懸念をともなっていた。その具体的な表れが、フランス・西独・イタリア・ベルギー・オランダ・ルクセンブルクの六ヵ国による欧州防衛共同体（EDC）構想の挫折である。

朝鮮戦争勃発の衝撃はアメリカに西独再軍備の必要を痛感させた。しかし西欧各国、とくにフランスの反発から、新生ドイツ軍という虎を閉じ込める檻としてEDC、つまり欧州軍の創設が提唱された。EDC早期実現を望むアメリカの足元を見たフランスは、見返りとして対インドシナ援助増の要求を突きつけた。勝利を握りさえすれば、インドシナに釘づけの兵力を本国に帰すことができる。本国の軍事力が強化されれば、国民が抱くドイツへの恐怖心もおさまるだろう。

実際にアメリカはインドシナへの援助を強化するが、結局フランスの敗退は避けられなかった。しかも仏議会は一九五四年八月、EDCを葬り去ってしまう。ドイツ復活への恐怖以上に、ED

Cの超国家性、つまりフランス独自の軍が消滅することへの反発が高まったからである。イギリスの奔走で、西独の再軍備とNATOへの加盟、西欧同盟（WEU）の発足がもたらされるが、東南アジア統合のモデルとなるべきアメリカ主導の西欧の統合は頓挫してしまう。

フランスにとって欧州統合は、アメリカや、そのお先棒担ぎとしか見えないイギリスの影響力を排除したものでなければならなかった。あくまで主役は大陸諸国、そしてフランスというわけである。これ以降、西欧の統合は「パリ＝ボン枢軸」と呼ばれる仏独協力体制を軸に進んでいく。

そしてSEATOもまた、アメリカが当初抱いた期待を大きく裏切ってしまうのである。

中ソ陣営はSEATOを米帝国主義の道具、アメリカ版大東亜共栄圏、平和への脅威などと口をきわめて非難した。しかし、かりに彼らがSEATOを本当に恐れていたとしても、それはまったく杞憂の域を出なかった。英仏はアジアで影響力を失いつつあり、タイ、フィリピン、パキスタンといったアジアの反共諸国もばらばらだったからである。

アジア諸国はアメリカとも対立した。彼らは、印パ紛争のような事態にもSEATOの行動を求めた。NATOと同様、外部からの侵略に対してはアメリカの軍事介入は当然だったからである。しかしアメリカは、条約の発動を共産主義者の侵略に限定したかった。不用意にこの地域で軍事行動を求められないよう、NATOのような常設軍事機構もつくらせなかった。

ダレスは東南アジア条約機構の略称には、NATOを連想させるSEATOでなく「MANP

AC（マニラ・パクトの略）」のほうがよいと述べている。南ベトナムでのゴ・ジン・ジェム擁立がおっかなびっくりだったのと同様、東南アジア集団防衛体制の構築にも当初アメリカは及び腰だった。抜き差しならないコミットメントの深化には、強い警戒心があったのである。

SEATOはさっそく一九五〇年代末〜六〇年代初めのラオス内戦で、その無力ぶりを満天下にさらした。アジアの加盟国は、地域防衛に無関心な英仏と、両国に振りまわされるアメリカに失望した。タイは、英仏を追放しない限りSEATO脱退も辞さないとした。アジアの反共指導者の一人、台湾の蔣介石総統は、SEATOなど「空っぽの貝殻も同然」だと手厳しかった。

一九六一年五月、アジア歴訪の旅を終えたリンドン・ジョンソン副大統領は、アジア諸国の結合によって共産主義を封じ込めない限り、太平洋は「赤い海」になるとジョン・ケネディ大統領に警告している。アメリカは東南アジアを中心に同盟の立て直しを急がなければならなかった。その核となるのが、いわばアジアの反共三羽烏――南ベトナムのゴ・ジン・ジェム、タイのサリット・タナラット、台湾の蔣介石だった。

東南アジアとは

ケネス・ヤング駐タイ大使は、一九六〇年代初めのワシントンで数少ない東南アジアの専門家だった。その彼は、中国を南方から包囲する地域こそ、アメリカの剛速球を待ち構える「アジアのキャッチャー・ミット」だと述べ、地域統合にアメリカが主導権を発揮する必要を強調していた。ところが現実にはそれは夢物語だった。東南アジアとは政治的な実体ではなく「地理的表現にすぎない」と嘆いたのは、のちに駐日大使となるアレクシス・ジョンソン駐タイ大使である。

東南アジアという概念の成立は、日本軍の占領地域奪回をめざす英軍が東南アジア司令部をセイロン（現スリランカ）に設置した一九四三年に始まるといわれる。この地域は古くは中国文化とインド文化の境界線にあたり、のちにイスラム文化も到来した。したがって歴史も文化も宗教も言語も、まったく異質な諸国の集合体である。どの国も多民族国家で、しばしば国境の両側に同じ民族が分布し、国内諸民族どうしの関係も不安定である。

たとえばインドシナ半島は「民族の十字路」と呼ばれる。ベトナムは人口の九割近くをキン族が占めるが、それでもベトナム社会主義共和国政府が公認したものだけで五四の民族がいる。文化や言語などの南北格差も小さくない。山がちの内陸国家ラオスは古くから、地域ごとに別途の交易路に生活の糧を頼ってきた。北部はハノイやハイフォンに、中部はダナン（ツーラン）に、南部はサイゴンやバンコクに、という具合である。首都ビエンチャンと王都ルアンプラバンの距離は二〇〇キロあまりだが、言葉もかなり違うという。

植民地統治の歴史を引きずり、恣意的に引かれた国境線をめぐる紛争も絶えなかった。各国の経済はまだ旧宗主国と強固に結びつけられており、東南アジア域内の貿易や経済交流はなかなか増えなかった。独立後まもない各国は、国家の一体性保持、国民意識の育成に精一杯で、隣国との協力や地域統合などに構っている余裕はなかった。

東南アジア諸国の間にまったく共通点がないわけではない。気候条件や生活様式。アニミズムや祖先崇拝などの慣習。植民地支配の経験。一次産品のモノカルチュア経済。民族主義の高揚などである。俗にいう「多様性の中の統一」が、地域統合の突破口となった事実は否めない。ただそれはアメリカの力をもってしても、けっして容易なことではなかった。インドシナ半島を一瞥すれば、それは明らかである。メコン川流域には経済交流の長い歴史があり、共同体意識もそれなりに育っていた。だが同時にそれは「アジアのバルカン半島」の異名をとる地域でもあった。

北属と南進

ベトナム人の伝統は「北属（バクトゥオック）」と「南進（ナムティエン）」である。彼らは中国歴代王朝に朝貢しつつ、トンキンからアンナンへ、コーチシナへと版図を拡大してきた。その犠牲となったのがカンボジアである。アンコール朝は一二〜一三世紀に最盛期を迎え、のちのサイゴンもバンコクもビエンチャンも勢力範囲におさめていた。しかしその後内紛などで弱体化し、ベトナム人の餌食となってしまう。

一八世紀ベトナムのある将軍にいわせれば、「蚕が桑の葉を食べるように」彼らはカンボジアを侵食した。一九世紀までにはメコンデルタを制圧した。ベトナム人の入植で、クメール人（いまでも数十万人が住む）はメコンデルタ内の少数民族に転落した。彼らはいまでも、メコンデルタをカンプチアクロムもしくはクメールクロム（低地カンボジア）と、サイゴンをプレイノコール（森の都）と呼ぶ。

カンボジア東部からベトナムに突出した、「オウムのくちばし」と呼ばれる地域がある。カンボジア人にとってはベトナムの侵略をかろうじて免れた土地だが、ベトナム人にとってはカンボジアに奪われた領土にほかならない。シャム湾に浮かぶベトナム名フーコック、カンボジア名コートラル島。その北西に位置する、ベトナム名プドゥおよびティアン島、カンボジア名コセスレアムおよびコーチュメイ島。いずれも係争の種である。こうした積み重ねが一九六三年八月の断交騒ぎ（経済関係を除く）の背景となった。植民地時代の境界線はフランスが画定したものだが、ベトナムは中越国境については妥当と認めながら、カンボジアとの国境は受け入れていない。カンボジアがフランスの植民地支配に身を委ねたのも、じつはベトナムを牽制するためだったという。それでもベトナム人のカトリック教徒はフランスの保護下で、カンボジアから土地を奪い続けた。ノロドム・シハヌークはしばしば失地回復をめざす国家統一キャンペーンを展開した。のちにポル・ポトが、メコンデルタの領有権を主張して武力挑発を繰り返し、ベトナムのカンボジア侵攻を招いたのも、こうした歴史が背後にある。

東南アジアのポーランド

植民地化の代償としてカンボジアはタイの属国となることも免れた。そのかわり北西部をタイに割譲しなければならなかった。ところが独立維持の代償として、今度はタイが東部をフランスに、つまりカンボジアに明け渡す。フランスは古都アンコールを含む領土の奪還によってカンボジア王族の歓心を買い、植民地統治をより効率的に推し進めようとしたのである。

一九四一年、インドシナを占領した日本がタイを味方につけようと、北西カンボジアをタイの手に戻す。日本が敗れ、インドシナ連邦内で独立を得たカンボジアは、再度領土を奪還する。ラオスの一部も似たような運命をたどった。これでは国境紛争がいつ勃発してもおかしくない。

事実、国境線上に位置するアンコール朝の遺跡プレアビヒア寺院の帰属をめぐり、カンボジアとタイは一九五八年、一九六一年の二度にわたって断交する。一九六二年、国際司法裁判所はカンボジアに軍配を上げたけれども、カンボジアの西側、ほぼ三分の一はそもそも自国領なのだと考えるタイはけっして納得しなかった。

カンボジア人は自国を、ロシア人とドイツ人に挟まれたポーランドにたとえることがある。一四世紀頃から、タイとベトナムはともにカンボジアを属国と考え、インドシナ半島での覇権争いの場としてきた。カンボジア宮廷内の親ベトナム派と親タイ派の対立が、両国による侵食を招いた面もあった。カンボジアは両国に朝貢して安全を保ってきたし、国王の即位すら両国の承認が必要だった。あえて緩衝地帯となり、両者を咬みあわせることで自立を守ったこともある。

ベトナムは狼、タイは虎だ。共産主義に支配されてもカンボジア人はカンボジア人のままだが、タイやベトナムに征服されれば民族が消滅する。たいして価値のない無人島やごくわずかな土地にこだわるのも、一度屈服すればすべてが終わりになるからだ。これがシハヌークの確信だった。インドシナ半島の大地に、カンボジア版のミニ・ドミノ理論が存在していたのである。

南ベトナムやタイは、シハヌークが中立を標榜しつつ親中国路線をとり、アメリカの軍事援助を受けながらSEATOにそっぽを向き、東西両陣営から援助をもらっていることに我慢がならなかった。とくに南ベトナムは、カンボジア政府がベトコンに聖域を与え、物資を供給し、訓練を施し、負傷兵を治療していると攻撃した。

2　アジアの二つの核

インドへの熱き想い

東南アジアを舞台とする地域防衛も地域統合も、どうやらお題目に終わりそうな気配が当初から濃厚だった。しかしこの地域が米中対決の舞台である以上、アメリカは是が非でも統合を進めなければならなかった。つまり西欧の場合と同じく、冷戦の論理が東南アジアという地域の創造を求めたといってよい。

それには、東南アジアを植民地支配した歴史を持たない、アジアの協力者が必要だった。アメリカがまず秋波を送ったのはインドである。第一にインドは中国と並ぶ、押しも押されもしないアジアの大国である。第二に、中立勢力の雄、世界の非同盟運動の指導的存在である。第三に、国際監視委員会（ICC）議長国として、南ベトナム防衛にも直接かかわる国である。

当のインドは東南アジアにたいして関心を抱いておらず、アメリカの反共封じ込め外交にも批判的だった。SEATOも「アジアとまったく無関係な組織」（ジャワハルラル・ネルー首相）、「保護国の現代版」（クリシュナ・メノン国防相）などと非難した。国際監視委員会による北ベトナム領内の調査にポーランドが反対した時も、インドはアメリカの要望どおりには動いてくれなかった。南ベトナムのゴ・ジン・ジェム大統領は、たぶんネルーはソ連にインドを守ってほしいのだろうと皮肉った。一九六二年の中印国境紛争以降インドの姿勢も多少和らぐが、アメリカの側からすればけっして十分ではなかった。

ケネディ政権でゲリラ対策研究に没頭したウォルト・ロストウは弦楽器の奏法にたとえて、ベトナムで共産主義者が展開している戦いを「ミュート（消音）の戦争」と名づけている。すべての指令がハノイからもたらされ、ラオスやカンボジアにゲリラの聖域が設けられている事実を、国際世論がまったく知らない現実に苛立っていたからである。そこでアメリカは、国際監視委員会議長国インドをはじめ、全世界にベトナムの赤裸々な真実を知らしめるべく、何度か『ベトナム白書』を刊行する。またそうした焦りが、アメリカがみずからの力で南ベトナム防衛に乗り出すしかないという決意を固めさせていくのである。

太平洋を守る島々

一九五〇年、トルーマン政権のディーン・アチソン国務長官は、アリューシャン列島—日本本土—沖縄—フィリピンがアメリカの西太平洋の防衛線だと述べた。その直後に朝鮮戦争が勃発したため、アメリカの防衛線から朝鮮半島を除外したことがのちに批判された。しかしアイゼンハワー政権の基本戦略も、日本本土—沖縄—台湾—フィリピン—オーストラリア—ニュージーランドを結ぶアジア大陸東部沿岸の連鎖状の島々、いわゆるオフショア・アイランド・チェインの防衛にあった。

この連鎖の中で最も重要な砦が日本だった。戦略的位置、人的資源、潜在的工業力など、日本は「極東情勢の心臓であり魂」だとダレス国務長官は述べている。アイゼンハワー大統領も、日本が中ソ陣営と手を結べば、太平洋は「アメリカの湖」でなく「共産主義者の湖」になると危惧した。朝鮮とインドシナはこの島々を守るための橋頭堡《きょうとうほ》であり、ダレスは、ホー・チ・ミンを「日本から重要な海外市場と食糧・天然資源の供給地を奪う」ために、モスクワで訓練されベトナムに送り込まれた共産主義者、と確信していた。

日本はその独立と安全を自力で守らなくてはならない。経済力をいわば機関車として東南アジアを含むアジア全域の繁栄に貢献しなくてはならない。政治的にもアジアの大国として中国に対抗し、アメリカのアジア政策を支援する必要がある。一九五一年のサンフランシスコ講和条約も日米安保条約も、その重要な里程標となるべきものだった。憲法の規定もありすぐには無理だが、一九五四年に正式発足した自衛隊がいずれ極東全域の安全に貢献するよう期待された。日本が韓国、台湾などとともに北東アジア条約機構（NEATO）を形成、SEATOと連結してアジア全域の防衛に寄与することも考えられていた。

ところが肝心の日本経済は、朝鮮特需の減少とともに失速の気配を示し、財界を中心に対中貿易拡大への期待が膨らんでいた。もしこれが実現すれば、社会主義建設に苦慮する中国経済は強化される。中国の日本への影響力も飛躍的に増すだろう。そうならないためには、中国に替わる巨大な、天然資源の供給地や工業製品の市場を見つけなければならない。それが東南アジアだった。

日本の繁栄は、親米路線の確立にもつながるはずだった。一九五四年のジュネーブ会議と前後する時期、頼みの保守勢力は混乱し、弱体だった。一九四八年、二度目の首相となって以来政権を担当してきた吉田茂と、一九五四年末に政権を奪うことになる鳩山一郎の間で権力闘争が続いていたからである。一九五五年には保守合同が実現、自由民主党の長期政権が始まるが、彼らの内部にはインドシナで敗北したも同然のアメリカへの失望が増殖しつつあった。一九五四年三月、ビキニ環礁での水爆実験で第五福竜丸が被爆したことから、国内の反米感情も強まりを見せていた。アメリカにとってまずいことに、モスクワから吹き始めた平和共存の風は確実に日本にも届いていた。

賠償と援助

それでも一九五一年にバオ・ダイのベトナム国と平和条約を結んだ日本は、ジュネーブ会議後もアメリカの青写真どおりに行動する。一九五五年にはベトナム共和国とたがいに大使館を設置した。ビルマ・フィリピン・インドネシアへの太平洋戦争の賠償支払いに続いて、一九五九年には南ベトナムに三九〇〇万ドルの賠償、七五〇〇万ドルの政府借款、九一〇万ドルの民間経済協力を与え、ダム建設などに貢献した。

いわゆる仏印進駐で与えた被害への賠償とすれば、ほんらいベトナム全土が対象のはずである。しかも大きな被害を被ったのはもっぱら北部だった。南だけに賠償などを与えたことは、「ニワトリ三羽に二〇〇億円」（当時は一ドル＝三六〇円）と揶揄され、その理不尽さを批判された。アメリカのいいなりに南のベトナム共和国のみをベトナムを代表する正式な政府と認めたこと、援助で結局は日本企業が儲けたこと、アメリカのベトナム介入を側面から支援したことも、多くの人々に問題視された。

一九七一年までに南ベトナムにはさらに七〇〇〇万ドルの無償援助、三五〇〇万ドルの円借款が与えられ、医療品、プレハブ住宅、車両、トランジスタラジオなどが送られた。ちなみに日本が北ベトナムと国交を樹立するのは米軍撤退後の一九七三年九月である。それまでは第三国を迂回する形で小規模ながら北とも貿易が行われていた。

一九六一年に訪米した池田勇人《はやと》首相は「日米パートナーシップ」を高らかに宣言した。一九六〇年の日米安保条約改定をめぐる騒動による日米間の齟齬を克服し、自由世界の一員として東南アジアの経済発展と政治的安定に貢献するためである。その努力は、たとえば日韓関係の正常化に向けられた。交渉開始から一四年目、一九六五年になってようやく日韓基本条約が成立し、日本は韓国に五億ドルの援助や借款を与えた。韓国の貿易相手国の第一位がアメリカから日本に移り、日本企業の韓国進出がめだつようになったのも一九六五〜六六年頃である。日韓関係の改善は、東南アジアの、そしてアジアの統合をめざすアメリカの努力と不可分だった。

特需で潤う日韓

一九六六〜七一年、韓国には一七億ドルが特需としてアメリカから流れ込んだ。一九六四年に一億ドルを超えた輸出は、一九六九年には六億ドルに達した。アメリカの韓国への軍事支出も一九六五年の九七〇〇万ドルが三年後には三億ドル以上となった。最盛期には二万人近くが南ベトナムに出稼ぎに行き、兵士の手当と合わせて年に一億二千万ドルを本国に送金した。それは一九六九年には外貨収入の二割を占めるほどだった。こうした外貨が韓国に「漢江の奇跡」をもたらす一つの要因となった。

ベトナム戦争が本格化すると、多くの物資が日本国内の四〇近い港から搬出された。日本はまさに「トイレットペーパーからミサイルまで」ベトナムに供給したと批判される。ナパーム弾の九〇%は日本製で、部品の状態でベトナムに送られた。他に有刺鉄線、防虫網、兵舎用プレハブ、土嚢、木材、セメント、発電機、ダイナマイト、クレーン、トラック、ジープ、カメラ、軍服、靴、食糧、宣伝ビラ、遺体袋などの需要、駐留米軍の消費やサービス提供など、日本の貢献は多岐にわたった。

ベトナム特需は一九六五〜七二年で直接間接、対米輸出も含めて七〇億ドルほどになるという。輸出総額に占める割合はせいぜい七〜八%で、輸出の六割以上に達した朝鮮特需ほどではなかった。しかし東京オリンピック後の不況にあえぐ日本経済の息を吹き返させ、高度成長時代への道を開いた。韓国と同様、日本の繁栄もベトナム戦争と密接にからみあっていたのである。

一九六六年、ソウルでアジア太平洋閣僚協議会（ＡＳＰＡＣ）が開かれた。日本でも「アジア太平洋の時代」が到来したという議論が登場した。南ベトナム、韓国、台湾、タイなどには日本製品が押し寄せた。戦後の経済進出を念頭に日本から東南アジア諸国への投資も急上昇した。それは大東亜共栄圏の再現と非難された。たとえば一九七四年、タイ、マレーシア、インドネシアを歴訪した田中角栄首相は、日本製品の不買運動や反日デモ、はては暴動の洗礼を受けた。学生などを中心に、日本車や日本製品の洪水、日本企業の進出、傍若無人な日本人観光客の振るまい、日本政府が各地の軍事政権や独裁政権と協力してきたことなどへの憤りがつのっていたのである。

反戦運動熱とその限界

ベトナム戦争の激化につれて、日本国内でも戦争拡大、米軍基地、米帝国主義などへの抗議運動が盛んになった。軍需品輸送の拒否、戦車輸送の妨害、射撃演習の阻止、野戦病院開設への反対、米空母入港への抗議、ベトナム民衆への医薬品寄贈などの活動が頻繁に行われ、各地で反戦フォーク集会が開かれた。「ベ平連（ベトナムに平和を！市民連合）」は定期的に月一回のデモを行い、米軍脱走兵の国外逃亡を助けた。

一九六七年、イギリスの哲学者バートランド・ラッセルの提唱で、ベトナムでの米軍による非人道兵器の使用や残虐行為など、平和に対する犯罪を裁く国際法廷がストックホルムで開かれた。このラッセル法廷の東京版も開催され、とくに日本政府の戦争協力姿勢が槍玉にあげられた。苛立つエドウィン・ライシャワー駐日大使が、日本の新聞報道の反戦・反米偏向を批判して物議をかもしたこともある。

一九六四年八月、トンキン湾事件で第七艦隊が横須賀や佐世保から出港した時、椎名悦三郎外相は、公海上での攻撃に対する自衛権の合法的な行使で、日米安保条約の事前協議の対象外だと述べた。戦争の原因はハノイの侵略にある。北爆は南ベトナムと極東の安全を守るための行動だ。むしろ日本はアメリカが払っている犠牲を理解すべきだ。直接戦闘目的に使われるのでない限り、たとえば離日直後に命令を受けた部隊の出動や爆撃機の出撃も事前協議は必要ない。こうした論理に立つ日本政府は、アメリカにつぐ第二の戦犯だと内外で批判された。

国内で反戦の主張は高まったが、アイゼンハワー大統領の訪日を阻止した、一九六〇年の日米安保条約改定反対の運動ほどの盛り上がりは見せなかった。しょせん大多数の日本人にとってベトナム戦争は対岸の火事にすぎなかった。民族解放戦線びいきだったマスメディアの報道も、政府を動かすにはいたらなかった。佐藤栄作首相は、日米貿易摩擦を回避し、小笠原諸島や沖縄の返還を実現するためにも、アメリカのベトナム政策を徹頭徹尾支持する構えだった。一九六七年には参戦国以外の首相として初めて、南ベトナムを訪問している。アメリカも、貴重な味方である日本の保守政権を守るために小笠原や沖縄の返還を決意した。

戦争の基地となった日本

米空母や原潜は、横須賀や佐世保で補給や修理を受けた。横田や岩国は米本土からベトナムに向かう航空機の中継基地だった。日本は米兵の休暇先であり、傷病兵の治療場所であり、遺体の搬送先だった。日本人農業技術者や医療関係者がベトナムに渡った。米軍基地の日本人労働者も、日本政府の斡旋による個人契約という形で輸送船や上陸用舟艇に乗り込み、弾薬やナパーム弾などの輸送・陸揚げに従事して死者を出している。国内でも、米軍のジェット燃料輸送列車が新宿駅構内で炎上事故を起こしたり、毒ガス漏れの事故が発生したりした。

長く米軍占領下に置かれた沖縄は、そこから米軍が出撃し、また対ゲリラ戦訓練などで彼らを後方支援する基地となった。一九六五年三月、初めてベトナムに送られた海兵隊も、沖縄や岩国から出発したのである。沖縄の中央情報局組織は対北ベトナム隠密作戦を支援した。日本政府は、沖縄に施政権を持たないことを理由に米軍の出撃を容認した。ユリシーズ・シャープ太平洋軍司令官は「沖縄なくしてベトナム戦争を続けることはできない」と言明している。

ライシャワー駐日大使は、沖縄は「一〇〇万人の日本人の住む植民地」だとあけすけに語った。事実、県民総生産の四分の一は米軍基地に依存していた。一九七二年、「糸を売って縄を買った」

といわれる日米繊維問題の譲歩と引き換えに、また「核抜き本土並み」を合い言葉として、沖縄は日本に復帰する。しかし全県の一三%を占める基地は残った。ベトナム戦争継続にもアジア太平洋の安全保障にも沖縄は不可欠だった。実際アメリカにしてみれば、基地の自由使用権さえ確保すれば統治権などたいして問題ではなかった。

3　地域主体の統合戦略

中立化に活路を

集団防衛体制の強化と並んで、地域統合の推進は東南アジアの共産化を防ぐ重要な手段だった。ただしそこには二つの条件があった。第一に、反共体制を強化し中国封じ込めを進めるためのものであること。第二に、アメリカがあくまで主導権を握り続けること。ところがアメリカのベトナム介入の行き詰まりとともに、いずれの条件にも反する動きが生じた。その第一は、米国内や諸外国の指導者たちによる東南アジア中立化の提唱、第二は地域諸国による独自の統合である。

米国内で最も初期の、そして熱心だった中立化論者の一人が、ケネディ政権の国務次官だったチェスター・ボウルズである。彼はいう。スペインがアメリカの圧迫のもとにフロリダ半島を明け渡したように、どの国であろうとアジア大陸で中国の巨大な圧力に耐え抜けるはずはない。東南アジアで力の均衡を維持するのなら、ビルマ、タイ、マラヤ、ラオス、カンボジア、南ベトナムなどを「中立ベルト地帯」化する以外にはない、と。

中立化論の根拠は、ベトナムの隣国ラオスの内戦も同じ方法で解決できたという点に尽きた。だが皮肉なことに、ラオスで対決ではなく妥協を受け入れたがゆえに、ケネディはほかの場所、たとえばベトナムで中立化を認められなくなってしまった。南ベトナムのゴ・ジン・ジェムやタイのサリット・タナラットなどアジアの反共指導者は、ラオスの次は自分たちを見捨てるつもりかとアメリカに迫っていたからである。

米国内でも保守派はケネディの弱腰を痛烈に非難した。ケネディは内外に、ラオスで和平を求めることが東南アジア、なかんずくベトナム放棄につながらないことを証明しなければならなかった。実際のところ、ベトナムで踏みとどまるのだという了解があったからこそ、ラオスでは交渉の道を選ぶことができたのである。

それでも米国内では、経済学者でもあるジョン・ガルブレイス駐インド大使、マイク・マンスフィールド民主党上院院内総務、外交通として知られるウィリアム・フルブライト上院外交委員長、ウォルター・リップマンやジェームズ・レストンら著名ジャーナリストたちが、東南アジア（ないしインドシナ、ベトナム）の中立化に活路を見いだしていた。アメリカ以外で同じ主張を展開したのは、ビルマ人であるウ＝タント国連事務総長、カンボジアのシハヌーク、アンソニー・イーデン元英首相、そしてシャルル・ド＝ゴール仏大統領といった面々である。

なかでも熱心だったのがド＝ゴールだった。しかしアメリカはこれを、米ソの狭間で主導権を握り、フランスの栄光を取り戻し、インドシナで影響力を回復しようという狙いの表れだと見た。南ベトナムでも、フランスは夢よ再びとばかり権益を復活したいのだろうとする声があった。ド＝ゴールはことあるごとにアメリカに楯突いてきた。独自に核武装を進め、核不拡散体制にそっぽを向く。イギリスの欧州経済共同体（EEC）加盟を拒む。一九六四年には中国を承認する。一九六六年にはNATOの軍事部門からいっさい手を引く。ベトナムを「腐った国」と呼び、アメリカの介入はフランスの二の舞だとお節介な警鐘を鳴らす。一九六五年にはSEATOへのコミットメントを取り消す。一九六六年にはプノンペンを訪問、アメリカのベトナム介入政策を痛罵する。これではワシントンも、おいそれと彼の言葉に耳を傾ける気持ちにはなれなかった。

ラオスの隠された戦争

ジョンソン米大統領も、中立化構想を頭から排除していたわけではない。しかし南ベトナム政府の弱体ぶりや、国土の半ば以上が敵の支配下にあることを考えれば、ベトナムの中立化とはすなわち共産化を意味していた。実際にハノイの側が興味を示したのは、ベトナム全土ではなく南ベトナムだけの中立化、つまり米軍を追い出すことにすぎなかった。かりに東南アジア全土が中立化されれば、米軍はタイからもフィリピンからも撤退を余儀なくされ、軍事援助も送れなくなる。その間隙を共産勢力が突いてくることは間違いない。結局は東南アジア全体が赤化することになると考えられた。

奇妙なことに、中立化構想に反対する人々も、ラオスを根拠に引いていた。一九六二年のジュネーブ協定による左右両派と中立派の連合政権がほどなく崩壊し、内戦が再開されたからである。共産主義者との合意など信用できるものではない。東南アジアが米中対決の舞台である以上、中立化など絵に描いた餅にすぎない。こうした確信がワシントンでいっそう強まった。

パテト・ラオ（ラオス愛国戦線）はジャール平原を中心に北部で地歩を確立し、北ベトナム経由でアヘンを輸出、武器などを購入した。いっぽう一九六三〜六九年、アメリカが右派に与えた援助は六億四七〇〇万ドル。一九六八年までにラオス領内に落とした爆弾は少なく見積もっても一五〇〇万トン、おそらくは三〇〇万トンに達するという。人口密集地や村落は攻撃目標としない建前だったが、実際には敵の支配地域であれば、住民も家屋も田畑も家畜もすべて爆撃の対象となった。

しかし一九七〇年三月にリチャード・ニクソン米大統領が公式に認めるまでは、ラオスでは戦争は行われていない、ということになっていた。米軍当局は、タイのウドン、コーラート、ナコーンパノムなどから発進する米軍機に記者を乗せることを拒んだ。米軍は身分を変更させるなどの手段を講じて、いったん引き揚げたはずの軍事顧問を送り込んだ。
ラオス領内の北ベトナム軍の存在もまた秘密にされていた。この、世界の目から隠された戦場で犠牲となった国民は三〇万人以上を数える。農村は次々と無人化し、難民も一九七四年までに七〇万人に達した。ラオスの経済も、交通も、通信も、徹底的に破壊された。人々が生き延びる道は、難民収容所に移ることしかなかったともいわれる。

カギを握るのは誰か

じつは東南アジア中立化の主張そのものにも問題があった。対米敵視を強める中国ではなく、社会主義陣営の盟主ソ連を交渉相手に考えていたことである。ラオス内戦激化の本当の原因も、ソ連が一九六〇年秋から始めたパテト・ラオへの軍需物資などの空輸に求められた。それは第三世界での革命運動の主役の座を中国に明け渡してなるものかという反発のゆえだったとも、ラオスに深く関与している北ベトナムの歓心を買うためだったとも、米中をラオスで泥沼の対立に陥れる策謀だったともいわれる。

ソ連がラオス共産化をあきらめてくれたことが、いったんはラオス問題を解決させた。しかし、しょせんは大国の妥協で与えられた中立だったから、それを維持するだけの基盤はなく、内戦の原因も解決されていなかった。一九五四年と一九六二年のジュネーブ協定はともに、ベトナムとラオスの紛争再発を防げなかったのである。

米ソ間の合意にどこまで意味があるか、とりわけ中国がどう反応するかもわからなかった。ソ連のニキタ・フルシチョフ首相はモスクワを訪れたアベレル・ハリマン米特使に、こう語ったことがあるという。「ラオスも、ベトナムも、東南アジア全部も、あなたがたと中国人で争えばよい。私は手を引く。われわれは手を引く。われわれはなにもいらない」と。

実際問題としてソ連は、ベトナムを含む東南アジアにたいして利害も影響力も持っていなかった。ラオス休戦をめざす交渉の中でフルシチョフ自身、たとえ米ソが中立化で話をまとめたところで「戦いに加わっている勢力どうしの間で合意が成立しなければ、なんの役にも立たないだろう」と述べていた。それはおそらく実感に近かったろうと思われる。ラオス領内を経由するホーチミン・ルートを利用して戦う北ベトナムも、必ずしもソ連に同調してはいなかった。

たしかに東南アジア中立化構想は、ベトナム戦争の平和的解決を志向するものだった。しかし、小国の運命などしょせん大国の意向しだいという発想に限って見れば、中立化の対極にあった米軍やSEATO軍の介入を主張する議論と同じところに立っていた。アメリカはみずから主導権をとっての地域統合も進められず、中立化によるコミットメント回避もできないまま、ひたすらベトナム介入を深化させていく。その間に、アメリカがめざした統合とはひと味違う、地域独自の協力体制が着実に築かれていくのである。

ASAとASEAN

一九六一年、マラヤ・タイ・フィリピンが東南アジア連合(ASA)を結成した。東南アジアに初めて、常設的な執行機関を持った多国間の協力体制が、しかも地域諸国自身の手で生まれたのである。EECの経済的成功による刺激と、ラオス内戦に無力なSEATOへの失望と危機感の高まり、共産主義への強い警戒心などがその原動力だった。この三国はいずれも国内に共産ゲリラの脅威を抱え、地域協力による経済発展、国力の充実を心底望んでいた。

ASAは教育や農業技術などの交流、経済開発協力、さらに長期的には共同市場や自由貿易地域の創設などをめざしたが、具体的成果はたいしてなかった。マラヤとフィリピンは北ボルネオのサバ領有をめぐって対立、一九六三年には断交した。その結果ASAは事実上、機能停止に陥った(一九七七年、フィリピンが事実上サバ領有権を放棄)。しかも、カリマンタン(ボルネオ南部)をめぐる領土紛争などでマレーシアと対決していたインドネシアがASAに反発を強めるという副産物もあった。一九六五年にマレーシアが国連安保理入りした時、インドネシアは対抗意識をあらわに国連を脱退したほどである。

マラヤのアブドゥル・ラーマン首相は一九六一年、マラヤ・フィリピン・インドネシア合体をめざすマフィリンド構想を提唱したが失敗、一九六三年にマレーシア連邦の成立を見るにとどまった。これ以外にも、マラヤとブルネイ、北ボルネオとブルネイなどいくつかの合邦案が登場したが、いずれも実現しなかった。しかしこうした挫折の積み重ねが、長期的には大きな果実をもたらした。一九六七年八月八日、マレーシア・フィリピン・タイ・シンガポール・インドネシアの五カ国が東南アジア諸国連合（ASEAN）を形成したのである。

その二年前、ジョンソン米大統領は東南アジアを舞台に地域主義的なアプローチを打ち出していた。しかしそれは、ペルシャ湾岸から太平洋への海路の安全を確保し、共産主義の膨張を阻止し、南ベトナム防衛の努力を後方から支援するなど、旧来の発想から生まれたものだった。だから中ソもASEANを、SEATOの双生児だと非難した。

たとえばこの頃タイの関心は、ラオスを経由して北東部に及ぶ北ベトナムの脅威をどう撃退するかにあった。実際にASEANは東南アジア防衛を強化する機能を果たした。一九六八年にイギリスがスエズ以東からの撤退を声明したこと、一九六九年にグアム（ニクソン）・ドクトリンでアメリカがアジア防衛を基本的に各国の自助努力に委ねたことに対応するものだったからである。その意味では、たしかに中ソ陣営の主張にも根拠があった。

ことに中国を苛立たせたのが、一九六五年秋のインドネシア政変である。従来インドネシアは親中国路線をとり、一九六四年には北ベトナムとも国交を樹立していた。しかし「ジャカルタ＝

北京＝プノンペン＝ハノイ＝平壌枢軸」の一角を構成するこの国に、インドネシア共産党と結んだ軍人のクーデター未遂事件が発生した。この九・三〇事件をきっかけにスカルノ大統領が失脚、親米反共のスハルトが権力を掌握した。しかもそれまで国際的な孤立を味わった反省から、スハルトは近隣諸国との融和を求め、東南アジア統合にも積極姿勢に転じた。石油資源への関心や共産主義進出阻止の要請もあって、アメリカもスハルト政権の登場を歓迎したのである。

地域統合に追い風

もっともASEANの眼目は、域内の信頼醸成と善隣関係の確立、相互協力による経済発展、社会・文化面の進歩促進にあった。SEATOのような反共軍事同盟の殻からの脱却による、各国の経済発展と国内基盤の強化こそが中核をなしていた。しかもアメリカの援助の重点が東南アジアから中東や南アジアに移ると、対米依存一本槍からの脱却がますます必要となった。

ASEANは政治・軍事機構ではなく、経済協力を柱とする組織として成長した。しかも強固な組織的枠組みを持たなかったため、かえって地道な協議が繰り返された。発足当初はたいして世界の関心も集めず、存続を危ぶむ声すらあったASEANが発展できたのもそのためだという。

ベトナム戦争にともなうアメリカの支出が地域にもたらしたドルも、経済統合の推進力となった。台湾、マレーシア、シンガポール、フィリピン、タイなどには年間三〇億ドルがアメリカから流入し、各国の資本蓄積、技術導入、産業基盤整備、工業化などに貢献した。一九六六年にはアジア開発銀行（ADB）が設立され、こうした動きを支援した。これらの諸国はのちに新興工業国（NICS）ないし新興工業経済地域（NIES）と呼ばれるようになる。

同時にタイの歴代軍事政権、インドネシアのスハルト政権、フィリピンのフェルディナンド・マルコス政権（一九六五〜八六年）など、援助や外資に支えられて国家主導の経済開発を進める強権体制、いわゆる開発独裁が生み出された。社会主義的な革命はむろん、西欧的な議会制民主主義も事実上否定された。国家建設も経済開発もすべて上から強圧的に行われた。ことに一九七〇年代にアメリカの特需が減少、景気後退がもたらされると、タイ国軍最高司令官から一九六三年に首相となったタノーム・キッティカチョンも、マルコスやスハルトも、なりふり構わず独裁体制を強化した。

政治的には中国を牽制し、軍事的にはベトナム戦争の勝利に貢献するという点で、たしかにアメリカもASEANの発展を歓迎した。しかしより重要なのは、歴史も文化もばらばらな東南アジアに、少しずつ、だが着実に連帯感と協力体制が育っていたことである。また、中国やインド、日本、西欧諸国、アメリカといった域外諸国のいわば草刈り場だった地域が、本当に主体性を確立し、地域全体の安定を確保し始めたことである。

ASEANは冷戦の枠組みを拒否し、非同盟や反大国の志向を明確にし、先進諸国に対して自己主張を行い、国益の衝突を克服する意志を明確に示した。欧州統合が欧州人自身の手で着実に進展した歴史が、東南アジアでも再現されるように見えた。しかしその行く手はけっして順風満帆ではなかった。インドシナ半島の社会主義化という現実や南沙諸島などをめぐる領有権争い、域内諸国の経済力格差など、数多くの問題に直面しなければならなかったからである。

4　ベトナム戦争後の東南アジア

二つの東南アジア

一九七〇年代半ば、東南アジアはインドシナ半島とそれ以外、つまり社会主義圏と非社会主義圏にほぼ二分された。ラオス・カンボジアの社会主義化によってベトナムがインドシナを制覇したように見えたことが、けっして一枚岩ではなかったASEAN諸国を結束させた。アメリカがフィリピンやタイの米軍を削減し、東南アジアへの関心を低下させたこと、SEATOが一九七七年六月に解体したことも彼らの危機感をつのらせた。

統一直後のベトナム社会主義共和国は、国内再建のため静穏な国際環境を必要とし、ASEANとの善隣協力関係を求めた。しかし周囲の反共包囲網やアメリカ復活への警戒心がなくなったわけではなく、ASEANについても、基本的にはまだアメリカ主導の反共軍事同盟の一種とみなしていた。ASEAN諸国が二国間・多国間の演習を繰り返しながら、軍事協力を緊密化させたことがベトナムを刺激し、両者の関係を悪化させる。

ASEANは一九七一年一一月、東南アジアを平和自由中立地帯(ZOPFAN)とする意志を表明していた。東南アジアが米中対決の場から脱却しようとする意欲の反映だった。マレーシアは一九七四年、フィリピンとタイは一九七五年に中国と国交を樹立した。一九七六年には東南アジア友好協力条約が結ばれ、地域紛争の平和的解決と経済協力の促進がうたわれた。

社会主義化したインドシナ三国との共存も追求された。マレーシア、シンガポールは一九七三年に、タイ、フィリピンも一九七六年にはベトナムと国交を結んだ。ベトナムは一九七六年に国際通貨基金、一九七七年九月二〇日に国連に加盟した。ファム・バン・ドン首相は一九七八年にASEAN諸国を歴訪、けっして他国の内政には干渉するつもりはないと約束した。

この年ベトナムは、中国の東南アジアへの影響力遮断に役立つとしてZOPFANを是認する姿勢を示した。ASEANとの友好協力条約の締結も求めるようになった。ASEAN各国との二国間関係も、個別にかなりの進展を示した。ベトナム戦争後の東南アジアには対立と和解、二つの流れが渦を巻いていたのである。だが一九七八年末、ベトナムのカンボジア侵攻が事態を一変させてしまう。

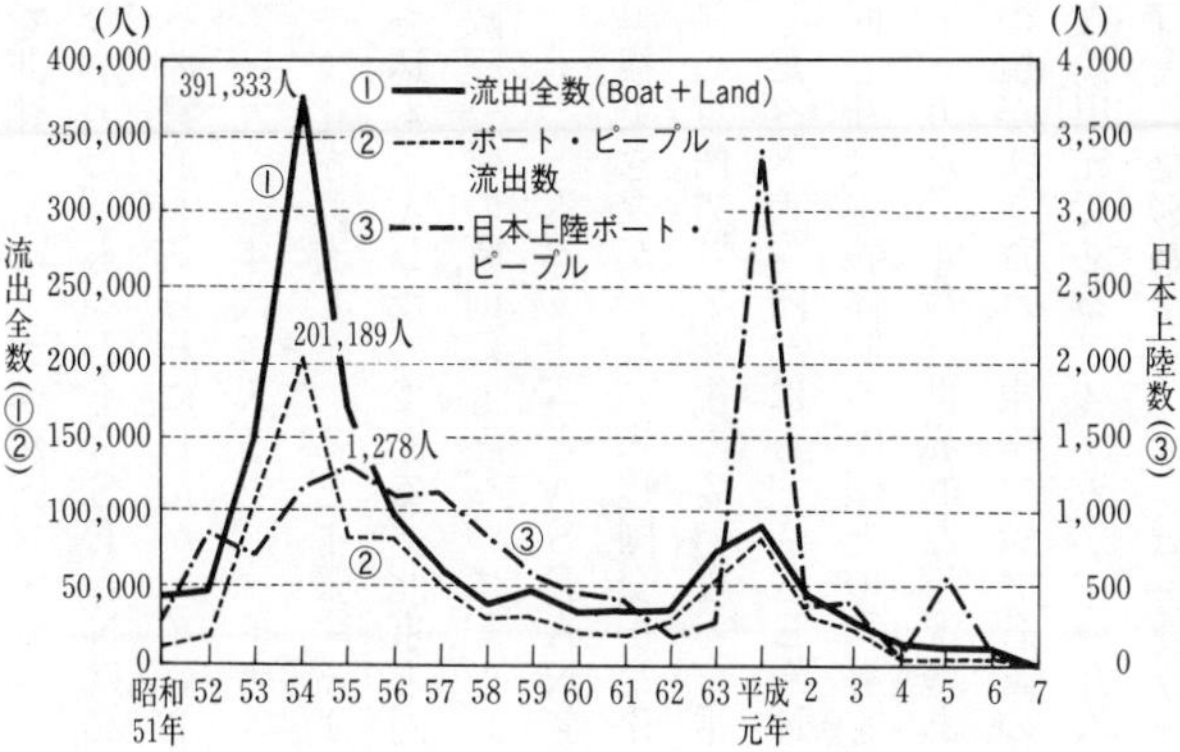

インドシナからの難民　古屋博子「ベトナムにおける日本——ベトナム難民問題から」より

カンボジア侵攻の余波

ＡＳＥＡＮ諸国のベトナムへの警戒心は一気に強まった。大量の難民（ボート・ピープル）は革命輸出の工作員、人間爆弾も同然だとされ、受け入れを拒否する国も出た。ベトナムの侵略抑止のため、タイは一九八二年にアメリカとの共同軍事演習を開始した。オーストラリア、フィリピン、マレーシア、インドネシアものちにオブザーバーとして参加した。

ベトナムとソ連の連携を敵視する中国は、ＡＳＥＡＮとの関係改善を図った。とくにベトナムの伝統的な牽制役であるタイを重視し、タイ国内の反政府左派勢力への支援を中止した。そのかわりタイは、中国がポル・ポト派に送る援助物資の領内通過を黙認した。

ＡＳＥＡＮは米中などと足並みを揃えてベトナム

を非難し、ベトナムがヘン・サムリンを擁立したカンボジア人民共和国を国際社会の一員と認めなかった。もっともASEANは必ずしも一枚岩ではなかった。タイやシンガポールはベトナムへの警戒をあらわにしたが、インドネシアやマレーシアは本当の脅威は中国にあると見ていた。

一九八〇年代に入ると、ベトナムは自国が東南アジアの一部であり、ASEAN諸国とも歴史や文化を共有していると主張するようになった。中国の覇権主義に対抗する楔《くさび》を東南アジアに打ち込もうとしたのである。北京と同様、ハノイもまたASEANの歓心を買おうと懸命だった。政経分離の原則にもとづいて、シンガポールやタイなどと貿易や合弁事業なども行われた。

もっともベトナムとASEAN諸国との間には大きな経済格差があったし、経済体制の違いも無視できなかった。米越国交正常化の遅れ、ベトナム外交における軍部の発言力増大、ベトナム側の東南アジア蔑視の姿勢など、乗り越えなければならぬ壁も多かった。ドイモイ路線に乗り出したベトナム内部にも、ASEANをつうじてアメリカを含む西側との関係改善を求める勢力と、同じ社会主義体制の中国との和解を重視する勢力の対立があった。

一九八〇年代、世界的な不況のあおりで原油やコメなどの価格が低落した。世界中に保護主義の嵐が吹き荒れ、東南アジア各国の輸出の伸びも経済成長も鈍化した。とくに東南アジアの大きな輸出先であるアメリカが、一九八〇年代に北米自由貿易地域（NAFTA）構想を掲げたことは大きな影響があった（協定成立は一九九二年、発効は九四年）。一九八八年にタイのチャチャイ・チュンハワン首相が述べたように、インドシナを「戦場から市場に」転換できれば、ASEANにも大きな利益がもたらされるはずだった。しかもベトナムには、中国と釣り合いをとるという役割も与えられた。インドシナとASEAN地域がいよいよ一つになる時が来た。

冷戦終結とASEAN

一九八〇年代末、ベトナムはASEAN加盟の意志を表明し、全方位外交の方針も打ち出した。アメリカもベトナムのASEAN加盟に反対しなくなった。ベトナムは一九九二年にASEANのオブザーバーとなり、東南アジア友好協力条約にも加わった。正式加盟は一九九五年七月二八日である。東南アジアはようやく内部の亀裂を克服、発展途上世界の中で最も安定した地域になった。

東南アジア各国のASEAN加盟

インドネシア	1967
マレーシア	1967
フィリピン	1967
シンガポール	1967
タ　イ	1967
ブルネイ	1984
ベトナム	1995
ラオス	1997
ミャンマー	1997
カンボジア	1999

五ヵ国でスタートしたASEANは、一九九九年四月三〇日のカンボジア加盟で一〇ヵ国体制となり、人口五億人を擁する巨大市場を実現させた。すでに一九九三年にはASEAN自由貿易地域（AFTA）が発足、今後一五年で域内貿易の関税を五％以下にすることを目標に掲げていた。加盟国は域内の貿易や投資を増大させ、多面的な協力関係を強化し、

同時にアメリカなど域外諸国との関係も緊密化させ、国際社会での発言力を増大させた。一九九五年には東南アジア非核地帯化条約を結んだ。中国との間でも紛争回避を目的に「地域行動基準」の作成をめざしている。「パックス・アセアナ」、つまりASEANによる地域秩序確立さえ夢ではないといわれる。

その手だての一つが、一九八九年発足のアジア太平洋経済協力会議（APEC）である。もっともアジア通貨危機には無力だったし、貿易自由化の推進役としても力を発揮できなかった。発足以来ほとんど機能不全に陥ったままだという手厳しい見解もある。一九九一年には東アジア経済会議（もしくは協議体、EAEC）設立で合意を見た。

一九九四年にはASEAN地域フォーラム（ARF）が初めて開催されている。ASEAN、アメリカ、日本、中国、ロシア、オーストラリア、欧州連合（EU）などが、アジア太平洋の安全保障などを広く協議する場である。全欧安保協力会議（CSCE）に相当する信頼醸成装置が、ほぼ二〇年遅れでアジアにも誕生したことになる。各国の勝手気ままな「トークショウ」だとの批判もあるが、二〇〇〇年には北朝鮮も加わった。また一九九六年にはEUやASEANに中国、韓国、日本を加えてアジア欧州会議（ASEM）が開催された。「ASEAN+3」、つまり東南アジア諸国と中国・韓国・日本が東南アジア自由貿易圏形成をめざす構想も浮上している。

しかし一九九〇年代末、国民一人あたり国内総生産を比べると、シンガポールとミャンマーでは二万ドルと二〇〇ドル、一〇〇倍もの開きがある。輸出市場をめぐる争いや、域内の労働力の移動がもたらす民族的・文化的な摩擦もある。比較的強大なタイ、ベトナム、インドネシアなどと、小国の立場は必ずしも一致しない。「小さなASEAN」とも呼ばれるシンガポール・マレーシア・インドネシアと、それほどASEANを重視していない諸国との間にも溝がある。古参組と新参組の利益もしばしば対立する。ミャンマーやカンボジアの加盟をめぐっては、引き換えに国内の民主化を要求する諸国と、過度の内政干渉を厭う諸国が激しくやりあった。

陸上では一九八七〜八八年、タイとラオスが国境紛争を演じた。それ以上に東南アジアの諸海域は、領土、漁場、海底資源などをめぐって多くの対立を生じさせてきた。インドネシアとマレーシアはマラッカ海峡が両国の管理する水域だと主張し、シンガポールは国際水域だとする。ことに資源採掘の経費が少なくてすむことから、大陸棚にあたる海域をめぐる紛争が絶えない。すでに見たように西沙諸島は中越両国の係争地だが、近年そこにフィリピンも加わり、三つどもえの紛争になっている。

南沙諸島は数百の島嶼や岩礁、砂州などから構成される。一九三九年には日本が領有を宣言、新南群島と名づけている。天然ガスや原油（一説には北海油田をしのぐといわれる）を狙い、中国、台湾、マレーシア、フィリピン、ベトナム、ブルネイがさまざまな術策を弄しながら領有権を主張している。一九九一年には中国、台湾、ベトナム、マレーシアが領有権問題の棚上げと共同開発について合意したが、紛争の火種が消えたわけではない。

米越正常化を阻んだもの

多くの問題をはらみながらではあるが、冷戦後の東南アジアは東と西、北と南が出会う場となりつつある。中国はASEANとのパートナーシップの必要をますます痛感している。ソ連は一九八六年、みずからを「アジア太平洋国家」と規定し、国土の三分の二がアジアにあることを強調し始めた。加えて近年、東南アジアにことに熱い視線を送っているのが、ベトナム戦争後いったん東南アジアから事実上手を引いた国、アメリカである。

アメリカはサイゴン陥落直後、対ベトナム禁輸、金融取引などの全面停止、在米ベトナム資産一億五千万ドルの凍結といった措置をとった。アジア開発銀行がベトナムに資金供与を試みた時にも反対した。それでもベトナム敗戦の衝撃からしだいに立ち直ると、ベトナムとの国交正常化を現実的な目標に掲げるようになった。

ベトナムはアメリカに、四七億五千万ドルの戦時賠償を求めた。それはパリ協定成立の際、ニクソン大統領が約束したものである。ベトナムは、南シナ海の原油採掘権をちらつかせてまでアメリカの援助を求めた。なんの手土産もなく、かつての侵略者との国交を樹立させてしまえば、抗米救国戦争の、ひいては共産党の正しさが揺らいでしまうからだった。実利と名分――国土復興・社会主義建設の資金と、侵略に対するアメリカの謝罪——という二兎を追ったわけである。

そのような約束がたとえあったとしても、ハノイは一方的武力行使によってサイゴンを陥落させ、パリ協定を蹂躙したではないか。アメリカ側はこう主張した。ウォーターゲート事件で辞任したニクソンの後を継ぎ、選挙をへることなく大統領に昇格したジェラルド・フォードにしても、無名の新人からホワイトハウス入りしたジミー・カーターにしても、援助を前提とした対越国交正常化を議会に呑ませるなど不可能だった。ことにカーターは二〇〇〇年までにパナマ運河をパナマに返還する条約をようやく締結したばかりで、これ以上の外交的な冒険は無理だった。

ベトナムは一九七八年に賠償要求を取り下げるが、手遅れだった。カーター政権では、対中関係を最優先するズビグニュー・ブレジンスキー大統領補佐官が、対越国交樹立に尽力するサイラス・バンス国務長官を押し切ってしまった。アメリカがカンボジア問題で反ベトナムの側に立ったことも両国の交渉を阻害した。アメリカの援助をあきらめたベトナムは、ほんらい望まなかったソ連への依存に追い込まれる。それはアメリカにとっても好ましい選択ではなかった。

二〇年をかけた回り道

ベトナムは対米関係改善を求め続けたが、米軍捕虜（POW）や行方不明兵（MIA）の存在がその障害となった。一九七三年三月までに釈放された捕虜は五八七人。彼らの捕虜収容所、通称ハノイ・ヒルトンでの生活は悲惨だった。洞窟も同然の留置場。糞尿にまみれた不潔な生活。鼠との同居。絶え間ない飢えと病気。夏の酷暑と冬の酷寒。独房の孤独と取り調べの拷問。民衆の怒号と罵声を浴びながらのハノイ市内の行進。

アメリカは一方的な侵略者であり、しかも公式には戦争状態にあるわけではない。だから彼らは正規の捕虜ではなく、ジュネーブ条約に守られるべき権利もない。これがハノイ側の言い分だった。国際赤十字との接触も拒否されるか、慎重な演出のうえで行われた。しかし帰国した捕虜たちが英雄扱いされ、収容所の実態が知れると、米国民はベトナムとの和解そのものに拒絶反応を示した。

一九九二年段階でまだ二二六五人の行方不明兵がおり（二〇〇〇年でも一四九九人）、家族はむろん米国民の苛立ちが続いた。しかも冷戦後のロシアで新資料が見つかり、捕虜の数がベトナム側の報告よりも実際には多かったことが判明した。ベトナム側の調査内容に不信感を抱いたアメリカ側が、記録の入手、飛行機の墜落現場や捕虜収容所などへの立ち入り調査を要求した。それが今度はベトナム側を怒らせた。

それでも、ドイモイ政策下のベトナムに向けて、フランスをはじめ諸外国の投資が始まったことがアメリカを刺激した。EUは一九九〇年、韓国は一九九二年にベトナムと関係を正常化した。中国も対越関係改善に努力し始めた。禁輸措置を続ければ続けるほど、損害を受けるのは米企業だといわれ、経済界を中心に米国内でもバスに乗り遅れるなという機運が強まった。

一九九〇年、国連本部内で、両国関係正常化をめざす交渉が再開された。一九九二〜九三年にかけて、ジョージ・ブッシュ、ビル・クリントン両大統領が経済制裁措置の一部を緩和した。一九九四年、禁輸措置は全面解除された。アメリカの経済支配に対する警戒感もベトナム国内で強まったが、アメリカとの貿易や、米資本や技術の導入は魅力的だった。一九九四年、ベトナム政府高官は、インドシナにはアメリカの存在が必要なのだと述べている。

一九九五年七月一一日、両国は国交樹立に合意した。サイゴン陥落から数えて二〇年と二ヶ月あまり、戦争状態がようやく終結したことになる。一九九七年、六年半もの捕虜経験を持つダグラス・ピーターソン新大使がハノイに着任した。一九四五年、ベトナム民主共和国独立宣言が米独立宣言に範を求めていたことを思えば、あまりにも遠い道のりだった。二〇〇〇年七月、両国間に通商協定が結ばれた。一一月一六日、クリントン大統領はニクソン以来三一年ぶりにベトナムの地を訪れた。

西方を向くアメリカ

米越国交正常化は、アメリカが東南アジアを含むアジア太平洋地域に雄々しく復活する狼煙《のろし》となった。ジョンソン大統領はベトナム戦争たけなわの一九六六年、アメリカを「太平洋国家」だと宣言している。グアム（ニクソン）・ドクトリンもアジア重視の立場は変えなかったし、ベトナム化政策はアメリカがアジアから無条件に手を引くことを意味してはいなかった。

一九七五年一二月、つまりサイゴン陥落から一年もたたないうちに、フォード大統領は新太平洋ドクトリンを発表、日本や韓国との協調関係の維持、対中関係改善、ASEANとの友好などを打ち出した。ロナルド・レーガン大統領は、アジア太平洋地域で積極的な役割を演じる姿勢をますます強めた。

一九九一年末、ブッシュ政権のジェームズ・ベーカー国務長官は経済統合・民主主義・安全保障を三つの柱とする太平洋共同体構想を発表、アメリカが積極的に関与する姿勢を示した。一九九三年、クリントン大統領が明らかにしたのが新太平洋共同体構想である。APECを中核に、アジア太平洋地域が直面する経済などの諸問題を協議、自由貿易や経済統合を推進し、多角的な地域対話をつうじて共通安全保障を確立し、民主化を促進しようというものである。

一九九三年の世論調査では、アジア太平洋が重要だとする者は三二％、欧州重視の五〇％には及ばない（ただし西部諸州ではアジア太平洋四一％、欧州三八％）。一九九九年でも、欧州四二％に対しアジア太平洋は二八％にすぎない。しかし一九九〇年代半ば、アメリカの対外貿易のうちアジア太平洋を相手とするものは四割を占めており、対欧州貿易の一・五倍にあたっている。

ベトナム戦争期と異なるのは、アメリカ自身が冷戦思考から脱却し、重点を経済に移していることである。また、かつては事実上対中・対日政策を意味していたアジア政策の中心に、東南アジアが確固たる位置を占めるようになったことである。ただ、その中でアメリカの影響力確保を求め、主導性を発揮しようとしている姿勢だけは、実質的に変わっていない。

一九世紀半ば以降、アメリカはカリフォルニア、アラスカ、アリューシャン、ミッドウェイ、ハワイ、グアム、フィリピンなどを次々に獲得してきた。対アジア貿易を促進するために中国の「門戸開放」を唱え、列強のアジア大陸進出に対抗しようとしたのも、建国以来、フロンティアを求めて西進してきた伝統の延長である。いわゆる極東は、アメリカにとっては「極西」と呼ぶべき地域だとするアジア第一主義の考え方も同じである。

欧州に源流を持ち、大西洋国家・大陸国家として発展してきたアメリカは、過去一〇〇年ほど海洋国家・太平洋国家たる地位をめざしてきた。だが西方に広がる海の彼方で、アメリカは何度か手強い敵に遭遇した。圧倒的な海軍力と海運力を備えたイギリス。軍国主義に染まり大東亜共栄圏実現をめざした日本。共産主義を奉じるソ連や中国。そしてアメリカの過剰な影響力を阻もうとした東南アジア諸国。ベトナム戦争もまた、アメリカが西方に広がる太平洋の安全を求め続けてきた結果だったのである。

第6章 二つの「ネバー・アゲイン」

1 封じ込められた記憶

2 自己欺瞞の罠

3 敗戦の衝撃、そして回復

4 ベトナム症候群の底流

Chapter 6

ベトナムへの軍事介入が取り沙汰されるたびに、米国内では朝鮮戦争の記憶がよみがえった。三万四千人の戦死者を出し、勝利にはほど遠い解決を甘受したことが、「ネバー・アゲイン（二度とごめんだ）」「ノー・モア・コリア（朝鮮を繰り返すな）」という拒絶反応を生じさせていたからである。アジア大陸での泥沼の地上戦争、アメリカが事実上単独で重荷を担う戦争、政治的考慮が軍事的考慮に優先される限定戦争、議会を無視した大統領の戦争を、二度と行うわけにはいかなかった。

アメリカが朝鮮の苦い記憶を払拭するには一〇年以上の歳月が必要だった。太平洋を遠く隔てた、しかも戦線も敵味方も不明瞭なゲリラ戦争の脅威は、国民の目に訴えにくかった。そこで政府は戦場からの情報を管理し、楽観論を振りまきながらベトナム戦争を遂行した。それが結果的に国民の間に抜きがたい政府不信の空気を醸成してしまう。民主国家アメリカは、自国の世論という手強い敵の前に一敗地にまみれたわけである。戦争終結後もベトナム症候群という名の、アメリカ自身の過去、そして世論との戦いは続く。なるほど時の経過とともに、アメリカは失われた自信を取り戻し、対外介入への嫌悪もかなりの程度おさまった。しかしベトナム戦争は朝鮮戦争とは比べものにならないほど広範囲にわたって、しかも深い傷をアメリカに与えていた。史上初めての敗北というだけでなく、アメリカにとって正義も、国民を一体化する象徴も存在しない、希有な戦争だったからである。戦後四半世紀をへてなお、アメリカ外交が「ノー・モア・ベトナム」の声に怯えなければならないのもそのためである。

I　封じ込められた記憶

強まる空軍力信仰

アメリカが最初にインドシナの危機に直面したのは一九五四年春。三月の世論調査では国民の八五％が介入に反対していた。だがアーサー・ラドフォード統合参謀本部議長らがいうように、インドシナ喪失を防ぎ、少なくともジュネーブでの休戦交渉を有利に導くには、断固たる行動が必要だった。そこでインドシナ沖合の米空母とフィリピンのクラーク空軍基地からの爆撃、バルチュール（ハゲタカ）作戦が提唱される。地上軍投入による戦争の泥沼化を回避し、素早く、確実に、しかも安上がりに勝利を達成する道、それが空軍力の活用だった。

しかし空爆への反対論も強かった。最初は限定的な空爆でも、いずれ大規模な、おそらく六〇万人以上の地上軍投入につながる。飛行場、港湾、通信輸送施設なども必要で、年に三五億ドルの財政赤字が見込まれる。均衡財政達成のため陸軍兵力を大幅に削減、核依存を強めたニュー・ルック戦略は台無しになる。朝鮮戦争で国連軍総司令官をつとめたマシュウ・リッジウェイ陸軍参謀総長ら、二度と愚行を繰り返すなと叫ぶ人々は「ネバー・アゲイン・クラブ」と呼ばれた。

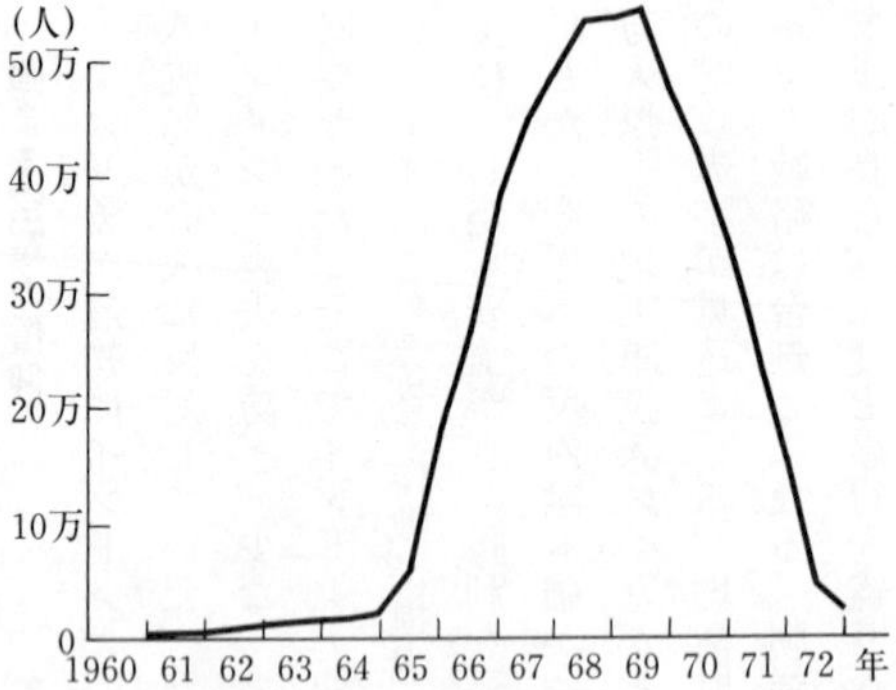

南ベトナムの米軍兵力

結局ドワイト・アイゼンハワー大統領はインドシナ介入を断念する。

アメリカがベトナムの空で戦い始めるまでには、さらに一一年の歳月を要した。その間に空爆への信仰は確実に強まっていった。第二次世界大戦中の対日・対独爆撃は両国を降伏に導いたではないか。朝鮮戦争でも徹底的な爆撃が敵の電力施設をほぼ壊滅させ、ダムを決壊させて水害を起こし、鉄道を寸断したのだ。一九六四年六月、米統合参謀本部は北ベトナム領内の石油や弾薬の貯蔵施設、重要な橋梁など九四の爆撃目標リストを作成しており、すべてを破壊するのに二週間もかからないと豪語していた。八月にトンキン湾事件が発生した時、アメリカがまずとった行動は報復爆撃（ピアス・アロー作戦）だった。

それ以上の介入拡大を押しとどめたのは一九六四年の米大統領選挙だった。リンドン・ジョンソン大統領は、戦術核使用を含む全面北爆を主張する共和党候補、バリー・ゴールドウォーター上院議員を「戦争屋」と非難、アメリカの青年を遠く離れた土地に送り込んで戦わせるつもりはないと応じていたからである。陸軍も、空軍への対抗意識から、北爆などしなくても勝てるはずだと強硬に主張している。

しかし一九六四年夏、サイゴンのマックスウェル・テイラー大使は、南ベトナムでこの年初めに権力を確立したグエン・カーン将軍が年内いっぱい国内を統治できる可能性はせいぜい五分五分だと踏んでいた。ジョンソンは大規模な米軍の投入を避けようと苦慮したが、史上初めて敗戦の汚名を着るつもりも毛頭なかった。だからのちに、ゴールドウォーターが当選すれば半年で戦争になると聞かされてジョンソンに投票したら、やはり戦争になったと皮肉られた。

一九六五年二月七日、ベトコンによる南ベトナム中部のプレイク米軍基地襲撃は、アメリカをまず限定的北爆（フレーミング・ダート作戦）、ついで北緯一九度線以南への継続的北爆（ローリング・サンダー作戦）に踏み切らせた。南ベトナム防衛の断固たる決意を示す意味があったし、経費も内外の批判も地上軍派遣ほどではなかった。ハノイを交渉のテーブルに誘うには十分効果があるだろうし、南の国民の士気を高揚させ、彼らの対米不信を拭い去ることもできようと思われた。

しかし北爆は十分な効果を上げなかった。一九六五年三月七日、海兵隊三五〇〇人のダナン上陸を皮切りに米軍は続々増派され、最大時で五四万人に達した。司令官ウィリアム・ウェストモーランドの本名は「Westmoreland」ではなく「Wastemoremen（より多くの兵力を浪費）」だと揶揄された。アメリカはアジア大陸での地上戦争を避けようと空爆に頼り、結果的には朝鮮戦争の轍を踏んでしまったことになる。

同盟諸国軍の活用

一九五四年、米国内にはロバート・タフト共和党上院院内総務ら、新孤立主義勢力が猛威を振るっていた。彼らは旧来の孤立主義とは異なり、反共主義の立場からアメリカの世界的な干渉政策を積極的に支持し、しかも同盟国や国連などの意向にとらわれてはならないとした。しかし米国内にはまだ単独介入への嫌悪が強かった。アメリカは朝鮮で国連軍という錦の御旗を得たし、一八もの国が実際に派兵したが、兵力の九割は米軍だった。その負担は一九五三年には米政府に六五億ドルもの財政赤字をもたらした。そこでインドシナでは、イギリスおよび英連邦諸国、東南アジア諸国の参加が、それも地上戦争という実質的な重荷の分担が、介入の必須条件となった。

アメリカ伝統の反植民地主義も単独介入の歯止めとなった。かりにディエンビエンフーで窮地に陥った仏軍は救えても、植民地主義に味方した軍事行動で失われるものはあまりに大きすぎた。反植民地主義と反共主義の折り合いをつける手だてが、英仏やインドシナ三国、東南アジアや西太平洋の諸国との統一行動——足並みを揃えた軍人介入だった。とくにアジアからの参加は植民地主義の色合いをおおいに薄めてくれるはずだった。

結局、英仏の消極姿勢のために統一行動は画餅に帰してしまう。しかしその努力は、東南アジア条約機構（SEATO）として結実する。少なくともその存在のおかげで、アメリカは単独介入を戒める朝鮮戦争の教訓を、形のうえでは忘れることができた。もっとも法律上は、SEATOはアメリカに軍事行動の義務を負わせてはいない。だからディーン・ラスク国務長官は一九六六年、南ベトナム防衛はSEATOによる「政策上の義務」だと述べたのである。

統一行動の挫折は、同盟国とは景気づけ以上の役には立たないものなのだという苦い事実をアメリカに教えた。その後のラオス内戦でもSEATOは無力ぶりを露呈する。東南アジアを共産主義から守れるのはアメリカしかいないという意識は、さらに強まった。しかもSEATO形成と並行して、フランス製の国家だったベトナム国はベトナム共和国に生まれ変わった。仏軍もこの地を去り、形のうえでは植民地主義の影が消失した。アメリカが単独で南ベトナム防衛に乗り出せる条件ができたのである。

また一九五四年のインドシナ危機では、台湾軍を海南島に上陸させ、あるいは中国南岸を封鎖させるなどの計画が登場した。再びベトナムの危機が高まった一九六一年には、蔣介石総統が一個師団の派遣を打診している。しかし共産中国を過度に刺激することへの懸念や、ベトナム人が持つ反中国人感情への配慮などから、いずれも立ち消えになった。

もう一つのアジアの反共国家、韓国も何度か派兵を申し出ている。朴正熙《パクチョンヒ》大統領はベトナムを

「韓国の第二戦線」と呼び、実際に一九六五年一月八日以降のべ四〇万人、最高時で五万人近くを派遣した。形の上では非戦闘部隊だったが、北朝鮮のゲリラと戦った経験を生かしてベトコン支配地域で激しい掃討作戦を展開した。米兵が一人あたり五人の敵兵を倒す間に、韓国兵は三六人を殺すという勇猛果敢ぶりを示し、戦死者も四千人以上に達した。

韓国に加え、オーストラリア、ニュージーランド、フィリピン、タイ、台湾、スペインも派兵、その兵力は一九六九年には七万人に達した。アメリカはこれを自由世界援助軍（FWMAF）と呼んだ。ただしジュネーブ協定を尊重する建前から、南ベトナム政府の要請に各国が個別に応じる形をとった。各国には見返りとしてアメリカの経済・軍事援助が与えられ、軍の近代化を促した。

もっとも韓国を除けば、彼らの派兵は形ばかりだった。フィリピンのフェルディナンド・マルコス大統領は南ベトナムを訪問、無駄に血を流さず全員無事で帰国するよう将兵に訓示を垂れた。しかしそれでも構わなかった。この試みが「より多くの旗を集める計画（More Flags Program）」と呼ばれたように、朝鮮戦争で国連軍の名を借りたのと同じ方式が採用されたからである。アメリカはまたもや、名目的には多国籍による、しかし実質的には単独での介入に踏み込んでいく。

ゲリラ対策は百花繚乱

一九五四年、陸軍を中心に限定戦争への嫌悪は強かった。政治的考慮に手を縛られ、将兵を犠牲にしたという悪夢。朝鮮で勝てなかったことへの欲求不満。満州爆撃を主張してハリー・トルーマン大統領に解任されたダグラス・マッカーサー元帥への同情。限定戦争を繰り返せばアメリカの国力も枯渇するという懸念。逆に、朝鮮での屈辱をインドシナで晴らしたい、原爆投下も辞さずという強硬派もいた。要は今度こそ戦争は軍人に任せ、政治家は黙って引っ込んでおればよいというわけである。

しかし米軍はインドシナでのゲリラ戦争に応じられる態勢にはなかった。アイゼンハワー政権のニュー・ルック戦略は、核による大量報復の脅しに依存していたからである。ほんらい手薄な部分を補うべく集団安全保障網の整備が図られたが、平和共存の空気の中で同盟諸国も軍備増強に気乗り薄だった。その後もアメリカのゲリラ戦争への対応は遅れたままだった。一九五二年に敵の背後で攪乱戦術を行うべく編成された米陸軍特殊部隊は、一九五〇年代末になっても兵力は千人に満たず、装備も訓練も貧弱だった。

一九五七年に南ベトナム政府軍に対ゲリラ戦訓練が施されたが、ジュネーブ協定への配慮もあって米特殊部隊は引き揚げてしまった。南ベトナムのゴ・ジン・ジェム大統領の意向を受け、北ベトナム軍の南進に備えて戦車や装甲車などばかりが与えられた。ゲリラ戦争はまだ本格化しておらず、米軍事顧問は第二次世界大戦や朝鮮戦争の経験にとらわれていた。

そこにケネディが、反乱鎮圧（特殊戦争）戦略をひっさげて登場した。アメリカは柔軟反応戦略にもとづいて、ありとあらゆる形の紛争に対応できる能力を備えなければならない。なかでもゲリラ戦争対策こそアメリカの緊急課題だ。アメリカが圧倒的な軍事力のほんの一部を、賢明なやり方で用いさえすれば、ベトコンなど赤子の手をひねるようなものだ。一九六〇年代のアメリカは、上は大統領から下は戦場の兵士まで自信に満ちていた。

陸軍は中南米諸国の軍人をパナマに集めて対ゲリラ戦訓練を与えた。パナマ運河基地内に設けられたアメリカ大陸軍事学校は、のちに軍事政権の指導者を何人も生んだことから「クーデター学校」と異名をとった。陸軍特殊部隊グリーン・ベレーは、ゲリラと戦うと同時に心理作戦や諜報、民生活動なども幅広くこなした。海兵隊は、ゲリラ鎮圧には自分たちこそ最適だと主張した。海軍は水陸両用車・小型潜水艇・落下傘部隊などを用いた急襲部隊（SEALS）を充実させ、高速艇や装甲船などからなる河川海軍をベトナムに送った。空軍も奇襲部隊（エア・コマンド）や、プロペラ機を中心としたジャングル・ジム部隊を生み出した。

過剰な文民統制

しかし陸海空を問わず将軍たちは反乱鎮圧なるものに懐疑的だった。カーチス・ルメイ空軍参謀総長はのちに、それは「軍務経験もほとんどないペンタゴンの文官たちが行った戦争」だと一笑に付している。グリーン・ベレーはケネディ政権のいわば目玉商品だったにもかかわらず、というよりそれゆえに軍内部では嘲笑され、冷遇された。その背後には、予算配分や兵器開発、兵力編成などの面で文民統制を強めるロバート・マクナマラ国防長官への反発もあった。

ゲリラ戦争は古くからある戦いに新しい名をつけたにすぎず、対策など現行のままで十分だ。われわれは独立戦争ではゲリラとして、西部開拓や、米西戦争後のフィリピンではゲリラを鎮圧する側に立って、輝かしい勝利をおさめてきたのだ。こう確信する米軍首脳は、ギリシャやマラヤ、フィリピンでのゲリラ戦の経験など頭から無視した。彼らが反乱鎮圧に多少なりとも熱意を示したのは、たがいの対抗意識や、予算獲得上の必要のためでしかなかった。戦局が悪化すると、ハノイ空爆や大規模な戦闘部隊の投入など迅速確実な「外科手術」を強く推奨した。

いざ北爆が開始されても、彼らの不満はおさまらなかった。政治家たちの過剰介入が原因である。ジョンソン大統領はマクナマラ国防長官ら側近とともに毎週火曜日に昼食会を開き、ベトナムの地図を横目に爆撃目標を選択、使用する兵力や攻撃のタイミングなどまで電話一本で現場に命令を与えた。リチャード・ニクソン大統領は、投下すべき機雷の種類にまで口を出した。

突然の目標変更や出撃中止は日常茶飯事で、現場の将兵の士気低下につながった。命令が大統領―国防長官―統合参謀本部―太平洋軍司令部―軍事援助司令部という経路をたどる間に、時宜を失することも多かった。実戦経験もない政治家たちの勝手な判断や細切れ状のエスカレーション政策（サラミ戦術と呼ばれた）が、せっかくの爆撃効果を失わせ、戦争遂行の努力を阻害したのだといまも批判されている。

自分たちは片手を後ろ手に縛られ、片目を覆われて、ポケットに半分しか弾薬を与えられずに出撃させられていたようなものだと、ある米軍パイロットは述べている。実際に北爆には多くの制約が課せられていた。目標を視認できない限り爆撃するな。地上のミグ戦闘機は攻撃するな。空中で敵に遭遇しても先に撃つな。中国国境近くまで敵を追うな。敵が発射しない限り地対空ミサイル基地も攻撃するな。人口密集地を避け、許可された軍事目標だけを爆撃せよ。もっとも実際には病院や学校などが被害を受けていたが。

初めハノイやハイフォンといった重要拠点は目標から除外され、中越国境付近の爆撃も禁じられた。その間に敵はジェット機発着可能な飛行場、防空レーダー網、地対空ミサイル基地などを多数整備し、工場や軍事施設などを北部に疎開させ、補給路を着々と修復していた。ジョンソン大統領こそ北ベトナムの勝利をめざす最高指揮官だと、米軍パイロットたちは皮肉をいいあった。しかし中国が派兵することにでもなれば、下手をすると核戦争の危険さえあった。北ベトナムのような小国を相手に全力を尽くす必要もあるまいとの楽観もあった。だがその間にも、持てるすべてを用いて、真っ先に敵の中枢を破壊すべきだと信じる米軍首脳の鬱憤と屈折は強まっていった。アメリカはまさに朝鮮戦争の二の舞を演じたのである。

議会無視の歴史に挑戦

憲法上、宣戦布告の権限は議会に属している。ところがその手続きがとられたのは一八一二年（第二次英米）戦争、一八四六年のメキシコ戦争、一八九八年の米西戦争、一九一七年と一九四一年の第一次・第二次世界大戦しかない（一九九一年の湾岸戦争を含める考え方もある）。しかもウッドロウ・ウィルソンやフランクリン・ローズベルトは、世界大戦参戦に先立ち、連合国支援などの形で「宣戦なき戦争」に突入している。建国以来二〇〇回を超える軍事行動のうち、少なくとも三分の二は議会の意志とまったく無関係に行われたとさえいわれる。

なるほど、大統領が必要な軍事行動をとることを議会が認めたことはあった。一九五五年の台湾決議（中国大陸沖合の金門・馬祖島をめぐる中台武力衝突に際し、台湾と澎湖《ほうこ》諸島を防衛）、一九五七年の中東決議（ソ連の進出に備え中東諸国を防衛）、一九六二年のキューバ決議（キューバによる革命の輸出やソ連軍事基地の建設を阻止する決意表明）やベルリン決議（西ベルリンの防衛と西側諸国の通行権の保持）、そして一九六四年のトンキン湾決議（東南アジア防衛のため北ベトナムの攻撃を撃退）である。しかしいずれも主導権は、情報を一手に握り、国家安全保障という錦の御旗を手にする大統領にあった。冷戦期に限っても、アメリカは憲法上の手続きをへないままに大小一四〇近くの紛争に関与、一一万人以上が命を落としたといわれる。議会は大統領の戦争に対してほとんど無力だったのである。

ただ朝鮮戦争直後の時期だけは別だった。トルーマン大統領が、緊急事態を名目に議会決議さえ求めず派兵したことが、大統領権限肥大化への反発を一気に表面化させたからである。一九五四年のインドシナ危機でも、アイゼンハワーをはじめ政権首脳は議会尊重の発言を繰り返さなければならなかった。にもかかわらず議会による宣戦布告は求められず、海空軍投入の権限を大統領に与える決議案がホワイトハウスで用意されていた。ジョン・フォスター・ダレス国務長官は、アメリカが決意を示しさえすれば決議発動は不要だろうと議会指導者に説明したが、その時インドシナ沖合には二隻の空母が待機していた。早くも朝鮮休戦協定成立の翌年、まだ議会優位の空気が強かった時期でさえ、大統領主導の戦争の素地が生まれていたのである。

一九五〇年代半ば、米議会は、共産主義には断固たる態度を、だがアジアでの戦争など言語道断、という二律背反の圧力を行政府に及ぼしていた。フランスへの財政支援は受け入れても、戦争への直接参加は承服しなかった。しかしジュネーブ協定で北ベトナムを共産側に明け渡したことは痛切に非難し、南ベトナム強化には支援を惜しまなかった。問題は、反共主義と、アジアでの地上戦争への嫌悪のどちらが先に弱まるかだった。

一九六一年、ケネディ政権がラオスやキューバで一見軟弱な路線をとったことが、議会を強硬路線に強く傾斜させた。それまで若手議員の一人にすぎず、大統領就任時でも四三歳と若く、選挙の勝利も僅少差だったケネディは、議会に対して弱い立場にあった。彼がひそかにベトナム撤退を決意しながら、その実施を再選後の一九六五年まで延期し、結果的にその前に暗殺されてしまったのだといわれるのも、国内基盤の弱さが背景にあった。

しかし副大統領から大統領に昇格したジョンソンは違った。ケネディ暗殺という衝撃の中で、国民も議会も新大統領を盛りたて、一丸となって危機を克服しようという空気だったからである。しかもジョンソンは、一九五〇年代に民主党上院院内総務として議会の多数派を思うがままに動かした経験を持っており、旧知の古参議員も多かった。彼らのどこを押せばどう動くかも知り尽くしていた。ベトナム政策への議会の影響力は急速に低下、いよいよ大統領の戦争への道が開かれていく。

2　自己欺瞞の罠

ニュース操作

一九六〇年一一月一一日、南ベトナムでは、ゴ・ジン・ジェム大統領の露骨なカトリック教徒優遇に反発する仏教徒のグエン・チャン・チ大佐が空挺部隊を率いてクーデターを試みて失敗、カンボジアに亡命した。チはのち将軍となり、一九六四年にグエン・カーンと結んで政治の檜舞台に躍り出る人物である。この事件が、米国内の新聞が南ベトナム情勢を大きく扱い、一九五〇年代後半のベトナムの繁栄と安定の空虚さに着目するきっかけになったといわれる。

ところがじつは一九六〇年代初めになっても、米国民はベトナムがどこにあるかさえよく知らなかった。サイゴンの米軍事顧問がまだ「仏領インドシナ」あての手紙を受け取ったり、帰国すると「ベトナムに行かずにすんで幸運」だといわれたりした時代である。ケネディ大統領自身、巧妙なリークや説得工作を用いて報道機関を懐柔し、米国民の関心をベトナムからそらそうと腐心していた。下院議員時代、中国喪失を理由に同じ民主党のトルーマン大統領を痛烈に非難した身としては、ベトナムを第二の中国にしたくなかったのである。

一九六一年春のピッグズ湾事件でケネディは、キューバ侵攻作戦近しとの報道を差し止めるよう新聞社に働きかけた。翌年秋のキューバ・ミサイル危機直後、国防省のアーサー・シルベスター報道官は、国家安全保障にかかわる事態なら政府は国民に嘘をつく権利があると発言、ニュース操作の是非をめぐって猛烈な論争を惹き起こした。

ベトナムでも、戦争の激化とアメリカの介入拡大は、報道管理の増大と二人三脚で進んだ。記者会見でケネディは、米軍将兵は「一般に理解されている意味での戦闘部隊」ではないと言明している。しかし彼らはすでに戦闘に参加し、戦闘機の操縦席に座り（建前はベトナム人パイロットの訓練だった）、危険を感じれば先に発砲し、戦死者も出していた。一九六一年末、メコン川の河口に投錨した米空母は、甲板上のヘリコプターの一機一機まで人々に目撃されたが、米報道担当者は記者たちを相手に「空母など見えない。空母を見てもよいという許可は下りていない」とすっとぼけた。

ベトナムが新聞の一面を飾るのは、アプバックの戦いや僧侶の焼身自殺など、ごく限られた場合だけだった。サイゴン駐在の記者はまだ少なく、若かった。反共の論理にも、ベトナム介入じたいにも疑問を抱いてはおらず、戦争のやり方や、ジェムで勝てるかどうかを問題にしたにすぎなかった。しかも彼らが発信する記事はベテラン記者に笑い飛ばされるか、本社で無視された。

米大使館や軍事援助司令部は、無責任かつ悲観的な報道をやめるよう彼らに圧力をかけた。ケネディ大統領は批判的な記者、たとえば『ニューヨーク・タイムズ』のデイビッド・ハルバースタムの転出を新聞社にねじ込んだ。南ベトナム政府も彼らの電話を盗聴し、スパイを送り込み、政府批判のかどで何人も記者を国外に追放した。くだんの記者たちはそのとたん南ベトナム国民の英雄となったという。

一九六一年秋、テイラー米大統領軍事顧問（のち駐サイゴン大使）は、戦闘部隊を含む洪水救援部隊を六千〜八千人派遣するようケネディに進言した。人道援助の一環であればジュネーブ協定違反への風当たりを弱められる。救援活動と並行して軍用道路建設などを進めることもできる。

ケネディはこの提案を退けたが、虚偽の戦争の芽はすでに育まれていた。

同年末に司令部の新設が決まった時、ラスク国務長官はその名称を、当初国防省が提唱した米軍事援助「軍（Forces）」から、米軍事援助「司令部（Command）」に変えるよう求めた。アメリカがすでに戦争に突入したのだという印象を薄めたかったのである。一九六二年のキューバ海上「封鎖（blockade）」が「交通遮断（quarantine）」と呼ばれ、かつて日本が行った「戦争」が「事変」と言い換えられたのと同じである。

トンキン湾決議

一九六四年八月初め、トンキン湾上の米駆逐艦が、北ベトナム魚雷艇から二度にわたって攻撃を受けた。七日、米上院は八八対二、下院は四一六対〇でトンキン湾決議を可決、事実上戦争遂行の白紙委任状を大統領に与える。審議時間は実質的に一〇時間たらずだった。米国民は愛国心を刺激され、大統領支持率は四割そこそこから一気に七二％にまで上昇した。大統領たるものが国民に虚偽の説明を与えるなど、当時は考えられなかったのである。

その四ヶ月前、ホワイトハウスは37―64作戦計画を完成させていた。まずジョンソン大統領の演説。ついで上下両院の合同決議。あとは南ベトナムでの態勢強化。兵力展開と補給の準備。ついでグエン・カーン将軍による南ベトナム空軍の北爆承認。アメリカによる南ベトナム防衛の保障。同盟諸国との協議。北ベトナムによる侵略を糾弾する白書の刊行。カーン将軍による北の侵略停止の要求。全面北爆……。議会は、大統領のシナリオと演出に従って、与えられた役どころをこなしさえすればよかった。議会決議じたい、しょせんは景気づけにすぎなかったのである。一九七〇年に米議会はトンキン湾決議を撤回したが、ニクソン大統領はそれとは無関係に戦争を続けている。

じつはトンキン湾事件そのものが蜃気楼のようなものだった。アメリカの対応に決定的な影響を及ぼしたのは敵の二度目の攻撃（八月四日）だが、それは悪天候ないし興奮状態のため米乗務員が水中音波探知機やレーダーを誤読した結果だったといわれる。米駆逐艦は公海上で通常の哨戒任務中だったとされたが、当時アメリカは三マイル、北ベトナムは一二マイルの領海を主張していた。少なくとも武力衝突の可能性を軽視した無分別な挑発だった。

しかも事件の伏線を敷いたのはアメリカだった。すでに対北ベトナム隠密作戦（34A作戦）や、高度な電子機器を搭載した米駆逐艦の情報収集と武力誇示（デソート・パトロール）を行っていたからである。米大統領選挙の年だというのに、ゲリラ戦争に終わりが見えず、サイゴン政権の前途も絶望的。手っ取り早い勝利には、一気に戦争を拡大するしかない。その口実を求め、ハノイ挑発に余念がない。それがトンキン湾の海面に映し出された、アメリカの本当の姿だった。

午後五時の愚行

一九六五年三月には、恒常的な北爆開始に続いて海兵隊が派遣された。ウォラス・グリーン海兵隊司令長官は、米軍は「ひなたぼっこをするためではなく、ベトコンを殺すために」ベトナムに来たのだと述べた。彼らの任務は米空軍基地の防衛や同胞の安全確保だけのはずだった。しかし一ヶ月もたたないうちに、基地から八〇キロ以内で攻撃的パトロール作戦に従事することになった。ジョンソン大統領は記者会見で、海兵隊の任務変更を故意に隠蔽している。六月、国務省のロバート・マクロスキー報道官が、米軍は必要なら南ベトナム軍の戦闘支援を行うと発表して大騒ぎになった時も、ホワイトハウスは米軍の任務にはなんの変更もないと声明した。

ジョンソンの選挙公約、偉大な社会政策にもとづく貧困の撲滅にも、医療や教育の改革にも、アメリカの威信をかけた月到達一番乗りにも、巨額の資金が必要だった。議会が支出を渋らないよう、ベトナム戦費は虚偽の数字が並べられた。実際にベトナムでの負担が過重になるにつれ、一九六六年以降には貧困との戦いを支える予算は削減されていった。戦争泥沼化の危険を熟知するがゆえに、ジョンソンは多少の虚偽には目をつぶり、一気に軍事介入を成功に導こうとした。

その背後にはドミニカ介入の成功があった。左右両派の対立が激化した一九六五年、ジョンソンは海兵隊の派遣を決断、きわめて短期間のうちに、しかも安上がりに第二のキューバ出現を阻止できた。ベトナムでも、アメリカが「腰のものを使うのに躊躇しない」姿勢を示しさえすれば、勝利は容易なはずだった。そのためにはある程度の情報操作はやむをえないと彼は考えていた。サイゴンの米軍事援助司令部は毎夕、大本営発表よろしく、おおむね事実に即さない戦況説明を行い、「午後五時の愚行」と呼ばれた。現場で働く米軍将兵が真実を訴えても、上官を怒らせ、経歴に傷がつくのが関の山だった。政府軍部隊がいかに弱体か、指揮官がいかに無能かをあらわにされ、面子をつぶされたベトナム人司令官は、正直すぎる米将校や官僚の更迭を要求した。ウェストモーランド司令官はテト攻勢直前の一九六八年一月、空爆で補給路を分断されたため、敵は自暴自棄に陥りつつあると報告した。

一九八二年にCBSテレビが、ウェストモーランドが故意に虚偽の情報をワシントンに送ったと告発、名誉毀損をめぐる訴訟沙汰になった。しかし本当の悲劇は、米軍や政府の首脳がほぼ例外なく、圧倒的な力への過信から自己欺瞞の殻に閉じこもり、勝利への確信を覆しかねない証拠や議論をことごとく排除したことにある。作戦の計画実施と、その実情調査を同じ人間が担当したところにも、過度の楽観が入り込む原因があったといわれる。

高まる反戦の声

ベトナム介入が本格化した一九六五年夏、米国民の三分の二は戦争を支持していた。ジョンソンが、ベトナムを「大統領執務室のカーペットの下に押しやる道」（マクナマラ）を選んだのは成

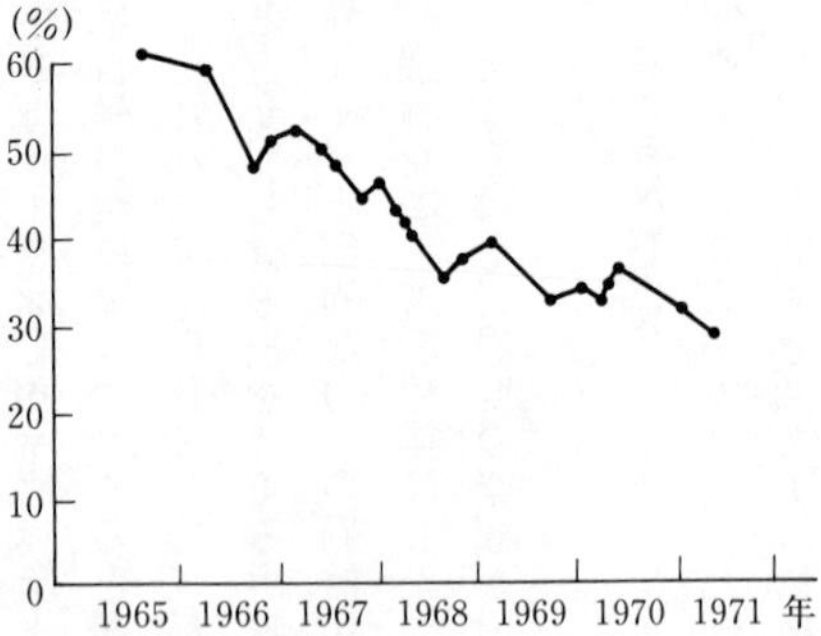

ベトナム派兵の支持率

功だったように思えた。しかし時の経過とともに、本当に勝てるかどうか、この戦争が正しいかどうかについて、疑問の声が強まっていった。一八九八年の「素晴らしい小さな戦争」、つまり米西戦争をもじって、ベトナム戦争は「汚らしい小さな戦争」と呼ばれるようになった。ラスク国務長官はのちに、政府が国内に戦争心理をつくりだす努力を惜しんだことが、かえって勝利を阻害してしまったと述べている。

政府への不信感が著しく増大し、「クレディビリティ・ギャップ」の名を冠された。ジョンソン政権のジョージ・リーディ報道官は、史上最も偉大な「ノー・コメント報道官」だと皮肉られた。批判の高まりに比例して、政府や軍の首脳は新聞やテレビの記者たちをますます目の敵にした。敵の浸透やテロ行為などは報じようとせず、南ベトナム政府の腐敗、政府軍の無能、米軍の失態ばかりあら探ししている、というわけである。

ウィリアム・フルブライト上院外交委員長は、旧友でもあるジョンソン大統領が議会の意向を尊重してくれると信じ、トンキン湾決議の成立に尽力した。その後の介入拡大に裏切られたと感じた彼は、一九六六年二月四日から外交委員会でベトナム問題討議のため公聴会を開いた。いわゆるフルブライト公聴会である。議員たちはラスク国務長官ら政府側証人に嚙みついた。これは内政干渉だ。大統領はアメリカの青年の血を流さないと約束したではないか。SEATOを理由にアメリカの行動は正当化できないはずだ。宣戦布告なしの戦争は憲法違反ではないか。それは戦争拡大の共犯者だった議員たちの、行政府への反撃の狼煙だった。

この年、学生の徴兵猶予が停止されると、戦争の是非を問うティーチ・イン、座り込みで抗議の意志を表明するシット・イン、反戦デモが大学キャンパスなどで続発した。聖職者たちは北爆中止を訴え、国際法学者たちは不当な内戦干渉を糾弾した。一九六七年八月の世論調査で、戦争は誤りだとする者が、そうでないと信じる者をうわまわった。ジョンソンは「戦争屋」「戦争犯罪人」「米南部訛りのヒトラー」呼ばわりされた。

反戦集会や座り込みに参加した人々は、民族解放戦線の旗を振りかざし、徴兵カードを焼き、鎮圧に出動した兵士の持つ銃口に花を飾った。人種差別撤廃を訴えるマーチン・ルーサー・キング牧師は、良心的兵役拒否を呼びかけた。有名ボクサーのカシアス・クレイ（モハメド・アリ）も徴兵に応じず、一九六七年に王座を剝奪された。「ベトコンは誰一人おれのことをニガー（黒人の蔑称）と呼んだことがない」という理由からだった。

ジョーン・バエズ、ピーター・ポール＆マリー、ボブ・ディラン、ドノバンら歌手たちは、反戦のメッセージを歌声に託した。『勝利を我らに』は若者を鼓舞し、『時代は変わる』は古くさいやり方を否定した。『悲惨な戦争』『花はどこへ行った』『ユニバーサル・ソルジャー』は戦争の悲惨さ、不合理さを歌った。公民権運動に触発されたといわれる『風に吹かれて』は多くの人間の死を嘆いた。少し後のことだが、世界の若者の英雄ビートルズの一員ジョン・レノンは『平和を我らに』で平和を、『イマジン』で国家の否定を、『ハッピー・クリスマス』で戦争を終わらせることを訴えた。反戦運動は既成秩序への異議申し立ての起爆剤になり、米国民を真っ二つにしてしまう。

ワシントンでの反戦デモ（1971年）
共同通信社

テレビ戦争の威力

アメリカのテレビカメラは農村や山岳地帯での戦いを十分に追えなかった。記者たちは米軍や南ベトナム政府の発表に依存するか、目撃する限られた事実を報じるしかなかった。米国内のテレビニュースでも、ベトナム関連の映像は数分程度に編集された、一日遅れのものだった。テレビはほぼ無批判的に戦争報道を行い、米軍将兵を英雄的に描くことも多かった。ベトナム戦争には、朝鮮戦争よりよほど米国民の支持があったともいわれるが、テレビはその一翼を担っていたのである。しかしそれも一九六八年の年明けまでのことだった。

この年一月末に始まったテト攻勢は、南ベトナムほぼ全域の都市部、したがって記者たちの目の前で展開された。米国内の各家庭が、衛星中継によって史上初めてリアルタイムで、しかもカラー映像で戦争の洗礼を受けたのである。勝利が目前のはずの戦争で、なぜ敵がテレビカメラの眼前にまで押し寄せてくるのか。米国民は政治家に対しても、軍指導者に対しても、いいようのない不信感を抱いた。

この戦争はもはや負けだと感じる者は二八%から四四%に急上昇した。ベトナム戦争は史上初めて、戦場ではなく新聞の紙面やテレビの画面で勝敗の帰趨が決まった戦争だともいわれ、「テレビ戦争」「リビングルーム戦争」の名を冠される。その背後には、一九六〇年代のアメリカで、社会全体に対するテレビの影響力が急速に増大していたことがあげられる。

ことにテト攻勢二日目、サイゴンでの出来事が衝撃的だった。南ベトナムの国家警察本部長官グエン・ゴク・ロアン准将が、後ろ手に縛られた一人のゲリラに近寄り、その頭をピストルで撃ち抜いたのである。このゲリラが数多くのテロを行い、ロアンの家族も皆殺しにしていたことなど知らない視聴者は、裁判もなしの路上での処刑に、このような理不尽がまかりとおる南ベトナム政府の体質に、そしてこの戦争そのものに強い嫌悪感を覚えた。「アウト・ナウ！（今すぐ撤兵を）」の叫びはますます強まり、各地の徴兵事務所が襲われた。

三月一一日、大統領選挙の開幕戦となるニューハンプシャー州の民主党予備選挙で、ジョンソンはユージン・マッカーシー上院議員に四九％対四二％と肉薄された。当初は泡沫候補扱いだったマッカーシーの反戦の訴えが、人々の心をとらえた結果である。形勢利あらずと判断したジョンソンは三月三一日夜のテレビ演説で、北緯二〇度以北への攻撃停止と大統領選挙への不出馬を声明した。米軍首脳は切歯扼腕《やくわん》したが、四月三日には爆撃の北限は北緯一九度線まで縮小された。一〇月三一日、北爆は全面停止された。ベトナムで勝利をおさめ、国内で貧困と戦い、月到達までもめざすことは、アメリカといえども能力を超えていたのである。

3　敗戦の衝撃、そして回復

ミーイズムの時代

アメリカはベトナム戦争後も軍事行動を繰り返した。一九七五年のマヤゲス号事件、一九八〇年のイラン米大使館員人質救出作戦、一九八二年のレバノン介入、一九八三年のグレナダ介入、一九八九年のパナマ介入、一九九一年の湾岸戦争、一九九二年のソマリア介入、一九九四年のハイチ介入、一九九三年および九八年のイラク空爆、一九九九年のコソボ空爆などである。

しかしベトナムでの敗北が生み出した「ネバー・アゲイン」「ノー・モア・ベトナム」という空気は消えなかった。それはたんなる対外介入への歯止めではなく、アメリカの社会そのものの変容を意味していたからである。アメリカはかつてベトナムの農民やゲリラを相手に、そして米世論を相手に戦ったのに続いて、「第三次インドシナ戦争」を経験したのだとさえいわれる。ベトナムでの苦悶に引き続いて、ベトナム症候群との長い格闘が始まったのである。

その症状の第一が、ミーイズムと呼ばれる個人主義の蔓延である。米国民は景気、失業、医療費の増大、政府の赤字拡大、貧富の差の拡大など、身近な問題にばかり関心を抱くようになった。アメリカは国際問題より国内問題を優先すべきだとする者は、一九六四年の五五％が米軍のベトナム撤退直後の一九七四年には七七％に上昇した。同じ一〇年で、孤立主義者を自認する者は八％から二一％に増大し、対照的に国際主義者は六五％から四一％に減った。

イラン革命とソ連のアフガニスタン介入のおかげで、一九八〇年には自称孤立主義者は一三％に減少、国際主義者は六一％に回復した。しかし一九八〇年代以降、保護貿易をよしとする考えが急速に強まった。大統領選挙の勝敗も、国民の懐具合が決定的な意味を持つようになった。外交通で鳴らし、湾岸戦争直後には九割を超える支持率を誇ったジョージ・ブッシュ大統領でさえ、一九九二年には内政不在を攻撃されて再選を果たせなかった。

冷戦終結とソ連崩壊は、米国民に唯一の超大国たる誇りと自覚を与えた。だが彼らは、自分の生活を守るため、やむをえない範囲で国際問題に関心を抱いているにすぎず、犠牲と出費を厭う気持ちを露骨に示している。極論すれば外交政策とは、国内の就業機会をいかに増すかでしかない。ジェームズ・ベーカー国務長官が、アメリカが湾岸戦争を戦うのは国内の「雇用」のためだと、あまりにも率直に述べて物議をかもしたのもそのためである。

これではブッシュ政権の国家安全保障大統領補佐官ブレント・スコウクロフトが人気映画をもじっていったように、アメリカはもはや「グロボコップ」、つまり世界の警察官にはなれない。西欧、カリブ海を含む中米、中東、極東の四地域のみを対象とする「選択的介入」で対応するしかないのである。ただどの地域を重視するかについては指導者と国民の間に若干のずれがあり、首尾一貫した対応は必ずしも容易ではない。

アメリカはまた、反共封じ込めといった抽象概念ではなく、具体的な国益に照らして介入の是非を判断しなければならない。その一例が、石油を含む戦略資源の確保である。しかし湾岸戦争でブッシュは、石油のために戦うわけではないのだと強調しなければならなかった。石油ならメキシコから買えるではないか。クウェートの輸出品が石油でなくブロッコリーでもアメリカは軍事行動を起こしたか。石油一ガロン（あるいはバレル）あたり何人の命を犠牲にするつもりか。こうした声を無視できなかったためである。

根強い政治不信

第二の症状として、政治家や政府への顕著な不信感が挙げられる。政府を信頼する者は一九六四年の七八％が一九七六年には三五％に、一九八〇年には二六％に落ち込んだ。戦争そのものに加え、マクナマラ国防長官の命で介入拡大過程を分析した国防省秘密報告書『ペンタゴン・ペーパーズ』の暴露、収賄と脱税によるスピロ・アグニュー副大統領の辞任、ウォーターゲート事件に端を発するニクソン大統領の辞任、あいつぐ有力議員の醜聞などの複合作用である。

政治不信の高まりの副産物に、数多くの映画がある。ケネディ暗殺の裏に政府関係者らの陰謀ありとする『ダラスの熱い日』や『JFK』、政府がひそかに異星人と接触していたという前提に立つ『未知との遭遇』（一九七七年）、『インデペンデンス・デイ』（一九九六年）、『メン・イン・ブラック』（一九九七年）、『Xファイル』（劇場版・一九九八年）など、枚挙にいとまがない。

ワシントンの既成政治家への反感は、しばしば選挙の当落に決定的な意味を持った。CIA長官の経験を持つブッシュを除けば、ジミー・カーター、ロナルド・レーガン、ビル・クリントンはいずれもワシントン未経験を売り物にした州知事経験者である。元大統領を父に持つとはいえ、新世紀最初のホワイトハウスの主となったジョージ・W・ブッシュも例外ではない。その結果アメリカ外交は、素人臭い、ときに場当たり的な性格を強めることになった。

政治不信の克服をめざして、一九七四年の情報公開法（一九六六年制定）改正をはじめ、多岐にわたる政治改革が行われた。年功序列制の打破、委員長権限の制約、秘密会の減少、本会議の活性化など、議会運営も民主化された。政党もボス政治の排除、大統領候補選出方法の改革などに踏み切った。それでも投票率の低落傾向はおさまらず、米国民は政治不信のトンネルからまだ抜け出してはいない。

自信と価値観の喪失

第三の症状は、アメリカ人の自信と価値観の喪失である。世界最強の軍事力と経済力。群を抜く科学技術水準。自分たちはフランス人とは違うという楽観。アメリカは全知全能だという神話。民主主義や自由、市場経済などアメリカ的価値観。それを世界に輸出することが正しいとする信念。それらすべてがもろくも崩れ去ったのである。

その背景には、ベトナム戦争と並行して、アメリカ自身が抱える問題が深刻化していったことがある。犯罪の増加、あいつぐ政治的暗殺、麻薬の蔓延、教育の崩壊、人種間の対立激化や暴動、政治家の堕落、治安悪化、経済の不振、生活水準の実質的低下、軍事力の弱体化、世界における指導力の低下などである。

ベトナム戦争はアメリカ自身の病める姿の投影だった。たとえば高学歴の、豊かな家庭の子供ほどベトナムに行かずにすんだ。全米各地、およそ四千の徴兵事務所にかなりの裁量の余地を認める選抜徴兵制を採用し、医師、技術者、学生など比較的社会に有用と思われる人材を国内で生かそうとする意図が働いたためである。徴兵された者のうち、ベトナムに派兵される割合は、高校中退者で七〇%、高卒者で六二%、大卒者で四二%（しかも後方勤務が多かった）だった。

そのしわ寄せが低所得層やマイノリティに向かった。全人口の一一%でしかない黒人が、入隊者の一三%、戦闘部隊要員の二〇%、戦死者の二三%を占めた。同様に人口の七%にすぎないヒスパニックが、戦死者の二〇%に達した。貧困と差別の底辺であえぐよりベトナムに行くほうがましだともいわれた。しかし戦場でも人種差別はなくならなかった。ベトナム症候群とは、じつは「アメリカ症候群」とでも呼ぶべきものだった。

敗戦の衝撃の中で、アメリカの過去も問い直された。西方への膨張に抵抗する先住民を悪と決めつけたこと。植民地化に反抗するフィリピン人を弾圧したこと。奴隷解放後も黒人を差別し続けたこと。ヒスパニックやアジア系移民を迫害してきたこと。ベトナムで米兵たちが、民衆の生活習慣も価値観も理解せず、すべてを野蛮さ、未開さの表れと片づけたのも同じことである。

ベトナムでの敗戦はアメリカ人に、異文化を許容できる謙虚さを教えたように見えた。連邦議会は一九八八年、第二次世界大戦中の一一万人を超える日系人強制収容について謝罪と賠償を行った。「インディアン」は「ネイティブ・アメリカン（先住アメリカ人）」と、「ニグロ」「ブラック」は「アフリカン・アメリカン（アフリカ系アメリカ人）」といいかえられた。社会の少数派に進学や雇用などの面で権利を保障するアファーマティブ・アクションも軌道に乗った。

しかし冷戦終結以降、米国民は自信と誇りをかなり取り戻した。日本やドイツがどれほど経済力を突出させようと、世界の経済を本当にリードしているのはみな米企業だ。アメリカが有する情報・文化面での影響力は他国の追随を許さない。二一世紀こそ本当のアメリカの世紀に間違いない。彼らは保守化の度を強め、伝統的な価値観を再認識し始めた。アファーマティブ・アクションへの風当たりがきつくなった。英語公用語化、つまりスペイン語などを公の場から排除する動きにも弾みがついた。人種偏見と憎悪にもとづく犯罪（ヘイト・クライム）が激増し、共和党を中心にキリスト教右派の力が強まった。

一九九四年末、第二次世界大戦の戦勝五〇周年記念切手の図柄に原爆のキノコ雲が選ばれ、日本政府の抗議で急遽撤回されるという事件が起きた。一九九五年には、スミソニアン航空宇宙博物館でのB29（エノラゲイ号）展示をめぐって紛糾が生じた。計画された展示内容は、原爆が日本人にもたらした被害や、原爆投下の背景にある黄色人種への差別意識をことさらに強調し、しかもファシズムに対する民主主義の勝利を過小評価した、歴史の歪曲だとの非難が高まったためである。原爆は第二次世界大戦の終結を早め、日米双方の無数の人命を救ったのだという、アメリカ流の正義への確信は根強く残っていた。

ベトナム後の議会と軍

ベトナム症候群はアメリカの軍事介入に大きな歯止めをかけた。その一つが、一九七三年一一月七日にニクソン大統領の拒否権発動を乗り越えて成立した、議会と大統領の戦争権限にかんする合同決議、いわゆる戦争権限法（決議）である。大統領は軍事行動発動後四八時間以内に議会に報告する義務を負わされ、しかも報告書提出から六〇日（議会がとくに認めれば九〇日）以内には撤退しなければならなくなった。また議会が共同決議を行えば、即座に軍隊を撤収する必要がある。

しかしケネディ大統領の補佐官だった歴史学者アーサー・シュレジンガーによれば、戦争権限法は「おもちゃの手錠」も同然だった。三権分立の原則に抵触するのではないかという議論も絶えない。しかもいざという時、議会は迅速に行動できないことが多い。一九七五年のサイゴン陥落に際して、ジェラルド・フォード大統領は現地の米国民や南ベトナム人救出のため米軍投入の承認を議会に求めたが、下院に否決された。それはなんと陥落の翌日のことだった。

戦争権限法は可能な限り議会と事前協議を行う義務を大統領に課している。しかし危機が重大であればあるほど、時間的な余裕もなかった。事前協議が、敵に米軍の介入近しと教える危険もあった。大統領が、軍の最高司令官たる権限を楯にとることも多かった。大統領はベトナム以降も、軍事行動の主導権を握り続けたのである。

いっぽう軍事介入の担い手である米軍は、ベトナム以降急速に弱体化した。一九六八年には国防費は国家予算の四四%を占めたが、一九七八年には二三%にすぎなかった。兵力も一九六八年の三五〇万人が一九七六年には二一〇万人にまで減った。一九七三年には徴兵制が廃止された。とくに不人気な陸軍では、一九八〇年代には新兵のほぼ半数が英語の読み書きも満足にできなかったという。

軍事作戦も成功続きとはいえなかった。マヤゲス号事件では四〇人を救うために四一人が犠牲になる。イラン米大使館人質救出作戦ではヘリコプター三機が故障し一機は衝突、八人を失いながら目的を達成できない。グレナダ介入でも、情報収集の欠如、通信連絡の不備、軍組織間の確執、現地部隊への過度の干渉、マスコミとの衝突など、欠陥ばかりがめだったという。

それ以上に大きな打撃を受けたのは、かつて「見えない政府」とまでいわれたCIAだった。上院の調査で、各種の秘密活動が暴かれた。議会の監視が厳しくなり、予算も人員も削られ、ほとんど麻痺状態に陥った。一九八〇年代にはCIAの重要性が再認識されたが、一度崩壊した情報収集網や隠密活動の再建は困難だった。逆に、冷戦期であればCIAが隠密のうちに処理していた問題までが米軍の担当領域となり、結果的に軍事介入の呼び水となったという指摘もある。

再び介入の時代へ

だがソ連の第三世界への進出やイラン米大使館人質事件などが、米軍には追い風となった。テロやゲリラ戦争などを含む低強度紛争への対応が脚光を浴びたからである。カーター政権末期からレーガン政権にかけて、緊急展開軍（RDF）の重視、テロ対策などにあたる特殊作戦本部（JSOC）の設立、特殊作戦部隊の常設化などが実現した。輸送能力の充実や海上交通路の確保によって、紛争地域に即座に派兵できる態勢も整えられた。

軍事革命（RMA）も本格化した。工業化や情報化の進展を背景に、最新技術を駆使して戦闘の効率化・情報化・ハイテク化などを行う。戦線では味方の犠牲を減らし、銃後では戦争への支持を動員し続ける。敵の国家指導組織や食糧供給、電力、資源、交通、通信などの無力化を目標とする。こうした新しい形の戦争に備え、アメリカ自身が軍事戦略や組織の面で一大変革を遂げなければならないと論じられるようになった。

たとえば湾岸戦争で活躍したコリン・パウエル統合参謀本部議長は、軍人は政治的制約から目をそむけることなく、政治家や世論に向かって積極的に発言しなければならないと主張した。だがペルシャ湾岸で実際に多国籍軍を率いたノーマン・シュワルツコフ司令官によれば、軍首脳は軒並み、今度こそ片手を背中に縛られての戦いではないと奮い立っていたという。政治と軍事の明確な分業、戦地での自由裁量権を望む、伝統的な傾向はまだ根強いようである。

一九九三年の世論調査では、たとえ国益にかかわらなくても人道的目的なら派兵を認める者が六二％に達し、派兵は国益にかかわる事件に限るとする者三一％を大きくうわまわった。ソマリア介入は治安維持と人々の生命財産の保護のためだとされた。ボスニア紛争への関与では、難民の流出やサラエボ市民の虐殺を防止するという目的が強調された。

民主主義と人権の推進も、軍事介入の貴重な手だてとなる。その根底には、民主化が必然的に市場経済の発展や相互依存の高まりなどをともない、平和を増進するという確信がある。しかも、ボーダーレス化による主権の相対化という条件もある。ただそこには国益優先、選択的介入という原則とのジレンマがあり、実際にアメリカの行動は場当たり的すぎるとの批判もある。

従来以上に国際的な枠組みも重要になった。国際社会に積極的な役割を演じたいが、単独で重荷を担うのはたまらない。こう考える米国民にとって、諸外国との責任分担（バードン・シェアリング）はほとんど唯一の選択肢である。湾岸戦争で米軍は多国籍軍の一部を構成する形をとった。ボスニア紛争では北大西洋条約機構（NATO）中心の平和執行部隊に参加した。グレナダ介入でも親米六カ国が東カリブ海諸国連盟として合計三〇〇人の兵員を提供した。

冷戦終結後、国連も利用しやすくなった。しかし主権国家の連合体にすぎず、けっしてアメリカの思いどおりに動くとは限らない国連への苛立ちも、米国民の間につのっている。国連への関与に当初積極的だったクリントン大統領が、平和維持活動（PKO）への米軍提供はあくまでも国益の観点から判断すると態度を改め、また国連改革への要求を強めたのもそのためである。

真の敵は短気な世論

湾岸戦争開戦前の一九九〇年九月、ブッシュ大統領は「国民の支援がいつまであるか見当もつかない」と漏らしている。米国民の物事への関心の持続時間はますます短くなっている。ベトナムのような泥沼の地上戦争など、もはや論外中の論外である。もっとも逆にいえば、戦闘が長期化せず、徴兵、インフレ、配給、モノ不足、増税などが身近に生じなければそれでよい。

アメリカのテレビが一晩に映し出す死者の数は、湾岸戦争の戦死者よりも多いという。しかしその程度に犠牲を抑えなければならない。だから近年の戦争は「ボディバッグ（遺体袋）戦争」と呼ばれる。遺体袋に包まれて無言の帰国をとげる米兵の数があまり増えると、米国民はたちまち戦争にそっぽを向くからである。一九八三年一〇月、爆弾テロが二四一人の死者を出すと、米軍は半年後にはレバノンから撤退した。一九九三年一〇月までにソマリアで二五人が戦死し、しかも彼らの死体がむち打たれ、ひきずりまわされる映像が流れたことが米軍撤退の決め手となった。紛争地域に向かう米兵はいわば人質であり、最も脆弱な部分なのである。

アメリカはベトナムの反省をふまえ、短時日のうちに、少ない犠牲で勝利をおさめなければならない。その第一の方法は、介入をぎりぎりまで抑え、大部隊を一気に投入、圧勝後は素早く撤退することである。たとえばグレナダには三千人、パナマ、ソマリアにはともに二万五千人、ペルシャ湾岸には五三万人が送り込まれた。米軍は二日間でグレナダを制圧したし、パナマ介入は二ヶ月たらずで、地上戦に限れば湾岸戦争は一〇〇時間程度で片がついた。もっともうまくいく時ばかりではなく、なかにはソマリア介入のような失敗例もある。

第二の手だては、湾岸戦争でマイケル・デューガン空軍参謀総長がいったように、「血なまぐさい地上戦は避け、徹底的な空爆をする」ことである。空軍は地上軍より撤退が容易なため、アメリカの決意を敵に示すには不十分だといわれる。ベトナムでも結局は空爆が地上戦につながった。しかし同じ外科手術方式であっても、より完璧に行えば問題はないというわけである。

第三に、ベトナム戦争と同様、いやそれ以上に最新の科学技術を駆使することである。その典型が湾岸戦争で名を馳せた、精密兵器による「ピンポイント爆撃」である。それでも実際には、平均して爆撃の七割は目標をはずしていた。だが少なくとも米世論に対しては、爆弾の誘導カメラが捉えた映像は効果満点だった。

第四に、情報、とくに映像の管理である。ベトナムでは少なくとも戦争がテレビに先行していたが、いまやテレビが戦争を追い越した。交戦国双方の指導者たちがテレビで時々刻々戦況を確認し、記者会見に臨んだ現地の司令官が「CNNによれば……」と語るほどである。映像さえ慎重に管理すれば、敵味方を問わず血の臭いのしない、テレビゲームのような戦争を視聴者に提供できる。情緒的な戦争反対論を抑える、なによりの方法である。

米軍はベトナムで自由に取材を認めた失敗から学んだといわれる。だがすでに見たように、ベトナムでもアメリカは、必死に情報管理を試み、虚偽にもとづいた戦争を行っていた。宣戦布告のない、しかも民主主義のための戦争というお題目がその効果を減じさせたにすぎない。つまり国民にベトナムを想起させることのない、いわば非ベトナム型戦争をめざしながら、皮肉なことにその手法たるや多かれ少なかれベトナム戦争の進化形なのである。

4　ベトナム症候群の底流

アメリカ人と戦争

ベトナム症候群は綿々と生き延びている。その背景には米国民が抱く特殊な戦争観がある。第一に、戦争とは必ず勝利と利益をもたらすものだった。独立戦争はこの偉大な国家に生を与えた。一八一二年戦争は西部開拓に抵抗する先住民への支援をイギリスに止めさせ、アメリカ大発展の基礎を築いた。一八四六年のメキシコ戦争ではテキサス、カリフォルニア、ニューメキシコが得られた。一八六一～六五年の南北戦争は南北の和解、西部への発展、資本主義と工業の振興を導き、一八九八年の米西戦争はアメリカにキューバ、プエルトリコ、グアム、フィリピンを与えた。第一次世界大戦は未曾有の繁栄を、第二次世界大戦は文字どおりアメリカの世紀をもたらした。

第二に、正義はつねにアメリカの側にあった。独立戦争は植民地支配を否定し共和国を建国する「革命戦争」だった。一八一二年戦争は公海の自由を確立した。西部開拓は文明が野蛮を征服する戦いだった。メキシコ戦争は、アメリカが担う「マニフェスト・デスティニー（明白なる運命）」を実証するものだった。アメリカの西方への膨張、すなわち発展は神の意志によるものだというわけである。南北戦争は北部にとっては連邦維持と奴隷解放のためであり、南部にとっては第二の独立戦争だった。米西戦争はキューバ解放のため、第一次世界大戦は「世界を民主主義にとって安全なものにする」（ウィルソン大統領）ため、第二次世界大戦はファシズムの猛威にさらされる「民主主義の兵器廠」（ローズベルト大統領）となるためだった。

第三に、米国民を一丸とさせ、栄光の記憶を彼らの脳裏に刻み込む象徴的存在、たとえば戦場の英雄がいた。独立戦争のジョージ・ワシントンやジェームズ・モンロー。一八一二年戦争や西部開拓のアンドリュー・ジャクソンやウィリアム・ハリソン。メキシコ戦争のザカリー・テイラーやフランクリン・ピアース。南北戦争のユリシーズ・グラントやラザフォード・ヘイズ。米西戦争のセオドア・ローズベルト。第二次世界大戦のアイゼンハワー。みな戦場で名を上げ、のちに大統領となった人物である。

第四に、米国民の憎しみを一身に引き受ける敵役も存在した。独立戦争では英国王ジョージ三世。一八一二年戦争では、公海上で米商船を臨検した英海軍。西部開拓では無知蒙昧、暴虐無惨なインディアン。メキシコ戦争ではメキシコの独裁者サンタ・アナ。南北戦争では奴隷を酷使する南部の農園主。米西戦争では残虐行為を繰り返すスペイン人。第一次世界大戦ではドイツ皇帝ヴィルヘルム二世。そして第二次世界大戦では「ヒトラー、ムッソリーニ、ヒロヒト（昭和天皇）」のトリオである。昭和天皇に代わって「トージョー（東条英機）」や「ヤマモト（山本五十六）」が入る場合もある。

朝鮮からベトナムへ

しかし朝鮮戦争からベトナム戦争への歩みは、アメリカがこうした輝かしい過去に訣別を余儀なくされる過程だった。まず朝鮮戦争の結末は勝利と呼ぶにはほど遠かった。ただし、中国義勇軍の介入という予期せぬ出来事や、国連の存在が米国民の苛立ちを和らげた。アメリカは軍事的にも経済的にも世界の支配者であり、米国民の生活も年を追って向上していた。冷戦の中で一触即発の危機が続いたこともあって、米国民はこの蹉跌を記憶の片隅に追いやることができた。

ところがベトナムでアメリカは、建国以来初めての敗戦を、しかも東南アジアの小国を相手に喫した。グレナダ介入での海兵隊の英雄的な働きを描いた映画『ハートブレイク・リッジ　勝利の戦場』(一九八六年)で、古参軍曹に扮するクリント・イーストウッドは「おれたちはもうオー・ワン・ワン(0-1-1)じゃないな」と戦友に語る。朝鮮で一引き分け、ベトナムで一敗、勝利なしという惨めな過去を、ようやく清算できたというわけである。

しかも一九七一年、金とドルの兌換停止などのニクソン・ショック(第二次)は、アメリカの経済力衰退を国民に痛感させた。一九七三年、一九七九年の石油危機がそこに追い打ちをかけた。原油価格の上昇がインフレを引き起こす。生産性が低下し、インフレとデフレが共存し失業が増大するスタグフレーションが進む。資本が国外に流出し、米企業の国際競争力は低下する。国民の間では所得格差が増大する。かつては米軍兵士の投げ捨てたビールの空き缶製だとその品質の低さ、安っぽさを揶揄された日本製小型車が燃費のよさを買われて街に氾濫した。スタンドにはガソリンを求めて車が行列をつくった。いずれもアメリカの繁栄の終わりの象徴だった。

朝鮮戦争でアメリカには国連の支持という錦の御旗があった。アメリカや韓国が先に手を出したのではという疑惑も表明されたが、戦端を開いたのは北朝鮮だった。しかも冷戦の文脈では神も正義もつねにアメリカの側にあるはずだった。ところがベトナム戦争が終わるまでに、デタントが軌道に乗っていた。反共封じ込めの論理そのものがぐらついていたのである。しかもアメリカは、一九五六年の再統一選挙を拒否し、ジュネーブ協定に違反し、一方的に北ベトナムを爆撃し、内戦に関与し、数々の残虐行為を行っているとして、国内世論はむろん国際社会の非難を浴び続けた。

朝鮮戦争で国連軍を率いたマッカーサーは米国民の英雄だった。仁川《じんせん》上陸作戦のようなスペクタクルもあった。ところがベトナムには、米国民を奮いたたせる英雄も戦場もなかった。唯一の象徴的人物が、一九六八年三月一六日、ソンミ村ミライ地区で五〇〇人を超える住民虐殺（ソンミ村事件）の指揮をとったウィリアム・カリー中尉だったという。トンキン湾事件はついに真珠湾のような象徴になりそこねた。敵を撃退したテト攻勢も、むしろ失敗のイメージがまとわりついた。それだけ北ベトナムや民族解放戦線の報道操作が巧妙だったともいえる。

朝鮮では突如北緯三八度線を侵した金日成や、その後ろで糸を引いているはずの毛沢東、ヨシフ・スターリンが悪役を一手に引き受けていた。ベトナムではほんらい、ホー・チ・ミンがその役割を演じるはずだった。しかし彼はむしろ世界の発展途上国の代表に祭り上げられた。彼が掲げる民族解放の旗印は、アメリカ自身の伝統である反植民地主義とむしろ一致するものだった。アメリカはベトナムで、勝利も得られず正義もなく、象徴も敵役も存在しないという、まさにないない尽くしの戦争を初めて経験したのである。

書き換えられる歴史

皮肉なことに、サイゴン陥落の翌年はアメリカが建国二〇〇年を祝うべき年にあたっていた。

そこでいやがうえにも愛国心が強調され、敗戦の衝撃から抜け出そうとする試みが始まる。たとえばレーガン大統領は熱心にベトナム症候群の治癒をめざしたことから、「ドクター・レーガン」と呼ばれた。

ベトナム症候群を目の敵にする人々は、まず史上初の敗戦という事実に挑戦した。ワシントンが敵に占領されたわけでも、米本土に敵が押し寄せたわけでもない。米軍は戦場では一度も敗れていない。弱体な南ベトナムの共産化を一九七五年まで食い止め、ドミノ崩壊現象をインドシナ半島だけで抑えたのは、立派な勝利と呼ぶべきだ。

百歩譲って敗北を認めたとしよう。しかし第一に、敗れたのは米軍ではなく、南ベトナム軍だった。第二に、アメリカは一度も全力で戦わなかった。空軍は保有する航空機の半分も投入していないし、核も使わず、国内の兵力動員も軍需物資の生産も戦時体制と呼ぶにはほど遠かった。第三に、愚かな文民統制と戦争指導の誤りが、勝てる戦争を敗北に変えてしまったにすぎない、というわけである。

だが米国民の多くは、ベトナム戦争が勝利だったとは考えなかった。アメリカは、何年もかけながら南ベトナム防衛という目的を達成できなかったのである。核使用やハノイ壊滅、北ベトナムへの地上軍侵攻が現実に可能だったとも考えられない。反共主義や中国封じ込め、ドミノ理論、ミュンヘンの教訓などを駆使して歴代政権が国民を必死に教育してきたにもかかわらず、北ベトナムとの全面戦争はそもそも認められなかった。

「ベトナム症候群克服のため、レーガンはベトナム戦争を「高貴な大義」のための戦いと呼んだ。もし介入しなければアメリカも自由陣営もはるかに大きな打撃を受けていたはずだ。そもそも戦争を始めたのはハノイなのだし、社会主義の本質はサイゴン陥落後のインドシナ半島の惨状——強引な社会主義化、隣邦への侵略、中国との戦争を見れば明らかだ。

ではほんらい正義の戦いだったものを邪悪な存在に変えてしまったのは何か。槍玉に挙げられたのが、マスメディアの偏向報道だった。友軍将兵の些細な行き過ぎを、許すべからざる残虐行為として針小棒大に取り上げる。敵の敗北だったテト攻勢を、味方の惨敗として描く。ジョンソン大統領も敗北の責めは報道関係者が負うべきだと断言している。

こうした議論は、過去の記憶からの脱却を願う米国民の心をそれなりに捉えた。しかしそれでも、一九八五年には米国民の六三％が、ベトナム戦争を誤りだったとしていた。つまりベトナム戦争は、ついに正義の戦争にもなりきれなかったのである。

ベトナム・ベテランズの価値

英雄のいなかった戦争に、英雄を見つけだす努力も行われた。たとえば、北ベトナムに抑留されていた米軍捕虜や、行方不明兵たちである。彼らはアメリカばかりが加害者ではないという事

ベトナムから撤退する米軍
共同通信社

実の生き証人だった。さらにベトナム・ベテランズ、つまり帰還兵たちがいる。一九八一年四月二六日は「ベトナム帰還兵再認の日」、一九八二年の復員軍人の日（一〇月第四月曜日）は「ベトナム復員軍人の日」となった。首都のワシントン記念碑とリンカーン記念堂の間に、五万八千人の戦死者の名を刻んだ御影石の壁が建てられた。

それまでアメリカの忌まわしい過去を引きずるベトナム帰還兵は、社会からほとんど拒絶されていた。ジャングルや沼地を一年も這いずりまわった後、ばらばらに帰国した彼らは、まるで軍服を着たリップ・バン・ウィンクル（ワシントン・アービングの小説に登場する伝説の人物）も同然だといわれた。日本風にいえば、今浦島ということになる。帰国当日に犬の糞を贈られ、人殺しと罵られる。就職口は見つからない。戦傷や枯葉剤の後遺症に苦しみ、罪の意識や精神錯乱に悩まされる。アルコール依存やストレス不全後遺症に悩まされ、自殺者も絶えない。

彼ら帰還兵たちには、元の戦友だった捕虜に寄せられる同情は、まだしも理解できた。しかし一九八一年初め、イラン革命のあおりで駐テヘラン米大使館内に人質となった五二人が四四四日目に帰国した時、帰還兵たちの怒りは爆発した。みずから望んで戦ったわけでもなく、事態の成り行きで身柄を拘束されただけの連中が、なぜ黄色いリボンで迎えられ、ブロードウェイをオープンカーで行進できるのか。自分たちの惨めな境遇とのこの落差はいったいなんなのか、というわけである。

この頃、帰還兵たちの体験記やインタビュー、ドキュメンタリーなどが急激に巷にあふれ出していた。一九七六年の映画『タクシー・ドライバー』は、ニューヨークでタクシー運転手となったベトナム帰りの青年の物語を、一九七八年の『ディア・ハンター』は田舎町の三人の若者の運命と彼らが心身に負った傷跡を、『帰郷』は重傷を負ったベトナム帰還兵の姿を、一九七九年の『地獄の黙示録』はアメリカの傍若無人ぶりを描いた。一九八六年の『プラトーン』は戦場の兵士たちの日常を、一九八七年の『フルメタル・ジャケット』はごく普通の青年が戦闘機械に造りかえられるさまを、『ハンバーガー・ヒル』（一九八七年）は無意味に流血していく兵士たちを、『七月四日に生まれて』（一九八九年）は愛国心に燃えて戦場で足を失った若者の悲哀をそれぞれスクリーン上に映し出した。

戦争は間違っていたかもしれないが、アメリカの青年たちは立派に戦い、義務を果たしたのだ。いまこそわれわれは、彼らが戦場で味わった苦しみや、帰国後の悲嘆に報いなければならない。米国民はこう考えるようになり、帰還兵たちへの扱いも改善されていった。またドイモイ時代を迎えたベトナムでもこうした映画がテレビ放映され、米兵もそれなりに苦労したのだなという同情を生み出したという。

亡霊退治に失敗

湾岸戦争が終結した時、ブッシュ大統領は「ベトナムの亡霊はアラビア半島の砂の中に埋められた」と高らかに宣言した。しかし一九九九年にクリントン大統領がコソボ空爆に踏み切ると、議会を中心にベトナムの悪夢再現を強く警戒する声がわき起こった。歴史書き換えの長い努力も、度重なる軍事介入も、そして湾岸戦争も、ベトナム症候群を消滅させはしなかった。それは一見疑問の余地のない圧勝に見えたアメリカの勝利が、じつは不十分だったからである。

イラク＝クウェート国境の原状回復こそなされたが、フセインはその後も地位を保った。一九九二年の大統領選挙で民主党の掲げたスローガンの一つが、「サダム［フセイン］はまだ職を持っているが、君はどうか」だった。しかもドイツや日本などの財政支援がなければ戦うことさえむずかしかった。共和党政権の一二年の間に、いわゆる双子の赤字（財政赤字と貿易赤字）が拡大し、インフレが進み、不況が蔓延し、貧富の差が拡大し、ホームレスが激増し、麻薬が社会を蝕み、環境が悪化し、社会の分裂が進み、多くの家庭が崩壊していた。

ブッシュ大統領は、唯一の超大国アメリカがポスト冷戦時代の国際秩序を構築し維持する責任を強調した。問題はたんなる国境侵犯ではない。核兵器をひそかに開発し、国連決議を無視し、不法にも人質をとり、石油価格に悪影響を及ぼすなど、フセインの存在は国際秩序全体への脅威なのだというわけである。ところが軍事作戦は尻すぼみのまま終わり、ブッシュのいう「新世界秩序」の中身はとうとう曖昧なままだった。失望した米国民は急速に興奮から醒めていく。

しかも、イスラム革命を奉じるイランの勢力拡大を食い止める防波堤として、イラクを地域の強国に成長させたのは当のアメリカだった。イラクのクウェート占領とイスラエルの占領地について別の扱いをするという「ダブル・スタンダード」問題もうやむやだった。クルド人問題への対応も首尾一貫しなかった。イラクが侵したという国境じたい、植民地統治の遺物である。アメリカが救ったクウェートとは、特権的市民ですら民主化を要求するほどの国、帰国した王族たちが国民の生活必需品ではなく、まず王宮の黄金のドアノブを発注するような国だった。

湾岸戦争から一〇年後、リチャード・チェイニー国防長官は副大統領に、パウエル統合参謀本部議長は国務長官になった。だが肝心のブッシュ大統領は一期限りでお役御免となっている。あまりにもあっけない勝利は、その記憶を存続させるだけの英雄も、象徴も生み出さなかったようである。ブッシュはフセインを「暴君」と呼び、クウェート侵攻を「電撃戦」と名づけた。フセインすなわちヒトラーという図式によって米国民の戦争への支持を動員しようとしたのである。だがそれにはあまりにもイラクは弱すぎ、フセインは米国民の敵意を一身に集め続けるには小物すぎた。

もしアメリカが本当にベトナム症候群の克服を望むのなら、完璧な勝利と、正義と、英雄と、強大な敵を取りそろえる必要がある。さもなくば、朝鮮戦争の記憶がベトナムの荒波の中に消えたように、ベトナムを超えるほどの惨めな敗北、不正義と英雄不在の戦いを味わう必要があろう。ところが皮肉なことに、ベトナム症候群が生き続けている以上、勝つにせよ負けるにせよ、実際にはそうした大規模な戦争じたい不可能なのである。おそらくこのジレンマを乗り越えるには、アメリカはさらに数世代を費やし、ベトナムの記憶が風化するのを待つ以外にないだろう。アメリカはどうやら二一世紀に入ってもしばらくは、ベトナムの亡霊とともに生きていくしかないようである。

あとがき

筆者の本棚の片隅に、茶色に変色した一冊の雑誌がある。『朝日ジャーナル』一九七一年八月臨時増刊号で、ベトナム秘密報告、いわゆる『ペンタゴン・ペーパーズ』を『ニューヨーク・タイムズ』が暴露報道したものの全訳である。当時中学二年生の筆者は、二八〇円でこの号を手に入れ、むさぼるように読んだ。いったいなぜアメリカがベトナムの泥沼に落ち込んでしまったのか。結果的に、その答えを見つけることがライフワークの一つとなってしまった。

一九七五年四月、ベトナム戦争は終わる。ところが早くからこの戦争に興味を抱いていたはずの筆者には、その前後の記憶がまるでない。高校三年生になったばかりの春で、英単語や年号の暗記、方程式や化学式、古文読解などに心を奪われていたからだろう。まさにミーイズムを地で行っていたわけである。もしタイムマシンがあれば、二六年前に戻り、すべてをやり直したいとすら思う。率直にいえば、本書執筆の最大の動機はそうした個人的な反省にある。

いまも多くの受験生は、どんな事件も戦争も人物も、世界史や日本史に登場する暗記項目としてしか捉えていないのではなかろうか。そうした若い人々が、なにかのきっかけでベトナム戦争に興味を抱いた時、本書が助けになればこれに過ぎる喜びはない。もちろん、四半世紀の時をへて、この戦争の実像をいま一度理解し直したいと考えるすべての人々が本書の対象である。

数年前から、航空・海上自衛隊幹部学校および統合幕僚学校でベトナム戦史講義を担当する機会に恵まれた。回を重ねるごとに、フランスの植民地化からベトナム戦争後の東南アジア情勢にいたるまで、幅広い勉強の必要を痛感したことが本書を生んだ。何度か、各学校の教官方に無理をいって、図書室所蔵の豊富な戦史を利用させていただいたことも非常に役立った。

当初は少し別の形で、またサイゴン陥落二五周年に間に合うようにベトナム戦争の通史を書こうと考え、準備を進めていた。そこに一昨年夏、中公新書編集部の早川幸彦氏、郡司典夫氏から貴重な助言をいただき、さらに佐々木久夫氏の強い激励も受けた。あれこれ試行錯誤の果てにようやくこのような形に落ち着いたが、お世話になった方々にはこの場を借りて、あらためて感謝の意を表したいと思う。

二〇〇一年七月

松岡　完

年	月日	記事	年	月日	記事
1963	11.1	軍部クーデターでジェム政権崩壊	1973	1.27	パリ協定調印
	11.22	ケネディ暗殺、ジョンソン副大統領が昇格		3.29	米軍、ベトナム完全撤退
				11.7	米議会で戦争権限法成立
			1974	1.20	中国軍、西沙諸島を占領
1964	8.2	トンキン湾事件発生	1975	4.17	プノンペン陥落
	8.7	米議会、トンキン湾決議		4.30	サイゴン陥落
1965	1.8	韓国、南ベトナムに派兵	1976	7.2	ベトナム社会主義共和国成立
	3.2	恒常的北爆（ローリング・サンダー作戦）開始	1977	9.20	ベトナム、国連に加盟
			1978	6.29	ベトナム、コメコン（経済相互援助会議）に加盟
	3.7	米海兵隊3500人がダナンに上陸		11.3	ベトナム=ソ連友好協力条約調印
	6.11	グエン・バン・チュー=グエン・カオ・キによるクーデター		12.25	ベトナム軍、カンボジアに侵攻(第3次インドシナ戦争)
1966	2.4	米上院、フルブライト公聴会開始	1979	2.17	中国軍、ベトナムに侵攻(中越戦争)
1967	8.8	東南アジア諸国連合(ASEAN）結成	1986	12.15	ベトナム、ドイモイ(刷新)政策を宣言
1968	1.30	テト攻勢開始			
	3.31	ジョンソン米大統領、再選不出馬・北爆縮小を声明	1989	9.26	ベトナム軍、カンボジア撤退完了
	5.13	パリ会談開始	1991	10.23	カンボジア和平パリ協定調印
1969	1.25	拡大パリ会談開始		11.5	ベトナムと中国、国交を正常化
	6.8	南ベトナム共和国臨時革命政府樹立	1995	7.11	米とベトナム、国交を正常化
	7.25	ニクソン米大統領、グアム・ドクトリンを発表		7.28	ベトナム、ASEANに加盟
1970	5.1	米・南ベトナム軍、カンボジアに侵攻	1999	4.30	カンボジアの加盟でASEAN 10が成立
1971	2.8	南ベトナム軍、ラオスに侵攻	2000	11.16	クリントン米大統領、ベトナムを訪問
1972	2.21	ニクソン訪中			

ベトナム戦争◎関連年表

年	月日	記　事	年	月日	記　事
1940	9.23	日本軍、北部仏印に進駐	1954	6.4	ベトナム独立条約調印
1941	5.19	ベトミン（ベトナム独立同盟）結成		7.7	ゴ・ジン・ジェム擁立
				7.21	ジュネーブ協定調印
	7.28	日本軍、南部仏印に進駐		9.8	マニラ条約調印
1945	8.19	八月革命	1955	1.1	米、南ベトナムへの直接援助と政府軍の訓練を開始
	9.2	ベトナム民主共和国独立宣言		2.19	東南アジア条約機構(SEATO) 発足
1946	6.1	コーチシナ自治共和国臨時政府成立		10.26	ベトナム共和国成立
	12.19	第1次インドシナ戦争開始	1956	4.28	仏軍、インドシナ完全撤退
1948	6.5	ベトナム臨時中央政府樹立	1959	1.13	ベトナム労働党、南の武力解放を決議(15号決議)
1949	6.14	ベトナム国成立			
	7.2	バオ・ダイ擁立	1960	1.17	ベンチェ蜂起
1950	1.18	中国、ベトナム民主共和国を承認		12.20	民族解放戦線(NLF)結成
			1961	1.6	フルシチョフ・ソ連首相、民族解放戦争支援を声明
	1.31	ソ連、ベトナム民主共和国を承認		1.28	ケネディ米大統領、反乱鎮圧計画(CIP)を承認
	2.7	米英、ベトナム国承認			
	5.9	米、対インドシナ軍事援助を開始		4.29	米、ジュネーブ協定に違反して軍事顧問増派を決定
	8.2	米軍事援助顧問団(MAAG)発足	1962	1.12	枯葉剤散布（ランチ・ハンド作戦）開始
1953	10.22	ラオス独立		2.8	米軍事援助司令部(MACV)発足
	11.9	カンボジア独立			
	11.29	ホー・チ・ミン、インドシナ和平の可能性を示唆		3.22	戦略村建説（サンライズ作戦）開始
1954	3.29	ダレス米国務長官、統一行動路線を発表		7.23	ジュネーブ協定によりラオス中立化
	4.26	ジュネーブ会議開幕	1963	1.2	アプバックの戦い
	5.7	ディエンビエンフー陥落		5.8	仏教徒危機始まる

Isserman, Maurice & Michael Kazin, *America Divided,* New York: Oxford Univ. Press, 2000.

Klatch, Rebecca E., *A Generation Divided,* Berkeley: Univ. of California Press, 1999.

教訓の模索

Grinter, Lawrence E. & Peter M. Dunn, eds., *The American War in Vietnam,* Westport, Conn.: Greenwood Press, 1987.

Hellmann, John, *American Myth and the Legacy of Vietnam,* New York: Columbia Univ. Press, 1986.

Levy, David W., *The Debate over Vietnam,* Baltimore: Johns Hopkins Univ. Press, 2nd ed., 1995.

McNamara, Robert S., et al., *Argument Without End,* New York: Public Affairs, 1999.

ベトナム症候群の克服

Isaacs, Arnold R., *Vietnam Shadows,* Baltimore: Johns Hopkins Univ. Press, 1997.

Melanson, Richard A., *American Foreign Policy since the Vietnam War,* Armonk, N.Y.: M.E. Sharpe, 1996.

Mermin, Jonathan, *Debating War and Peace,* Princeton, N.J.: Princeton Univ. Press, 1999.

Podhoretz, Norman, *Why We Were in Vietnam,* New York: Simon & Schuster, 1982.

Simons, Geoff, *Vietnam Syndrome,* London: Macmillan Press, 1998.

冷戦後のアメリカ外交

Brands, H. W., ed., *The Use of Force after the Cold War,* College Station: Texas A & M Univ. Press, 2000.

Haass, Richard N., *Intervention,* Washington, D.C.: Brookings Institution Press, 1999.

Litwak, Robert S., *Rogue States and U.S. Foreign Policy,* Washington, D.C.: Woodrow Wilson Center Press, 2000.

von Hippel, Karin, *Democracy by Force,* London: Cambridge Univ. Press, 2000.

アメリカの世論と反戦運動

Garfinkle, A., *Telltale Hearts,* New York: Macmillan, 1995.

Lieberman, Robbie, *The Strangest Dream,* Syracuse, N.Y.: Syracuse Univ. Press, 2000.

Robbins, Mary Susannah, ed., *Against the Vietnam War,* Syracuse Univ. Press, 1999.

Wells, Tom, *The War Within,* Berkeley: Univ. of California Press, 1994.

5◎民族解放戦線と北ベトナム

民族解放戦線と革命戦争

Brigham, Robert K., *Guerrilla Diplomacy,* Ithaca, N.Y.: Cornell Univ. Press, 1999.

Henderson, William D., *Why the Viet Cong Fought,* Westport, Conn.: Greenwood, 1979.

Lomperis, Timothy J., *From People's War to People's Rule,* Chapel Hill: Univ. of North Carolina Press, 1996.

北ベトナムの民族主義と共産主義

Duiker, William J., *Vietnam: Nation in Revolution,* Boulder, Colo.: Westview Press, 1983.

Pike, Douglas, *History of Vietnamese Communism, 1925-1976,* Stanford, Ca.: Hoover Institution Press, 1978.

Post, Ken, *Revolution, Socialism and Nationalism in Viet Nam,* Aldershot, U.K.: Dartmouth, 1989-90.

中ソとベトナム

Papp, Daniel S., *Vietnam: The View from Moscow, Peking, Washington,* Jefferson, N.C.: McFarland, 1981.

Pike, Douglas, *Vietnam and the Soviet Union,* Boulder, Colo.: Westview Press, 1987.

Qiang Zhai, *China and the Vietnam Wars 1950-1975,* Chapell Hill: Univ. of North Carolina Press, 2000.

6◎戦後のアメリカ

敗戦の衝撃

Borer, Douglas A., *Superpowers Defeated,* London: Frank Cass, 1999.

ジョンソンの戦争：介入政策の破綻

Bernstein, Irving, *Guns or Butter,* New York: Oxford Univ. Press, 1996.

Brands, H. W., *The Wages of Globalism,* New York: Oxford Univ. Press, 1995.

Herring, George C., *LBJ and Vietnam,* Austin: Univ. of Texas Press, 1994.

VanDeMark, Brian, *Into the Quagmire,* New York: Oxford Univ. Press, 1991.

ニクソン〜フォードの戦争：和平の模索

Goodman, Allan E., *The Lost Peace,* Stanford, Ca.: Hoover Institution Press, 1978.

Porter, Gareth, *A Peace Denied,* Bloomington: Indiana Univ. Press, 1975.

Small, Melvin, *Johnson, Nixon, and the Doves,* New Brunswick, N.J.: Rutgers Univ. Press, 1988.

4◎アメリカと南ベトナム

ゲリラ戦争対策

Cable, Larry E., *Conflict of Myths,* New York Univ. Press, 1986.

Gibson, James William, *The Perfect War,* Boston: Atlantic Monthly Press, 1986.

Hunt, Richard A., *Pacification,* Boulder, Colo.: Westview Press, 1995.

Thayer, Thomas C., *War Without Fronts,* Boulder, Colo.: Westview Press, 1985.

ベトナムでの米軍

Buzzanco, Robert, *Masters of War,* New York: Cambridge Univ. Press, 1996.

Collins, James Lawton, *The Development and Training of the South Vietnamese Army, 1950-1972,* Washington, D.C.: U.S. Dept. of Army, 1975.

U.S. Dept. of Army, *U.S. Armed Forces in Vietnam, 1954-1975,* Washington, D.C.: Center of Military History, U.S. Army, 1983.

———, *United States Army in Vietnam: Advice and Support,* Center of Military History, U.S. Army, 1983.

ジュネーブ会議とその後

Anderson, David L, *Trapped by Success,* New York: Columbia Univ. Press, 1991.

Cooper, Chester L., *The Lost Crusade,* New York: Dodd, Mead, 1970.

Morgan, Joseph G., *The Vietnam Lobby,* Chapell Hill: Univ. of North Carolina Press, 1997.

Randle, Robert F., *Geneva 1954,* Princeton, N.J.: Princeton Univ. Press, 1969.

3◎ベトナム戦争

ケネディの戦争：介入拡大政策

Kaiser, David, *American Tragedy,* Cambridge, Mass.: Harvard Univ. Press, 2000.

Newman, John M., *JFK and Vietnam,* New York: Warner, 1992.

Rust, William J., *Kennedy in Vietnam,* New York: Charles Scribner's Sons, 1985.

Shultz, Richard H., Jr., *The Secret War against Hanoi,* New York: Harper Collins, 1999.

ケネディの戦争：ゴ・ジン・ジェム政権の崩壊

Blair, Anne E., *Lodge in Vietnam,* New Haven: Yale Univ. Press, 1995.

Halberstam, David, *The Making of a Quagmire,* New York: A.A. Knopf, rev. ed., 1988.

Hammer, Ellen J., *A Death in November,* New York: E.P. Dutton, 1987.

Latham, Michael E., *Modernization as Ideology,* Chapell Hill: Univ.of North Carolina Press, 2000.

Winters, Francis X., *The Year of the Hare,* Athens: Univ. of Georgia Press, 1997.

ジョンソンの戦争：北爆と地上軍投入

Gardner, Lloyd C. & Ted Gittinger, eds., *Vietnam: The Early Decisions,* Austin: Univ. of Texas Press, 1997.

Johnson, Lyndon B., *The Vantage Point,* New York: Holt, Rinehart & Winston, 1971.

Logevall, Fredrik, *Choosing War,* Berkeley: Univ. of California Press, 1999.

Moïse, Edwin E., *Tonkin Gulf and the Escalation of the Vietnam War,* Chapell Hill: Univ. of North Carolina Press, 1996.

Rusk, Dean, *As I Saw It,* New York: W.W. Norton, 1990.

外交文書集・資料集

Moss, George D., *A Vietnam Reader,* Englewood Cliffs, N.J.: Prentice-Hall, 1991.

Porter, Gareth, ed., *Vietnam,* Tokyo: Publishers International, 1979.

U.S. Dept. of Defense, *The Pentagon Papers* (Senator Gravel Edition), Boston: Beacon Press, 1971-72.

———, *United States-Vietnam Relations, 1945-1967,* Washington, D.C.: U.S. Government Printing Office (USGPO), 1971.

Williams, William A., et al., ed., *America in Vietnam,* Garden City, N. Y.: Anchor Books, 1985.

事典・証言集

Charlton, Michael & Anthony Moncrieff, *Many Reasons Why,* New York: Hill & Wang, 1978.

Committee on Foreign Relations, U.S. Senate, *Causes, Origins, and Lessons of the Vietnam War,* USGPO, 1973.

Kutler, Stanley I., ed., *Encyclopedia of the Vietnam War,* New York: Charles Scribner's Sons, 1996.

Schlight, John, ed., *The Second Indochina War,* Washington, D.C.: Center of Military History, U.S. Army, 1986.

Tucker, Spencer C., ed., *Encyclopedia of the Vietnam War,* Santa Barbara: ABC-CLIO, 1998.

Wexler, Sanford, *The Vietnam War,* New York: Facts on File, 1992.

2◎第一次インドシナ戦争

フランスの戦争とアメリカ

Dunn, Peter M., *The First Vietnam War,* London: C. Hurst, 1985.

Gardner, Lloyd C., *Approaching Vietnam,* New York: W.W. Norton, 1988.

Irving, R.E.M., *The First Indochina War,* London: Croom Helm, 1975.

Patti, Archimedes L. A., *Why Viet Nam?,* Berkeley: Univ. of California Press, 1980.

ディエンビエンフーの危機

Billings-Yun, Melanie, *Decision against War,* New York: Columbia Univ. Press, 1988.

Burke, John P. & Fred I. Greenstein, *How Presidents Test Reality,* New York: Russell Sage Foundation, 1989.

Prados, John, *The Sky Would Fall,* New York: Dial Press, 1983.

主要参考文献〈英語〉

1◎ベトナム戦争の概観

インドシナ／ベトナム戦争の通史

Duiker, William J., *The Communist Road to Power in Vietnam,* Boulder, Colo.: Westview Press, 1981.

Harrison, James Pinckney, *The Endless War,* New York: Free Press, 1982.

Karnow, Stanley, *Vietnam,* New York: Penguin Books, 1984.

Lowe, Peter, ed., *The Vietnam War,* London: Macmillan, 1998.

Maclear, Michael, *The Ten Thousand Day War,* New York: Avon Books, 1981.

Morrison, Wilbur H., *The Elephant and the Tiger,* New York: Hippocrene Books, 1990.

Short, Anthony, *The Origins of the Vietnam War,* Harlow, U. K.: Longman, 1989.

Young, Marilyn B., *The Vietnam Wars 1945-1990,* New York: Harper Collins, 1991.

アメリカの関与

DeGroot, Gerard J., *A Noble Cause?*, Harlow, U.K.: Longman, 2000.

Gibbons, William C., *The U.S. Government and the Vietnam War,* Princeton, N.J.: Princeton Univ. Press, 1986-95.

Hatcher, Patrick Lloyd, *The Suicide of an Elite,* Stanford, Ca.: Stanford Univ. Press, 1990.

Hess, Gary R., *Vietnam and the United States,* Boston: Twayne, 1990.

Joes, Anthony James, *The War for South Viet Nam, 1954-1975,* New York: Praeger Publishers, 1989.

Kahin, George McTurnan, *Intervention,* New York: A. A. Knopf, 1986.

Kimball, Jeffrey P., *To Reason Why,* Philadelphia: Temple Univ. Press, 1990.

Kolko, Gabriel, *Anatomy of a War,* New York: Pantheon Books, 1985.

Lomperis, Timothy J., *The War Everyone Lost — and Won,* Baton Rouge: Louisiana State Univ. Press, 1984.

Moss, George Donelson, *Vietnam,* Englewood Cliffs, N.J.: Prentice-Hall, 1990.

Turley, William S., *The Second Indochina War,* Boulder, Colo.: Westview Press, 1986.

白石昌也『ベトナム　革命と建設のはざま』東京大学出版会　1993
古田元夫『ホー・チ・ミン』岩波書店　1996

ドイモイ下のベトナム社会

井出孫六編著『インドシナの風』桐原書店　1994
角英夫『サイゴンの歌姫』日本放送出版協会　1997
シーハン、ニール／菊谷匡祐訳『ハノイ&サイゴン物語』集英社　1993
坪井善明『ヴェトナム「豊かさ」への夜明け』岩波新書　1994

8◎東南アジア

ラオスとカンボジア

青山利勝『ラオス』中公新書　1995
上東輝夫『現代ラオス概説』同文舘　1992
冨山泰『カンボジア戦記』中公新書　1992
永井浩『カンボジアの苦悩』勁草書房　1994
三尾忠志編『ポスト冷戦のインドシナ』日本国際問題研究所　1993

東南アジアの歴史

池端雪浦編『東南アジア史II　島嶼部』山川出版社　1999
石井米雄・桜井由躬雄編『東南アジア史Ｉ　大陸部』山川出版社　1999
今川瑛一『新装版　東南アジア現代史』亜紀書房　1999
――――『続東南アジア現代史』亜紀書房　1999
桜井由躬雄・石澤良昭『東南アジア現代史III』山川出版社　1977

東南アジアの政治と国際関係

岡部達味編『ポスト・カンボジアの東南アジア』日本国際問題研究所　1992
鈴木佑司『新版　東南アジアの危機の構造』勁草書房　1988
古田元夫編『〈南〉から見た世界02　東南アジア・南アジア』大月書店　1999
松本三郎・福永安祥編『東南アジアの展望』勁草書房　1980

ASEAN

岡部達味編『ASEANの20年』日本国際問題研究所　1987
萩原宜之『ASEAN＝東南アジア諸国連合』有斐閣選書　1983
山影進『ASEAN』東京大学出版会　1991
――――『ASEANパワー』東京大学出版会　1997
渡辺利夫編『もっと知りたいASEAN』弘文堂　1991

堀武昭『反面教師アメリカ』新潮選書　1999
油井大三郎『日米　戦争観の相剋』岩波書店　1995

冷戦後の米外交・軍事戦略

阿南東也『ポスト冷戦のアメリカ政治外交』東信堂　1999
佐藤誠三郎編『新戦略の模索』日本国際問題研究所　1994
進藤榮一『アメリカ　黄昏の帝国』岩波新書　1994
砂田一郎『新版　現代アメリカ政治』芦書房　1999

7◎戦後のインドシナ

ベトナムの社会主義化

石川文洋『ベトナムロード』平凡社ライブラリー　1997
NHK 取材班『NHK スペシャル　社会主義の20世紀　5』日本放送出版協会　1991
古森義久『ベトナムの記憶』PHP 研究所　1995
タイン・ティン／中川明子訳『ベトナム革命の内幕』めこん　1997
友田錫『裏切られたベトナム革命』中央公論社　1981

ベトナムとカンボジア

スウェイン、ジョン／濱田徹訳『インドシナ戦火の記憶』三一書房　1997
ヒネケン、ヤープ・ファン／山田侑平・鈴木佳明訳『インドシナ現代史』連合出版　1983
三尾忠志編『インドシナをめぐる国際関係』日本国際問題研究所　1988
森永和彦『第三次インドシナ戦争』教育社入門新書　1979

ベトナムと中国

鹿嶋海馬『アジア国境紛争地図』三一書房　1997
チャンダ、ナヤン／友田錫・滝上広水訳『ブラザー・エネミー』めこん　1999
平松茂雄『中国の海洋戦略』勁草書房　1993・1997
古田元夫『ベトナムからみた中国』日中出版　1979

ドイモイ政策

木村哲三郎『ベトナム　党官僚国家の新たな挑戦』アジア経済研究所　1996
木村汎、グエン・ズイ・ズン、古田元夫編『日本・ベトナム関係を学ぶ人のために』世界思想社　2000
窪田光純『躍動する国ベトナム』同文舘　1996

北ベトナムの実情

スカラピーノ、R・A編／鎌田光登訳『アジアの共産主義』鹿島研究所出版会　1967
ソールズベリ、ハリソン・E／朝日新聞社外報部訳『ハノイは燃えている』朝日新聞社　1967
古田元夫『ベトナム人共産主義者の民族政策史』大月書店　1991
――『アジアのナショナリズム』山川出版社　1996

ベトナムと中ソ

鹿沢剛『中ソ対立と80年代国際情勢』教育社入門新書　1982
ジューコフ、E・Mほか編／滝沢一郎訳『ソ連のアジア政策』サイマル出版会　1981
松本三郎『中国外交と東南アジア』慶應通信　1971
ミソフ、フランソワ／伊藤力司訳『赤い決闘』中央公論社　1979
山本登編『中ソ対立とアジア諸国』日本国際問題研究所　1969-71

6◎戦後のアメリカ

敗戦の影響

生井英考『ジャングル・クルーズにうってつけの日［新版］』三省堂　2000
枝川公一『英雄は帰ってきたか』講談社　1985
キャロル、ピーター・N／土田宏訳『70年代アメリカ』彩流社　1994
ターケル、スタッズ／中山容ほか訳『アメリカの分裂』晶文社　1990
本間長世『アメリカはどこへ行くのか』PHP研究所　1987

ベトナム症候群の克服

生井英考『負けた戦争の記憶』三省堂　2000
クレア、マイケル／堀江則雄訳『ベトナム症候群を超えて』合同出版　1985
ニクソン、リチャード／宮崎緑・宮崎成人訳『ノー・モア・ヴェトナム』講談社　1986
東大作『我々はなぜ戦争をしたのか』岩波書店　2000
ボドナー、ジョン・E／野村達朗ほか訳『鎮魂と祝祭のアメリカ』青木書店　1997

アメリカの保守化

五十嵐武士『政策革新の政治学』東京大学出版会　1992
エンゲルハート、トム＆エドワード・T・リネンソール／島田三蔵訳『戦争と正義』朝日選書　1998

戦争報道・写真集

アーネット、ピーター／沼澤洽治訳『戦争特派員』新潮社　1995
石川文洋『戦争と人間』創和出版　1989
沢田サタ『泥まみれの死』講談社文庫　1999
ソールズベリー、ハリソン／小川水路訳『メディアの戦場』集英社　1992
ナイトリー、フィリップ／芳地昌三訳『戦争報道の内幕』時事通信社　1987

アメリカの政策と戦争犯罪への批判

チョムスキー、ノーアム／いいだもも訳『お国のために』河出書房新社　1975
ハーシュ、セイムア／小田実訳『ソンミ』草思社　1970
本多勝一『殺される側の論理』朝日文庫　1982
森川金壽『ベトナムにおけるアメリカ戦争犯罪の記録』三一書房　1977

枯葉作戦

大石芳野『あの日、ベトナムに枯葉剤がふった』くもん出版　1992
轡田隆史『ベトナム枯れ葉作戦の傷跡』すずさわ書店　1982
SIPRI編／岸由二・伊藤嘉昭訳『ベトナム戦争と生態系破壊』岩波書店　1979
中村梧郎『グラフィック・レポート　戦場の枯葉剤』岩波書店　1995

日本の関与

阿奈井文彦『ベ平連と脱走米兵』文春新書　2000
関谷滋・坂元良江編『となりに脱走兵がいた時代』思想の科学社　1998
ヘイブンズ、トーマス・R・H／吉川勇一訳『海の向こうの火事』筑摩書房　1990
吉沢南『ベトナム戦争と日本』岩波ブックレット　1988

5◎北ベトナムと民族解放戦線

民族解放戦争と民族解放戦線

稲垣武『「悪魔祓い」の戦後史』文春文庫　1997
バオ・ニン／井川一久訳『戦争の悲しみ』めるくまーる　1997
ボー・グエン・ザップ／奥源造編、野波勝三郎訳『人民戦争論』新人物往来社　1971
レ・クアン、ジェラール／寺内正義訳『ボー・グエン・ザップ』サイマル出版会　1975

ニクソンの戦争

陸井三郎『インドシナ戦争』勁草書房　1971
田久保忠衛『戦略家ニクソン』中公新書　1996
ニクソン、リチャード／松尾文夫・斎田一路訳『ニクソン回顧録』小学館　1978
萩野弘巳『パリ会談』日本放送出版協会　1973

フォードの戦争

古森義久『ベトナム報道1300日』筑摩書房　1978
近藤紘一『サイゴンのいちばん長い日』文春文庫　1985
スネップ、フランク／仲晃訳『CIAの戦争』パシフィカ　1978
バーチェット、W／佐藤紀久雄ほか訳『ベトナム解放の戦い』時事通信社　1976
南康雄『サイゴン・1975年・春』日本経済評論社　1985

4◎アメリカと南ベトナム

地上の戦い

オブライエン、ティム／中野圭二訳『僕が戦場で死んだら』白水社　1990
シーハン、ニール／菊谷匡祐訳『輝ける嘘』集英社　1992
『NAM』同朋舎　1990
ブライアン、C・D・B／常盤新平・鈴木主税訳『友軍の砲撃』草思社　1981
ベイカー、マーク／高橋宗瑠訳『NAM』透土社　1990

空の戦い

アメリカ空軍省編／難波皎訳『エアー・コンバット』原書房　1982
ドール、ロバート／難波皎訳『ベトナム航空戦』大日本絵画　1990
ブロートン、ジャック／藤田勝啓訳『ターゲット・ハノイ』大日本絵画　1991
モーマイヤー、ウイリアム・W／藤田統幸訳『ベトナム航空戦』原書房　1982

南ベトナムの実情

石川文洋『戦場カメラマン』朝日文庫　1986
開高健『ベトナム戦記』朝日文芸文庫　1990
亀山旭『ベトナム戦争』岩波新書　1972
本多勝一『戦場の村』朝日文庫　1981

鄧搏鵬／後藤均平訳『越南義烈史』刀水書房　1993
ファム・カク・ホエ／白石昌也訳『ベトナムのラスト・エンペラー』平凡社　1995

日本とインドシナ

倉沢愛子編『東南アジア史のなかの日本占領』早稲田大学出版会　1997
早乙女勝元『ベトナム“200万人”餓死の記録』大月書店　1993
白石昌也『ベトナム民族運動と日本・アジア』巖南堂書店　1993
立川京一『第二次世界大戦とフランス領インドシナ』彩流社　2000
吉沢南『ベトナムの日本軍』岩波ブックレット　1993

ベトミンと抗仏救国戦争

フェン、チャールズ／陸井三郎訳『ホー・チ・ミン伝』岩波新書　1974
ボー・グエン・ザップ／真保潤一郎訳『人民の戦争・人民の軍隊』弘文堂　1965
ラクチュール、ジャン／吉田康彦・伴野文夫訳『ベトナムの星』サイマル出版会　1968
ラジョー、C・P／山田照美訳『ホー・チ・ミン』福村出版　1974

インドシナ危機とジュネーブ会議

赤木完爾『ヴェトナム戦争の起源』慶應通信　1991
小沼新『ベトナム民族解放運動史』法律文化社　1988
松岡完『ダレス外交とインドシナ』同文舘　1988
宮里政玄『アメリカの対外政策決定過程』三一書房　1981

3◎ベトナム戦争の本格化

ケネディの戦争

竹内正右『モンの悲劇』毎日新聞社　1999
谷川榮彦編著『ベトナム戦争の起源』勁草書房　1984
ヒルズマン、ロジャー／浅野輔訳『ケネディ外交』サイマル出版会　1968
松岡完『1961　ケネディの戦争』朝日新聞社　1999

ジョンソンの戦争

オーバードーファー、ドン／鈴木主税訳『テト攻勢』草思社　1973
ギトリン、トッド／疋田三良・向井俊二訳『60年代アメリカ』彩流社　1993
清水知久『ベトナム戦争の時代』有斐閣新書　1985
フープス、タウンゼンド／丸山静雄訳『アメリカの挫折』草思社　1970

主要参考文献〈日本語〉

1◎ベトナム戦争の基礎知識

インドシナの風土や人々の生活

綾部恒雄・石井米雄編『もっと知りたいカンボジア』弘文堂　1996
――――・――――編『もっと知りたいラオス』弘文堂　1996
桜井由躬雄編『もっと知りたいベトナム（第2版）』弘文堂　1995
坪井善明編『アジア読本　ヴェトナム』河出書房新社　1995

ベトナム戦争の歴史

石山昭男『ベトナム解放戦史』三省堂　1977
小倉貞男『ドキュメント　ヴェトナム戦争全史』岩波書店　1992
ハルバースタム、デイヴィッド／浅野輔訳『ベスト&ブライテスト』朝日文庫　1999
古田元夫『歴史としてのベトナム戦争』大月書店　1991
ヘリング、ジョージ・C／秋谷昌平訳『アメリカの最も長い戦争』講談社　1985
マクナマラ、ロバート／仲晃訳『マクナマラ回顧録』共同通信社　1997
三野正洋『わかりやすいベトナム戦争』光人社　1999
吉澤南『ベトナム戦争』吉川弘文館　1999

資料集・事典

石井米雄監修、桜井由躬雄・桃木至朗編『ベトナムの事典』同朋舎　1999
――――ほか監修『東南アジアを知る事典』平凡社　1986
浦野起央編『ベトナム問題の解剖』外交時報社　1967-72
陸井三郎編『資料・ベトナム戦争』紀伊國屋書店　1969
ニューヨーク・タイムス編／杉辺利英訳『ベトナム秘密報告』サイマル出版会　1972
吉沢南監修『新聞集成　ベトナム戦争』大空社　1990

2◎第一次インドシナ戦争

植民地化と抗仏運動

内海三八郎、千島英一・櫻井良樹編『ヴェトナム独立運動家　潘佩珠伝』芙蓉書房　1999
小倉貞男『物語　ヴェトナムの歴史』中公新書　1997

ロン・ノル　Lon Nol　1913〜1985

カンボジアの軍人・政治家。ベトナムのタイニン省生まれ。サイゴンで中等教育を受ける。1945年、シハヌークのもとで副知事となり、その後軍内部で着実に昇進。1966〜67年および1969〜72年に首相をつとめた。1970年、アメリカの支援を受けてシハヌーク打倒クーデターを実行。1972〜75年、大統領。1975年のプノンペン陥落直前、アメリカに亡命。

ソ・クン。ホー・チ・ミンは中国で逮捕された際、獄中で名乗った変名。フエで学び、教師となる。ファン・ボイ・チャウに日本留学を勧められたこともあった。1911年頃にコックとして渡仏し、アメリカ、イギリス、アフリカなどにも滞在。1919年、グエン・アイ・クォック（阮愛国）として、ベルサイユ講和会議にベトナムの民族主義的な要求を受け入れさせようとしたが失敗。
1920年頃、仏社会党に入党し、仏共産党創設に参加、民族解放運動の機関紙編集に携わる。1923年にはソ連を訪れ、コミンテルンのアジア方面責任者となる。1925年には広州でベトナム青年革命同志会を、1930年には香港でベトナム共産党を組織。その後中国、ソ連、タイなどに潜伏中、獄死が伝えられたが1941年に帰国しベトミンを創設。1945年、八月革命をへて、ベトナム民主共和国主席として独立を宣言。1946年、正式に初代大統領に就任。抗仏・抗米救国戦争を指導し、国内の社会主義化を推し進めた。生誕の日（5月19日）、死去の日（9月3日）はそれぞれ国民の休日である。

ポル・ポト Pol Pot 1928～1998
カンボジアのコンポンソム州生まれ。本名はサロト・サル。1976年に改名したポル・ポトは「純粋なカンボジア人」の意。1940年代から反仏闘争に身を投じ、パリ留学中の1952年に仏共産党に入党。翌年、奨学金を断たれて帰国、教師のかたわらジャングルで反仏ゲリラ活動を展開。
1960年、カンボジア共産党中央委員。1963年、書記長。クメール・ルージュを率いて1975年にプノンペンを制圧。翌年に民主カンボジア首相となる。1978年、ベトナムの侵攻でタイに逃亡、抵抗運動を続ける。ハーグの国際司法裁判所に政権時代の大量虐殺などの罪で告発され、1997年には不在のまま終身刑が確定。1998年、逮捕直前に心臓発作で死去したが、自殺説・謀殺説もある。

レ・ズアン Le Duan 1907～1986
北緯17度線のすぐ南にあたるクアンチ省の生まれ。ハノイの鉄道局員時代に共産主義に関心を抱き、1930年、ベトナム青年革命同志会に加入し、インドシナ共産党の創設にも参加。1931～36年、1940～45年の二度にわたり投獄。1946年以来、南部地区軍事委員としてメコンデルタを中心に解放闘争の指揮にあたる。1951年、労働党中央委員・政治局員。1960年、第1書記。1960年には民族解放戦線の組織化に貢献した。ホー・チ・ミン死後、集団指導体制における第一人者となった。1976～86年、書記長。

スファヌボンはそれぞれ異母兄、異母弟にあたる。フランスで建築・電気工学の学位を取得、帰国後技師となる。1945年、自由ラオス臨時政府で建設・運輸相となるが仏軍の圧迫でタイに亡命。1951〜54年、ラオス王国首相。1956年、パテト・ラオとの連合政権で首相となるが1958年に失脚。1960年に首相となるがノサバン軍に追われカンボジアに亡命。1962年、左・右・中立派の連合政権で首相。内戦をへて1974年、第3次連合政権首相。1975年、ラオス人民民主共和国政府顧問。

ブン・ウム Boun Oum 1911〜1980
チャンパサック王家の末裔（第11代）。南部ラオスの有力政治家として、ノサバンとともに右派を率いた。1946年に即位。1947年、チャンパサック王国がラオス王国に統合された際に王位を廃し、王国総監および国会議長となる。1949年に首相。1950年代末〜60年代初め、アメリカの支援を受け、右派政府首相・国防相・外相などを歴任。

ヘン・サムリン Heng Samrin 1934〜
カンボジアのコンポンチャム州生まれ。1959年、クメール・ルージュに参加し東部地区司令官となる。ロン・ノル政権との戦いで東部の重鎮となるが、ポル・ポト政権では親ベトナム派として弾圧された。1977年、ベトナムに亡命し、翌年、カンボジア救国民族統一戦線を形成。ベトナム軍のカンボジア侵攻とともに帰国、カンボジア人民共和国を樹立。1981年、カンプチア人民民主共和国大統領および人民革命党書記長。1993年のカンボジア王国成立以降もベトナムの支援を受け、クメール・ルージュと衝突を続けた。

ボー・グエン・ザップ Vo Nguyen Giap 1911〜2013
中部ベトナムのクアンビン省出身。ハノイ大学法学部で抗仏運動を指導。その後教師となり、新聞も発行した。1930年、インドシナ共産党創設に参加。1940年、中国に亡命。翌年に帰国しベトミン結成に加わる。1944年、抗日武装宣伝隊を創設。1945年、ベトナム民主共和国内相。1946〜86年、国防相。1947〜72年、人民軍総司令官。1954年のディエンビエンフーの勝利で名高いが、1970年代には南ベトナム武力解放に消極的だったと批判された。1991年に政界を引退。

ホー・チ・ミン Ho Chi Minh（胡志明） 1890〜1969
ゲアン省生まれ。本名はグエン・タト・タイン、幼名はグエン・シ

バオ・ダイ　Bao Dai（保大）　1913〜1997

グエン朝最後の皇帝（第13代）。1922年からフランスで教育を受けたが、父王カイ・ディン（啓定）帝の死去で帰国、1926年に即位。いったんフランスに戻り、1932年、再度ベトナムに帰国。統治の実権はほとんどなく政治にも無関心で、賭博や狩猟三昧の日々を送る。1945年、日本軍のクーデターで国家元首となるが、日本の降伏にともない辞任、退位してビン・トイを名乗る。ホー・チ・ミンの請いを受けてベトナム民主共和国顧問となるが、共産主義への嫌悪などから1946年には香港に、ついでフランスに移住。1949年、エリゼ協定によってフランス連合内の独立を獲得、ベトナム国元首となるが帰国はしなかった。アメリカの圧力で1954年に首相に任命したゴ・ジン・ジェムから権力を奪回しようと試みるが失敗。1955年、国民投票でジェムに敗れて国家元首の座から追放され、フランスに亡命。

ファム・バン・ドン　Pham Van Dong　1906〜2000

ベトナム中部のクアンガイ省出身。ファン・ボイ・チャウの影響を受け、ハノイ大学で抗仏の学生ストライキを組織。その後広東でホー・チ・ミンと出会い、ベトナム青年革命同志会に参加。1930年頃プロコンドール島に投獄される。1939年、中国に渡り、ボー・グエン・ザップらとともにゲリラ戦の訓練を受ける。1941年、ベトミン結成に参加し、中越国境地帯で組織づくりを展開した。

1945年、ベトナム民主共和国財政相。1949年、インドシナ共産党中央委員。1955年、首相（〜1986年）。1951年に労働党政治局員。1954年ジュネーブ会議では民主共和国代表団を率い、直後外相を兼ねる。1976〜86年、閣僚評議会議長。清廉な人柄が称賛され、ホーの「最良の甥」「分身」とも呼ばれた。

ファン・ボイ・チャウ　Phan Boi Chau（潘佩珠）　1867〜1940

ベトナム民族主義の先駆的存在。ゲアン省生まれ。教師時代に科挙試験に合格したが独立運動に身を投じ、フランスの干渉に抵抗したハム・ギ（咸宜）帝を支援。1904年、クオン・デ侯を擁立して維新会を樹立。1905年に来日し東遊運動を展開したが、1909年にタイに亡命。1912年、辛亥革命を模範に、広東でベトナム光復会を設立。帰国後1914年に投獄され、中国に逃れたが1925年には上海で再び逮捕、その後はフエに軟禁された。著書『ベトナム亡国史』が有名。

プーマ　Souvanna Phouma　1901〜1984

ラオス中立派の指導者。ルアンプラバン王家出身で、ペサラートや任し、政界を引退。著書『ベトナム史略』は高く評価されている。

チャン・バン・チャ　Tran Van Tra　1918〜1996
ベトナム中部のクアンガイ省生まれ。鉄道局員をへて、1946年にベトミンに参加。1960年、北ベトナム人民軍副参謀長。1964年、労働党南部委員会軍事委員長。民族解放戦線を指導し、1968年のテト攻勢や1975年のサイゴン攻略を指揮。1969年、臨時革命政府国防相。1973年、停戦監視委員会の解放軍代表団長。1976年、ベトナム共産党政治局員。南の独自性を強調、労働党の指導を批判したため1982年に失脚。

チャン・バン・チュオン　Tran Van Chuong　1898〜1986
ゴ・ジン・ニュー夫人の父。北部ベトナム生まれ。フランスで法学博士号と仏市民権を取得、サイゴンで弁護士となる。1945年、日本軍が擁立したチャン・チョン・キム内閣の外相。ベトミンに捕らえられるが釈放され、1949年渡仏。1954年に帰国後、ゴ・ジン・ジェム政権の蔵相、ついで駐米大使となるが、1963年に仏教徒弾圧に抗議して辞任。夫人は国連大使（オブザーバー）、弟のチャン・バン・ドは外相。

チュオン・チン　Truong Chinh　1907〜1988
北部ベトナムのナムディン省生まれの革命理論家。1930年、インドシナ共産党設立に参加。投獄をへて中国に亡命。1941年、共産党書記長。1945年、ベトナム民主共和国憲法を起草。1956年、土地改革の失敗で書記長を解任されるが、その後副首相、国会常任委員会議長などを歴任。レ・ズアンと対立し1968年以降は影響力を失ったが対米戦争終結後復活、1986年には書記長としてドイモイ路線への道を開いた。共産党内の中国派の代表的存在で、チュオン・チンは中国共産党の「長征」を意味する筆名。本名はダン・スアン・クー。

ノサバン　Phoumi Nosavan　1920〜1985
第2次世界大戦中はラオ・イサラに、1950年にはラオス王国軍に参加。1955年に参謀総長、1959年に国防次官、1960年に国防相。中立派のクーデターでタイに避難するが、米・タイの支援を受けて帰国する。右派のブン・ウム政府で軍事指導者となる。1962年、プーマ連合政府で副首相。1965年、タイに亡命。タイのサリット元首相は従兄。

国、中国や北朝鮮に滞在。1982年、民主カンボジア連合政府大統領、1991年、カンボジア最高国民評議会議長、1993年、カンボジア王国国王。

ズオン・バン・ミン　Duong Van Minh　1916〜2001

メコンデルタのミト生まれ。大柄な体から「ビッグ・ミン」と呼ばれる。1963年、ゴ・ジン・ジェム政権を打倒し、軍事革命評議会議長となるが、2ヶ月後にはグエン・カーン将軍に実権を奪われた。1964年には名目上の国家元首までも辞任、グエン・カーン、チャン・ティエン・キエムとの三頭政治体制をとる。同年、移動大使として出国、ほどなくタイに亡命。

1966年と1971年に大統領選挙出馬を図るがグエン・バン・チューらに妨害された。1975年、サイゴン陥落直前にベトナム共和国最後の大統領となり、北ベトナムに降伏。再教育キャンプに送られるが1983年にフランスに亡命。

スファヌボン　Souphanouvong　1909〜1995

ルアンプラバン家の王子だが、パリ留学中に社会主義に傾斜。1945年、自由ラオス臨時政府外相となるが仏軍に追われタイに亡命。1950年、ネオ・ラオ・イサラを結成、ラオス共産主義運動の指導者となる。1957、62年の二度、右派・中立派との連合政権に参加したが右派に追われて離脱、その後内戦を展開。1975年、ラオス人民民主共和国大統領・最高人民議会議長。1986年の心臓発作後は実権を失い、1991年辞任。

ソン・ゴク・タン　Son Ngoc Thanh　1908〜1982

1930年代に反仏運動に身を投じ、1945年に日本に亡命。日本占領下で勢力を伸ばす。1946年、クメール・イサラを率い、自由カンボジア政府首相となるが仏当局に逮捕される。1951年の釈放後は反仏・反王制の地下運動を展開。1954年、タイに亡命。1960年代にはメコンデルタのクメール人と手を結び、アメリカの支援を受けて反シハヌーク闘争を続ける。1970年、ロン・ノル政権の顧問。1975年、ベトナムに亡命。

チャン・チョン・キム　Tran Trong Kim（陳重金）　1883〜1953

フエ生まれの歴史家・教育者。高校教員、視学官、小学校校長などをつとめた。1945年、日本軍が擁立したバオ・ダイの政府で首相となるが、政治的な実権はほとんどなかった。日本の降伏とともに辞依存した。1963年、軍部クーデターで弟ニューとともに殺害された。

ゴ・ジン・ニュー　Ngo Dinh Nhu　1910〜1963

ゴ・ジン・ジェムの弟。1950年代初頭からカトリック教徒を組織し、カオ・ダイ、ホア・ハオ、ビン・スエンなど南ベトナムの土着勢力の協力を得て、独立平和国民連合を樹立、ジェム政権実現をめざす。1954年以降は大統領顧問、与党カンラオ党首となり、秘密警察や情報機関を一手に握った。「悪の天才」「東洋のリシュリュー（ルイ13世の宰相）」などと異名をとるが、1963年にクーデターで惨殺。

ゴ・ジン・ニュー夫人　Madame Ngo Dinh Nhu　1924〜

ハノイ生まれ。結婚前の名はチャン・レ・スアン（美しい春の意）。ゴ・ジン・ジェム政権で事実上のファーストレディとして対外宣伝や女性動員に努めた。「ドラゴン・レディ」「トラブルメイカー」などと呼ばれ、僧侶の焼身自殺を「バーベキュー」と罵ったことで有名。1963年のクーデターの際には支持集めのため滞米中だった。

シー・サバン・ボン　Si Savang Vong　1885〜1959

1904年、フランスの保護国ルアンプラバン王国の国王となる。1945年、日本軍に擁立され独立を宣言。日本降伏後、自由ラオス臨時政府に放逐されるが、仏軍の手で復位。1946年、フランスにルアンプラバン王国をラオス全土を代表する存在として認めさせ、自治権を確保した。1947年に憲法を制定し、1949年にはフランス連合内の協同国の地位を獲得、1953年に独立を達成した。

シハヌーク　Norodom Sihanouk　1922〜2012

カンボジアの二大王家、ノロドム家とシソワット家の血を引く。サイゴン留学中の1941年、祖父モニボン王の死去で即位するが、政治的実権はなかった。1945年、日本軍の占領にともない独立を宣言。1949年にはフランス連合内の独立を、1954年には完全独立を達成した。1955年、父スラマリットに譲位し、人民社会主義共同体（サンクム）総裁、ついで首相兼外相となる。1960年、国家元首。「仏教・王制・独立」を柱に国家建設を進めるが、経済政策の失敗と権力集中を批判された。

中立外交を標榜し、東西両陣営から援助を得たが、1970年、ロン・ノル将軍のクーデターで失脚、北京に亡命してカンボジア王国民族連合政府を形成。1975年に帰国したがクメール・ルージュによって事実上軟禁される。1978年、ヘン・サムリン政権樹立にともない出らカトリック教徒に改宗、与党カンラオにも入党した。1963年のジェム政権崩壊以降、陸軍第五師団長、参謀総長、副首相、国防相、国家指導委員会議長などを歴任し、1967年に大統領。1975年、サイゴン陥落直前に大統領を辞任。台湾をへてイギリスに亡命、その後アメリカに移住。

グエン・フー・ト Nguyen Huu Tho 1910〜1996
チョロン生まれ。フランスで法律を学び、1940年代にはサイゴンで弁護士活動を行う。1950〜54年には抗仏運動のかどで仏当局に、1955〜61年には平和運動のかどでゴ・ジン・ジェム政権に投獄された。獄中から救出され、民族解放戦線中央委員会幹部会議長となる。1969年、臨時革命政府顧問評議会議長。1976年、ベトナム社会主義共和国副大統領となるが、実権はなかった。

クオン・デ Cuong De（彊柢） 1882〜1951
20世紀初頭の抗仏運動指導者。ザ・ロン帝の直系の子孫にあたり、「畿外侯」とも呼ぶ。維新会、ベトナム光復会、革命同盟会の指導者。東遊運動にもとづいて1906年に渡日したが1909年に国外追放。中国、欧州などに滞在後、1915年に再度来日。1945年、日本軍が傀儡国家の君主として推戴を試みたこともある。反共ベトナム政府樹立を望み、1950年には東京でゴ・ジン・ジェムと密談したといわれる。

ゴ・ジン・ジェム Ngo Dinh Diem 1901〜1963
ベトナム中部のクアンビン省生まれ。17世紀にカトリックに改宗したアンナンの名門貴族の出身。父はグエン朝の高級官僚で、フランスの露骨な干渉に激怒して辞職した人物。ジェムはハノイで法律や行政学を学び、25歳で知事となる。1933年に内相となるが、バオ・ダイ帝の対仏追従ぶりに愛想を尽かし4ヶ月で辞任。インドシナを占領した日本軍に独立付与を働きかけるが、日仏協力体制の成立に失望し、1945年の日本軍のクーデターの際にも首相就任を拒否した。ホー・チ・ミンも協力を要請したが、長兄コイがベトミンに殺害されたことを理由に拒んだ。日本を経由して渡米、ついでバチカンやベルギーなど欧州各地を転々としつつ、ベトナム独立への支持集めに奔走。
1954年にバオ・ダイから首相に任命され、翌年、国民投票でバオ・ダイを退けてベトナム共和国初代大統領となる。アメリカの支援を受けて反共国家の建設を進めるが、苛酷な弾圧と露骨な一族支配に

現代インドシナ
◎
重要人物小事典

グエン・カオ・キ　Nguyen Cao Ky　1930〜

北部ベトナム生まれ。1951年にベトナム国軍に入隊、フランスなどで訓練を受けパイロットとなる。米空軍大学留学をへて、1960年、タンソンニュット空軍基地司令官。1963年、ゴ・ジン・ジェム打倒クーデターに参加し、空軍司令官として若手将校団の指導的存在となる。1965〜67年に首相、1967年に副大統領。1971年、グエン・バン・チュー大統領と対立、影響力を失い政界を引退。1975年、アメリカに亡命。

グエン・カーン　Nguyen Khanh　1927〜

北部ベトナムの大地主の家に生まれる。16歳でベトミンに加わったが1年で脱退、ついでベトナム国軍に加わりベトミンと戦った。空挺部隊将校となり、1960年のクーデター未遂事件ではゴ・ジン・ジェムの側に立ったが、1963年にはジェム打倒クーデターに参加した。1964年、無血クーデターで実権を握り、首相。ほどなく大統領となり独裁体制を敷くが、1965年には失脚し移動大使として出国。1968年フランスに亡命、その後アメリカに移住。空挺部隊の赤いベレー帽がトレードマーク。

グエン・チャン・チ　Nguyen Chanh Thi　1923〜

南ベトナムの軍人で熱心な仏教徒。1955年、宗教教団などの反乱を鎮圧しゴ・ジン・ジェムに重用される。1960年、カトリック優遇政策への反発からジェム打倒を企図して失敗、カンボジアに亡命。ジェム政権崩壊後帰国、第1軍団司令官として中部ベトナムで権力を振るう。1966年、司令官を解任され、アメリカに亡命。

グエン・バン・チュー　Nguyen Van Thieu　1923〜2001

南ベトナム中部のニントゥアン省生まれ。1945年、ベトミンに参加したがすぐに離脱。1948年に仏軍に入り、1955年、ダラトの陸軍士官学校を卒業、米仏にも留学。ゴ・ジン・ジェム政権下で仏教徒か

［ナ］

［ハ］

事項索引

人名索引

松岡 完（まつおか・ひろし）

1957年熊本県生まれ. 1980年東京大学教養学部教養学科卒業. 1986年，筑波大学大学院社会科学研究科博士課程修了（法学博士）. 立命館大学助教授を経て，現在，筑波大学大学院人文社会科学研究科教授（政治外交史）.
著書『ダレス外交とインドシナ』（同文舘出版）
『20世紀の国際政治』（同上）
『ワールドカップの国際政治学』（朝日新聞社）
『1961 ケネディの戦争』（同上）
『冷戦史』（編著，同文舘出版）
『ベトナム症候群』（中央公論新社）

ベトナム戦争《せんそう》
中公新書 *1596*

2001年7月25日初版
2017年9月5日8版

著　者　松岡　完
発行者　大橋善光

本文印刷　三晃印刷
カバー印刷　大熊整美堂
製　　本　小泉製本

発行所　中央公論新社
〒100-8152
東京都千代田区大手町 1-7-1
電話　販売 03-5299-1730
　　　編集 03-5299-1830
URL http://www.chuko.co.jp/

Published by CHUOKORON-SHINSHA, INC.
Printed in Japan　ISBN4-12-101596-7 C1222

中公新書

現代史

f3

27 ワイマル共和国　林 健太郎
478 アドルフ・ヒトラー　村瀬興雄
2272 ヒトラー演説　高田博行
1943 ホロコースト　芝 健介
2349 ヒトラーに抵抗した人々　對馬達雄
2329 ナチスの戦争 1918-1949　R・ベッセル 大山 晶 訳
2313 ニュルンベルク裁判　A・ヴァインケ 板橋拓己 訳
2266 アデナウアー　板橋拓己
2274 スターリン　横手慎二
530 チャーチル（増補版）　河合秀和
1415 フランス現代史　渡邊啓貴
2356 イタリア現代史　伊藤 武
2221 バチカン近現代史　松本佐保
2437 中国ナショナリズム　小野寺史郎
1959 韓国現代史　木村 幹

2262 先進国・韓国の憂鬱　大西 裕
2324 李光洙《イグァンス》―韓国近代文学の祖と「親日」の烙印　波田野節子
1763 アジア冷戦史　下斗米伸夫
1876 インドネシア　水本達也
2143 経済大国インドネシア　佐藤百合
1596 ベトナム戦争　松岡 完
1664
1665 アメリカの20世紀（上下）　有賀夏紀
1920 ケネディ―「神話」と実像　土田 宏
2244 ニクソンとキッシンジャー　大嶽秀夫
2140 レーガン　村田晃嗣
2383 ビル・クリントン　西川 賢
1863 性と暴力のアメリカ　鈴木 透
2381 ユダヤとアメリカ　立山良司
2236 エジプト革命　鈴木恵美
2415 トルコ現代史　今井宏平
2330 チェ・ゲバラ　伊高浩昭
2163 人種とスポーツ　川島浩平

2448 闘う文豪とナチス・ドイツ　池内 紀